한국 근현대
아산 사람들

한국 근현대
아산 사람들

순천향대학교 아산학연구소 기획
조 형 열 편저

보고사

체계적인 아산의 근현대사가 나오길 기대하며

역사는 사람들의 이야기입니다. 그들이 했던 행동 하나하나가 쌓여서 역사가 되는 것이죠. 따라서 한 지역에 살았던 인물에 대한 정보들을 한 데 모아 놓고, 그것을 이후에 재구성한다면 그 지역의 역사를 쓰는 게 한결 수월해질 것입니다. 이 책의 가장 큰 목적은 거기에 있습니다.

이 책의 첫 출발점이 된 작업은 아산 스토리텔링 작업을 준비하던 2009년입니다. 스토리텔링 작업은 아산의 '이야기'를 발굴하면서, 앞으로 어떤 '이야기'를 만들어나갈 것인가 생각해보는 과제였습니다. 그 때 아산의 인물에 대해서도 여러 가지로 조사를 해보자는 말씀들이 있었습니다. 체계적이진 않지만 아산과 관련된 인물들이 있다면 그들에 대한 인터넷 정보, 관련 사료들을 엮어 보자는 계획이 오갔습니다.

그리고 그 시점에 온양문화원에서 『아산인물록』(2009)이라는 중요한 책이 출간됐습니다. 『아산인물록』이 있었기 때문에 지금 여러분 앞에 선보이려 하는 이 책 작업도 있을 수 있었습니다. '아산의 역사

5

를 정리하는 작업이 지역사(地域史)에 관심 가진 분들과 순천향대 아산학연구소 관계 교수님들을 통해 계속해서 추진되고 있구나' 이렇게만 생각했습니다.

　순천향대에 강의를 처음 나온 게 2007년이었습니다. 우리 근현대사를 가르치면서, 우연한 기회에 아산의 역사에 대해 공부할 기회를 갖게 되었습니다. 첫 작업은『선장면 향토지』였습니다. 나름 사료에 기초해서 지역사를 써보고자 애를 썼습니다. 그런데 면 단위 역사 서술이라는 게 자료도 부족하고, 정보도 없었습니다. '사람이 가득 나오는데 이 사람들은 도대체 누군가' 하는 생각이 계속 더해갔습니다. 도고면과 음봉면 향토지에도 근현대시기에 대한 글을 썼고, 일제강점기 온양온천의 수탈 과정을 중심으로 한 것과 아산의 3·1운동에 대한 것 등 논문도 두 편 쓰게 되었습니다. 뜻하지 않게 아산에 대한 공부가 계속되었습니다. 지역사라는 게 어렵지만, 또 한편으로는 그 지역에 대한 애정도 생기고 보면 볼수록 파고들고 싶어지는 맛이 있더군요.

　그렇게 시간이 흘러 2013년 초에 아산학연구소 전성운 소장님으로부터 근현대시기를 중심으로 인물록을 한 번 내보면 어떻겠냐는 제안을 받았습니다. 과거 스토리텔링 작업을 밑바탕으로 해서, 거기에 해제를 다는 방식이면 괜찮지 않겠냐는 추천 말씀이었습니다.

　『아산인물록』을 보면서 조금 아쉬운 부분도 있었던 게 사실입니다. 그건『아산인물록』뿐이 아니라 그간 진행되어 왔던『아산군지』(1983),『온양시지』(1989) 등에 모두 해당되는 것이었습니다. 국내로 국외로 뻗어나갔던 독립유공자 등에 대한 정리는 나름대로 잘 되어 있지만 실제 지역사회를 움직였던 사람들, 그리고 지역사회에서 일어났던

6

사건들을 읽을 수 없다는 점이었습니다. 지역사 연구라고는 하지만, 대개 그 지역 출신으로 수도권에서 영향력 있는 사람들의 삶이 그려지는 경우가 많았기 때문이라고 생각합니다.

전성운 교수님의 말씀을 듣고, 어느 정도 자료도 모아놨고 거기다 새롭게 인물을 추가해보면 괜찮지 않을까, 그 정도면 큰 무리 없이 할 수 있지 않을까 생각하고는 일을 수락했습니다. 그런데 결과적으로 그것은 잘못된 생각이었습니다. 그동안 제법 긁어모았다고 생각한 자료가 사실 대부분 『아산인물록』이 다루는 것과 비슷했고, 또한 사료는 사료일 뿐 글로 만들기 위해선 하나하나 다시 정리해야 했습니다. 인물 정보가 예를 들어 두세 군데에 나와 있으면 그것들을 비교하고 종합하고 취사선택 할 때 왜 그것을 택하는지 확인이 필요했습니다. 또한 인물 선정과 서술 방식도 다시 생각해봐야 했습니다. 그러면서 시간이 많이 지체됐고 아산학연구소의 사업계획에도 영향을 끼쳤습니다. 이렇게 꾸물대면서 큰 성과라도 남겼다면 면이 설 텐데, 한정된 사료를 가지고 구성하다보니 결국은 기존 작업의 서술에 많은 부분 기대기도 하고 여러 연구 성과들을 거의 직접 인용하는 형태로 정리되는 경우가 많았습니다. 이렇게 제자리걸음을 하면서 재주가 부족한 사람이 겨우겨우 한 권의 책 분량의 자료를 정리했습니다.

그래서 당연하게도 이 책은 저의 온전한 창작품은 아닙니다. 각종 자료를 그대로 넣기도 하고, 혹은 윤문을 하기도 하고, 몇 가지를 합쳐서 한 인물에 대한 소개로 만들기도 했습니다. 물론 처음부터 끝까지 새롭게 구성해서 쓴 경우도 제법 많습니다. 엮는 과정에서 참고문헌을 통해 연구 성과 또는 각종 자료를 남기신 분들을 기억하고자 했습니다. 혹여나 그런 노력이 부족하게 느껴지더라도 넓은 마음으로 혜량해주시길 소망합니다.

잘 알다시피 근현대사는 우리가 사는 현재와 가까운 시기라서, 저마다 각각의 또렷한 시각이 있기 나름입니다. 이민족의 지배에 대한 저항과 타협, 좌우의 이념대립, 독재 체제의 형성에 따른 상흔도 깊어 객관의 지표를 감정적으로 받아들이기 어려운 경우도 많습니다. 한 마디로 말도 많고 탈도 많은 게 사실입니다. 그렇지만, 그런 만큼 더 잘 알고 문제점을 극복하기 위해 노력해야 하기도 합니다.

이 책은 다음과 같이 구성했습니다. 우선 기존의 인물록이 대개 인명을 가나다순으로 나열하는 방식이라면, 이 책에서는 각 시대별 분류와 주제별 분류를 혼용하여 인물을 배치했습니다. 우선 일반적인 한국근현대사의 시기구분법대로 개항기, 일제강점기, 현대사라는 틀을 살렸습니다. 그리고 각 시기 안에서 세부적 주제를 정했습니다. 각 시대별로 어떠한 인물이 활동했고 인물의 활동을 통해 각 시대별 역사 전개를 이해할 수 있도록 구성했습니다. 마지막으로 근현대 전 시기에 걸친 문화·예술인의 활동을 서술했습니다. 이들을 각 시대에 분산 배치하지 않고 한 군데 몰아놓은 것은 문화·예술 활동을 좀 더 일목요연하게 파악하고 또한 그 중요성을 강조하기 위함입니다. 정치·경제 방면에서는 차이가 있다 하더라도 문화·예술 방면에서는 어떤 입장에서라도 보다 폭넓은 공감대를 형성할 수 있을 것입니다. 각 장 앞에는 [길잡이]라는 해설을 덧붙였습니다. 아산의 근현대사의 흐름을 간략하게나마 제시하고 각 사람의 활동의 의미를 요약·소개하는 역할을 하기 위해서입니다.

이러한 전체적인 구성 아래 인물 선정에서도 두 가지 점을 고려했습니다. 첫째, 생존자는 제외하고 별세한 분들만 담았습니다. 둘째, 독립유공자 등 국가적으로 기려야 할 대상으로 인정받고 있는 분들은 서술사항이 짧더라도 가급적 다 포함시켰습니다. 이외에는 상위 구분에 따라 각종 인물 사전(辭典) 또는 인물 정보 등에 소개된 근현대 아산 인물을 가급적 많이 담고자 했습니다.

이 글을 준비하면서 몇 가지 서술 원칙도 마련했습니다. 일단 대전제는 가급적 일반인도 쉽게 읽을 수 있게 정리한다는 것이었습니다. 이러한 대전제 아래 첫째, 개별 인물의 일대기를 밝힐 수 있는 한 출생부터 사망까지 가급적 상세히 설명하고자 했습니다. 둘째, 아산의 근현대사가 드러나기 위해서라도 아산에 대한 회고담이나 아산에서의 활동 등이 소개된 부분이 있다면 이를 적극적으로 서술 안에 반영하고자 했습니다. 셋째, 각 인물 항목의 끝부분에 인용 자료를 표기했습니다. 사실관계를 더 적극적으로 검토하고 싶은 분들에게 이후에라도 도움이 되길 바랍니다.

자료는 기존의 『아산인물록』뿐만 아니라 각종 인물 정보 및 사전류를 이용했습니다. 인터넷 '한국역대인물종합정보시스템'과 각종 사료를 전산화 해 놓은 '한국역사정보통합시스템'은 기본적으로 중요한 역할을 했습니다. 그 외에도 『친일인명사전』, 『친일반민족행위진상규명 보고서』도 큰 역할을 했고, 『한국사회주의운동인명사전』도 이용했습니다. 지역에서 출간된 『아산군지』, 『온양시지』와 『마을사』 시리즈, 『백암교회 100년사』, 오랫동안 활동해왔던 지역신문의 기사도 검토했습니다. 또한 내용을 객관적으로 이해하기 위해 학술 연구자의 연구 성과 등을 찾고 읽었으며, 공식 역사서술에 등장하지 않는 이면을 알 수 있는 자서전·회고록 종류를 이용하고자 했습니다.

이상의 작업을 통해 소득이라면 소득이랄까, 이미 지역 분들은 알고 계실 여러 인물을 공식 지면에 올려놓은 소기의 성과도 얻었다고 자평합니다. 118인이라면 근현대 시기 인물의 인원수로 적지 않은 수입니다. 항목의 인물들과 관계된 사람들을 포함하면 꽤 많은 인물군이 이 책 위에 그려지고 있는 것입니다. 그러나 내용 서술에서는 아직까지 부족한 점이 많습니다. 특히 유력 가문의 족보 자료 등을 이용했다면 가계(家系)와 인맥을 더욱 풍성하게 구성할 수 있었을 겁니다. 짧은 시간 내에 할 수 있는 일은 아니고, 여건이 된다면 후속 작업이 진행되면 좋겠습니다. 또한 근대사를 이해하기 위해서는 일본인을 중심으로 한, 외국인의 활동도 살펴볼 필요가 있습니다. 특히 온양과 같은 곳에서는 그 영향을 무시할 수 없습니다. 이 역시 이번 작업에서는 이루어지지 못했습니다.

게으른 천성 때문에 본의 아니게 믿고 맡겨주신 김기승, 전성운 교수님과 아산학연구소 관계자들께 폐를 끼친 것은 아닌가 싶습니다. 또한 지역의 역사를 온전히 파악하고 있지 못한 국외자가 섣부른 서술을 한 부분이 있지 않을까 염려도 됩니다. 넓은 마음으로 이해해주시면 진심으로 감사하겠습니다. 책을 만드는 데 애쓴 도서출판 보고사의 편집부와 여러분께 고마움을 전하며, 이 책이 부족하나마 체계적인 아산의 근현대사를 준비하는 디딤돌이 됐으면 하는 바람입니다.

편저자 조형열

제2부 독립투쟁의 길을 떠난 사람들과 그 주변

제3부 현대의 정치인과 경제인

제4부 근현대 문화 · 예술인의 발자취

제1부
전통과 근대의 충돌, 개항기의 사람들

　근대는 여러모로 갑작스럽게 우리에게 다가왔습니다. 1876년 개항은 조선이 세계자본주의 체제의 한 가운데 그 모습을 드러내는 계기가 되었습니다. 그리고 이는 정치 경제 사회 문화 등 모든 방면에서 새로운 변화를 야기하는 것이었습니다. 그 가운데 어떠한 길을 모색할 것인가, 이것이 당시 조선인에게 놓인 숙제였습니다. 잘 알려져 있듯이 개항을 전후해 우리 민족에게 주어진 과제는 크게 두 가지였습니다. 첫째는 어떻게 하면 세계자본주의 체제에 적응하면서 근대화의 길로 나아갈까, 둘째는 제국주의 열강들의 침입 앞에서 어떻게 주권을 수호할까 하는 점이었습니다. 이른바 근대화와 자주화의 과제를 어떻게 이룰 것이냐 하는 문제였습니다. 그리고 이를 하나로 합쳐 '자주적 근대화'라 부를 수 있을 겁니다.

　그런데 이에 대한 생각은 모든 조선 사람이 같을 수 없었습니다. 과거 수백 년 동안 전개돼왔던 성리학적 질서에 대한 이해도, 근대를 바라보는 입장도, 또한 외세에 대한 이해도 달랐기 때문입니다. 그렇기 때문에 이 시기는 크게 전통을 고수하고자 하는 입장과 적극적으로 근대를 수용하고자 하는 입장이 상충하는 시기였다고 할 수 있습니다. '전통과 근대의 충돌'이라는 제목을 붙여 본 이유가 여기에 있다고 하겠습니다.

전통을 고수하려는 입장은 성리학적 가치체계를 고수하던 유교 지식인에게 발견할 수 있습니다. 아산에도 일찍이 조선 전기 이래 유교적 학풍이 자리 잡게 됩니다. 『조선시대 아산의 유학자들』이라는 책에서도 잘 설명하고 있듯이 일찍이 맹희도로부터 시작해 맹사성을 거치고 또한 이덕민, 조상우·조이후 부자, 조익·박지계·조익선 등이 17세기에 기호학파의 학맥을 뿌리내리는 데 주된 역할을 합니다. 18~19세기에 이르면 전국을 대표할 만한 대학자가 등장하기도 합니다. 이간과 임헌회가 대표적인 경우라고 할 수 있을 텐데 이간은 기호학파의 흐름을 새롭게 바꾸며 성리학의 새로운 변화의 계기를 마련한 학자로 평가됩니다. 임헌회는 '산림'으로 추앙되며 서세동점의 시기에 기호학파의 정맥을 이어간 인물이지요.

국권이 위기에 처한 근대 시기 전통적 지식인의 행동의 양태는 대개 의병운동과 밀접한 연관이 있습니다. 따라서 이 책에서는 전통적 지식인의 삶과 의병운동을 함께 하나의 파트로 구성했습니다. 맨 처음 소개한 인물은 임헌회입니다. 그리고 이성렬, 이정렬의 일대기를 요약 정리했습니다. 또한 곽한일과 임공렬, 성재한의 삶을 의병운동과 연결해 정리했습니다. 그 외 국권회복운동으로서 의병운동에 참여한 강태건, 서병림, 이민학·이준영 부자, 의병 활동을 도운 유진원, 이규남에 대해서도 간단히 지면을 할애했습니다. 한편 성낙현의 경우 유학자의 친일화에 초점을 맞췄습니다. 친일은 전통적 지식인과 근대 지식인을 가리지 않고 나타나는 현상입니다. 이처럼 아산지역의 전통적 지식인과 의병운동을 살펴보면서 나름의 흐름이 있음을 발견할 수 있었습니다. 그것은 1906년 홍주의병을 큰 분수령으로 해서 일제강점기 대한독립의군부 활동으로 연결되고, 또한 대한광복회 운동으로까지 이어지고 있다는 점입니다. 이와 관련해 다음 일제강점기를 다루는 부분에서 정리한 윤용주를 주목해주기 바랍니다.

두 번째는 근대 지식인과 애국계몽운동에 대한 부분입니다. 근대 지식인의 성장에 있어서 중요한 역할을 한 것은 사회·경제적 기반의 변화일 것입니다. 아산지역에도 몇몇 외부로부터 이주해온 가문들이 눈에 띄는데 윤웅렬·윤영렬 형제로 상징되는 해평 윤씨가와 일제하 호서은행 및 충남제사 등 근대적 기업을 경영하는 창녕 성씨가입니다. 이들은 모두 1800년대 아산으로 이주해 상업적 농경을 통해 부를 축적합니다. 그 중 역시 중요하게 살펴볼 것은 윤웅렬·윤영렬 형제, 그리고 일제강점기 내내 논란의 인물이 되는 윤치호 등입니다. 이들의 활동은 어떤 시각에서 보더라도 아산의 역사와 떼려야 뗄 수 없는 것입니다. 그밖에도 아산 사람은 아니지만 아산에 묻힌 김옥균의 일대기와 김옥균을 지근거리에서 지킨 아산 사람 유혁로, 애국계몽운동 시기 활발한 활동을 보여준 홍필주, 일찍이 관료로 진출한 원응상 등의 일대기를 정리했습니다.

마지막으로 앞의 두 파트가 대체로 당대 지배계층 사이의 분화라 한다면 농민층의 이념으로서 확고히 자리 잡았던 동학사상과 그에 기초한 동학농민운동 세력의 흐름도 고려할 필요가 있겠습니다. 아산을 포함한 내포지역은 동학 수용이 활발한 곳이었습니다. 그래서 동학교도가 되었다고 하는 여러 사람의 이름이 보입니다. 그들 중

제일 중심적인 인물 세 사람 정태영, 안교선, 이신교에 대해 소개 정리했습니다. 이들은 북접의 일원으로서 2차 동학농민전쟁에 참여했고 이후 역사 속으로 사라졌지만, 동학사상은 그들의 후손에게 계승돼 일제강점기 독립운동의 초석을 놓았습니다. 한편 이 파트에서 이승우, 이학승 등 당대 조선왕조의 입장에서 동학농민전쟁을 탄압했던 두 사람의 일대기를 짧게나마 정리했습니다. 이승우는 홍주성 전투와의 관련 때문에, 이학승은 아산 출신이라 다루었습니다.

이렇듯 전통적 지식인, 근대 지식인, 그리고 농민층과 연결된 동학교도들의 경쟁 관계 속에서 아산의 개항기라는 시공간을 살펴보았습니다. 그리고 이들의 활동은 자연스럽게 일제강점기로 계승되고 있었습니다.

제1장

전통적 유교 지식인과 의병운동

임헌회, 이성렬, 이정렬,

곽한일, 임공렬, 강태건,

서병림, 이준영, 이민학,

유진원, 이규남, 성재한, 성낙현

임헌회

任憲晦, 1811~1877

임헌회(호 全齋, 鼓山 자 明老)는 1811
년에 직산(稷山)에 있는 외가에서 태
어나 1877년에 성전(星田)에서 67세
를 일기로 생을 마감한 조선 말기의
성리학자였다. 그는 풍천 임씨 아산
입향조인 희지(羲之)의 9세손으로,
아산 염치 출신이다. 전재가 태어난

임헌회의 위패를 모신 덕성서원(세종시)의 모습

해는 홍경래의 난이 발발해 서북지방을 들끓었던 때이다. 또한 그가
세상을 떠난 해는 강화도조약이 체결된 바로 다음 해로 그의 삶은
조선왕조 말기 격동의 한 가운데에 놓여 있었다 할 것이다.

전재의 가정환경은 대대로 한학자로 이어졌지만, 그의 아버지(任天
模)에 이르기까지 3세에 걸쳐 벼슬을 전혀 하지 않았던 집안이다. 벼
슬에 나가지 않았던 이유는 그의 고조(任時九)의 생부(任徵夏)가 장령
(掌令)직에 임할 때 신임사화(辛壬士禍)의 의리를 논한 것으로 화를 당
하였다가 설원·특진된 뒤로, 그와 같은 화를 피하기 위한 데 있었

다. 그의 집안은 대대로 노론(老論)이었으나, 관직에 나아가지 않았던 선대 때문에 그 형편은 대체로 궁핍했다 한다.

전재는 암기력이 매우 뛰어났다. 그는 겨우 3세 때에 부친이 잠자리에서 구술하는 천자문을 한 해 겨울에 다 외웠다 한다. 8세 때에 정식으로 학업을 시작해, 21세에는 과거 준비도 함께 하라는 부친의 말씀에 따라 평택의 화포서원(花浦書院)에 나아가 학문을 익히기도 하고, 아산 영인산의 신심사(神心寺)에 가 독서에 매진하기도 했다. 26세 되던 해에 그는 감시(監試) 초시(初試)에 합격하여, 대과를 향한 첫 관문을 통과하였다. 하지만 이듬해 복시(覆試)에서는 실패하고, 29세 때에도 감시 초시에는 합격하였지만 30세의 복시에서는 또 실패한다. 두 차례 고배를 들었을 무렵인 32세 때 그의 부친이 별세하고 부친상을 마치면서 그는 벼슬을 향한 과거를 결연히 단념하고 말았다.

전재는 본격적인 학문의 길로 접어들었다. 성리학의 연구와 그 학문에 기초한 수양의 길을 찾았다. 첫 복시에서 실패한 27세 때 이미 그는 회덕으로 가 우암 송시열의 6세손으로 당대의 학자인 강재(剛齋) 송치규(宋穉圭, 1758~1838)를 뵈었다. 그것은 강재가 타계하기 1년 전의 일로, 둘의 인연은 더 계속될 수 없었다. 또한 그 무렵 그는 대산(臺山) 김매순(金邁淳, 1776~1840), 연천(淵泉) 홍석주(洪奭周, 1774~1842), 매산(梅山) 홍직필(洪直弼, 1776~1852) 등의 학자를 찾아다니며 과거 시험과 학문으로서 성리학 연마 사이에서 깊은 갈등을 드러낸 바 있었다. 전재는 부친의 상중에 매산에게 서신을 띄워 '스승과 제자의 관계'(師生之義)를 맺었다. 그는 매산이 별세하기까지 10년 동안 성리설

(性理說) 및 예학(禮學)의 연구·저술에 매진했다. 그런데 세속의 명리(名利)를 떨쳐버리고 '참된 자신'의 발견을 위한 수양에 매몰돼 있던, 40대 후반의 그에게 새로운 변화가 찾아왔다.

좌의정이던 심암(心庵) 조두순(趙斗淳, 1796~1870)의 경연에서의 추천으로 48세의 전재에게 효릉참봉(孝陵參奉)이 주어진 것이다. 이듬해에는 활인서(活人署) 별제(別提), 전라도 도사(都事), 군자감정(軍資監正)에 임명됐다. 51세 때에는 경연관(經筵官), 사헌부(司憲府) 지평(持平), 부사직(副司直), 54세 때는 사헌부 장령, 집의(執義), 55세 때는 부호군(副護軍), 호조참판(戶曹參判)이 주어진다. 그러나 그는 모든 청을 신병을 빙자하여 사양하며 진정한 산림처사(山林處士)로 남았다.

전재는 성리학과 예학의 연구에 몰두하며 관직 진출을 사양했지만, 현실에 대해 무관심했던 것은 아니다. 심암에게 보낸 편지를 통해 민란의 발발을 진정시키기 위한 '삼정이정청(三政釐整廳)'의 의미를 높게 평가한 바 있고, 면암(勉庵) 최익현(崔益鉉, 1833~1906)의 위정척사 주장에 동조한 바 있다.

윤사순 고려대 명예교수는 전재가 친지들에게 자신의 견해를 밝힘으로써 현실운영에 간접적인 영향을 끼치며, 초야에서 예와 도덕을 바로 잡고 후진 양성에 힘쓰는 것을 자신이 해야 할 일이라고 여겼다고 평가했다. 또한 60세를 전후한 무렵 활발하게 저술활동에 나섰고, 그의 출타에 수행하던 제자가 50명이 넘고, 그의 순강(旬講)에 100여명이 참여한 점 등은 그가 당시 학자로서 정상급이었음을 보여준다. 이것만으로도 그는 자신의 입장에서 소임을 충실히 다했으며, 이상이 그가 호서(湖西)성리학·기호(畿湖)성리학의 대표적 위상에 있었던 반증이요, 그의 문하에서 간재(艮齋) 전우(田愚, 1841~1922)와 같은 우수한 제자가 배출된 것 역시 우연이 아니라 하였다.

참고문헌

권오영, 「19세기 기호학파의 산림 전재 임헌회」, 외암사상연구소 엮음, 『아산 유학의 여러 모습』, 지영사, 2010.

윤사순, 「전재 임헌회와 그의 기호유학에서의 위상」, 『한국사상과 문화』 4, 2004.

이성렬

李聖烈, 1865~미상

본관은 예안. 호는 퇴암(退菴). 조선왕조 말기의 문신이다. 경기도 안성에서 태어났다 하고, 고향은 송악면 외암리이다. 이상훈(李相勳)의 아들이며, 이상유(李相逌)에게 입양되었다. 판관으로서 1888년 별시 문과에 병과로 급제하여 홍문관의 관원으로서 활약하였다. 이듬해 응교(應敎)의 직위에 있으면서 연명의 상소문을 올렸고,

이성렬이 국권회복운동에 참여하고 있다는 『황성신문』(1905년 8월 7일) 기사

1890년 규장각 직각(直閣)·시강원 겸문학(兼文學) 등을 지냈다. 1891년 시강원 문학을 거쳐 이해 증광 문과의 초시 시관을 맡은 뒤 이조 정랑이 되었다. 이어 성균관 대사성이 되었으나 그 뒤 직무상의 문제로 유배당하였다가 곧 방면되었다.

1894년에는 순창군수를 맡고 있었다. 순창군수 재임 중 동학농민군의 봉기가 있었고 황현이 지은 『오하기문』에 따르면 "이 무렵 여러 고을의 수령들은 혹은 달아나고 혹은 숨어버렸고, 관직에 있는

자들 또한 놀라고 두려워 어찌해야 할 바를 모른 채, 백성들을 끌어다가 군대를 편성하였고, 행상을 잡아들이고, 돈으로 일이 없는 장정들을 모집하였지만…… 오직 순창군수 이성렬 만은 평소 청렴하고 명철했기에 구실아치들과 백성들이 진심으로 그에게 복종하였다. 그는 명령이 내려온 날 백성들을 불러 모으는 데도 격식이 있었으며 친히 교장에 나아가서는 잔을 들어 이들에게 권하는 한편, 급료를 넉넉히 주고 양식을 충분히 공급하였다. 그리고 적에 대한 의분을 품고, 이 어려움에 임해야 할 뜻을 일깨우자 향병들은 저마다 환호하고 발을 구르며 떠났다"고 하였다.

조선왕조의 관리로서 동학농민군을 다스리는 역할을 하는가 하면 같은 해에는 호남전운사(湖南轉運使)를 겸직하도록 명을 받아, 세곡(稅穀) 운송의 업무를 맡아보다가 갑오개혁으로 조세의 금납화가 이루어지자 면직되었다. 이듬해인 1895년 행정구역의 개편으로 전국이 23부(府)로 편성되면서 진주부 관찰사에 임명되고 주임관 2등이 주어졌으며, 곧 이어 왕후궁대부로 칙임관 4등에 서임되었고 내각총서도 지냈다. 이해 을미사변(乙未事變)이 발생하여 인산(因山) 때에 종척집사(宗戚執事)를 맡았다. 1896년 명성황후의 혼전향관(魂殿享官)에 임명되어 가자(加資)되었고 경상북도 관찰사로 외직에 나갔다.

1898년 중추원일등의관으로 칙임관 3등이 주어졌으며, 왕아법오각국편의주찰겸리사사(往俄法墺各國便宜駐紮兼理使事)를 맡은 뒤 탁지부협판(度支部協辦)에 임명되었다. 이듬해 평리원재판장에 기용되어 칙임관 2등이 주어지고, 1900년에는 경효전제조(景孝殿提調)를 역임하고 경상북도 관찰사에 임명되었지만 거듭된 사퇴의사로 면직되었다. 1903년 다시 경상북도 관찰사로 나갔다가 전라북도 관찰사로 보직이 바뀌었으며, 탁지부의 계속된 업무보고 독촉에도 보고를 하지 않아 탁지부대신 이용익(李容翊)의 상주로 면관되었다. 다음해 내장원경·전라남도관찰사·의정부참찬 등을 역임하였고 이어 궁내부특진관을 지낸 뒤 경상남도순찰사로 외직에 나갔으나 신병으로 김연식(金璉植)과 교체되었다. 1905년 궁내부특진관에 재임용되었으며, 왕명으로 복제(服制)를 개정하게 되자 이에 반대하여 최익현(崔益鉉)과 전통적인 복제를 유지할 것을 주장하는 상소를 올렸다.

　1905년 8월 7일자 『황성신문』에는 '온양향약장 이용신(李庸信)이 작년부터 배일운동을 하고 전 참판 이성렬이 몰래 그에 협조하고 있다'는 기사가 게재된 바 있다. 을사조약 체결 이후 곧 관직을 사퇴했고, 이 무렵 최익현은 관찰사 이도재(李道宰), 유학자 곽종석(郭宗錫), 전우(田愚) 등과 함께 그에게 창의구국(倡義救國)을 역설하고 거사의 협력을 종용하는 서간을 보냈는데 이에는 참여하지 않았다 한다. 이 이후 행적에 대해서는 몇 가지 기록이 남아 있다. 여주에 낙향하여 민종식(閔宗植)·이시영(李始榮) 등과 협의하여 의병을 규합하기로 하고 군자금을 전달했으나 일본군에게 의병명부를 압수당하여 많은 의병이 붙잡히는 사건이 일어나자 자신의 불찰을 깊이 후회하고 단식으로 자결하였다는 것이 첫 번째이다. 두 번째로 1907년 일본군이 수당 이남규를 무참히 살해하자 그 시신을 수습한 것이 외암촌의 이성렬이라는 『매천야록』의 기록이며, 세 번째는 1911년 왕수환이 매천 황현의 문집 작업을 마치고 "온양 외암 참판"에게 편지를 보낸 사실이 있다. 세상을 떠난 해는 정확히 밝혀져 있지 않다.

참고문헌

한국역대인물종합정보시스템(http://people.aks.ac.kr/index.aks).

「溫邑擾端」, 『황성신문』 1905년 8월 7일.

독립운동사편찬위원회, 『독립운동사 1 : 의병항쟁사』, 국가보훈처, 1970.

황현 저, 김종익 옮김, 『오하기문』, 역사비평사, 1994.

황현, 임형택 외, 『역주 매천야록』 하, 문학과지성사, 2005.

『국역 황매천 및 관련인사 문묵췌편』 상, 미래문화사, 1985.

이정렬

李貞烈, 1868~1950

이정렬은 1868년 8월 2일에 보은군 외곡리면 구인리에서 태어났다. 호는 퇴호(退湖), 본관은 예안, 생부는 이철인(李哲仁)이다. 5세 때부터 맏형 홍렬(洪烈)에게 글을 배우면서 학문의 길에 들어섰다. 10세 때에 이상규(李相逵)에게 출계되

이정렬이 살던 외암리 참판댁에 있는 '퇴호거사' 현판

었다. 이상규는 외암(巍巖) 이간(李柬)의 5대손으로, 이상규 어머니의 이질녀가 명성황후였다.

퇴호의 학문하는 태도 및 행동과 관련하여 명성황후와 연관된 일화가 몇 차례 있었다. 먼저 어린 퇴호가 매우 열심히 공부한다는 사실이 명성황후에게 알려지자, 이를 전해들은 명성황후는 훗날 임금을 보필할 만한 인재라고 칭찬하였다. 17세 때인 1884년에 갑신정변이 발생하자, 위험을 무릅쓰고 내전에 들어가서 사건의 전말을 명성황후에게 고하여 '장차 큰 그릇이 될 것(遠大之器)'이라는 칭송을 듣기

도 하였다.

16세 때인 1883년 고령(高靈) 박영목(朴永穆)의 딸과 혼인했다. 관직 진출 역시 명성황후와의 인연이 크게 작용했다. 19세 때인 1866년 돈녕부(敦寧府) 참봉(參奉)에 제수된 것이 첫 번째 관직이었다. 그러나 입사(入仕)한 이후 친부 상을 당하여 시묘살이에 들어가면서 관료 생활은 다음 시기를 기다려야 했다. 3년 시묘를 마친 1888년 동몽교관(童蒙教官)에 제수되었다. 22세 때인 1889년 감시 초시에 입격했고 1891년 정월에 실시된 전시 경과의 증광별시 문과에 급제했다. 7월에는 가주서(假注書)에 제수돼 국가의 공식적 기록을 작성하고 관리하는 막중한 역할을 수행했고, 10월에는 홍문관의 부정자(副正字)에 제수되었다.

그는 이 시기 동학농민운동과 갑오개혁에 대해 부정적인 뜻을 펼쳤지만, 민생 안정을 1차적인 정책 지침으로 삼는가 하면 스스로 노비를 해방했고 친일적 성향의 관료들을 적신(賊臣)이라 비판하기도 했다. 28세 때인 1895년에 시종원 비서감, 우비서랑(右秘書郎)과 세자궁 우시독관겸춘방사서지제교(右試讀官兼春坊司書知制教)에, 31세 때는 홍문관 시독관, 중추원 의관, 규장각 직각 등에 제수되었다. 1899년 정3품 비서원의 비서승에 올랐고 8월에 태의원(太醫院)의 소경(小卿)에 제수된 이후, 태복사장(太僕司長), 비서원승(秘書院丞), 봉상사부제조(奉常司副提調), 상의사장(尙衣司長), 시강원부첨사(侍講院副詹事), 규장각 직학사 등을 두루 역임했다.

1899년 9월에는 정치관과 현실의식이 구체적으로 반영되어 있는 시폐(時弊) 24조를 상소하였다. 1901년 일본이 강제로 통상조약을 체결하면서 사법권을 강탈했는데 이에 외부대신 이지용(李址鎔)을 탄핵하는 상소를 올렸고, 받아들여지지 않자 재차 올렸고 그것마저 받아들여지지 않자 사직하고 낙향했다. 1901년 낙향한 뒤에도 국정의 난맥상을 목격하면 곧 상경하여 '국가의 위망이 조석에 박두하였으되, 간신배들이 전하의 판단을 흐리게 하여 정사가 위태로워 좌시할 수 없어 왔다'라는 직언을 서슴지 않았다.

1902년에 송악으로 낙향한 뒤 11월에 칠은계(七隱契)를 조직하였다. 봄을 즐기고 시를 짓는다는 의도로 조직된 계였으나, 근본적으로는 지역에서 마음이 맞는 인사들이 모여 나라를 걱정하고 일제의 침략을 막아 낼 계책을 도모하는 성격의 모임이었다. 이 모임의 7인은 이주상(李冑相), 정인호(鄭仁好), 조희동(趙熙東), 안숙(安淑), 이진상(李晉相), 윤주영, 이정렬 등이었다.

1903년에는 다시 비서원승에 제수되었다. 그리고 1905년 정월 13일 종2품 가선대부(嘉善大夫)에 올랐고 9월에는 궁내부 특진관, 10월에는 시종원 부경(副卿)에 제수되었다. 그러나 같은 해 11월 17일 을사조약이 체결되었고, 1908년 고종이 강제로 퇴위하자 다시 낙향해 반일감정을 더욱 굳건히 했다. 그는 자손들에게 성리학을 가르치면서, '일본은 만세의 원수이니, 신학(新學)을 배우지 말 것과 머리를 깎지 말 것, 과거에 나가 왜의 녹봉을 받지 말 것' 등을 수시로 강조했다.

1910년 합방 소식을 접했을 때는 산에 올라 하루 종일 통곡하였고, 이후로는 일체 두문불출하고 병이 들어도 약을 물리칠 정도였다 한다. 1919년 고종이 승하하자 예를 갖추어 복을 입었다. 이해에 칠은사(七隱社) 10여 칸의 기와를 수리하였는데, 기사(記事)는 참판 조병유(趙秉瑜, 아산군수 역임)가 서액(書額)은 참판 신응선(申膺善)이 하였다.

한편 고종 인산일에 3·1운동이 발발하자 평소 고종과 친밀한 관계를 유지했던 그는 요시찰 인물이 되었고, 일본군은 그를 적극 회유코자 하였다. 그러나 그는 일본군이 찾아왔을 때, '평소 망국의 한을 생각할 때, 먼저 이 칼(헌병의 칼)로 너의 목을 친다면 마음이 조금 편해질 것 같다' 하였다. 또한 1923년에 일제는 그에게 충남 참여관 자리를 권했으나 그는 다시 찾으면 자결할 것이라며 강경한 반대 의사를 표명했다. 이후 그는 종가의 가묘 건축이라든지 외암 이간의 신도비 건립을 주도하였고, 83세 되던 1950년 2월 27일에 별세했다.

참고문헌

「칠은사에 배어있는 독립정신」, 『온양신문』 245호, 2000년 3월 16일.

「항일의식 중심지 송악 유곡리 칠은사」, 『온양신문』 213호, 1999년 5월 26일.

김경수, 「퇴호 이정열의 생애와 현실인식」, 『호서사학』 제46집, 2007.

김준형, 「근대 전환기 유학자 퇴호 이정렬」, 외암사상연구소 저, 『아산 유학의 여러 모습』, 지영사, 2010.

전통적 유교 지식인과 의병운동

곽한일

郭漢一, 1869~1936

　자는 원우(元佑), 호는 장암(壯菴). 충
청남도 아산 출신. 공훈전자사료관의
포상자 공적조서를 보면 본적은 아산
군 송악면 역촌리 38이고 독립운동
당시 주소는 아산군 송악면 궁평리
194이다. 『아산인물록』에는 평촌리
출신으로 기록돼 있다. 태어난 곳은
경기도 여주이고 부친이 송악으로 이

곽한일 기념비(아산시 송악면 역촌리 소재)

주했다 한다. 본관은 청주(淸州)이며 조부는 동부승지를 지낸 부호군
곽치섭(郭致燮), 부친은 곽승현(郭升鉉)이다. 면암 최익현의 문인이다.

　1895년 을미사변이 일어나자 그 이듬해에 안성에서 의병 활동에
참여했다. 일본군과 진위대 관군의 공격으로 아산·예산·청양 등지
로 피하여 때를 엿보다가 고종의 의병 해산 권고 조칙에 따라 활동이
중단되었다.

　그 후 을사조약이 강제로 체결되자 1906년 초 동지 남규진(南圭振)

과 함께 최익현을 찾아갔다. 최익현은 그에게 병부(兵符)의 의미를 갖는 도장과 격문 등을 주며 스스로 창의하도록 지시했다. 이에 따라 그 해 5월에 의병을 일으켜 민종식(閔宗植)이 주도했던 홍주성(洪州城) 전투에 돌격장(突擊將)으로 참여하여 홍주성 점령에 공을 세웠다. 이어서 의병을 모집하는 소모장(召募將)에 임명되었지만 곧 일제의 공격으로 홍주의병이 패퇴했다. 최익현의 순창의병도 무너진 상황이어서 그는 예산지역에서 다시 의병을 준비하다 10월 초에 일진회원의 밀고로 체포되었다.

공주를 거쳐 서울로 압송된 뒤 재판을 거쳐 무기징역형을 선고 받고 서대문형무소에서 옥고를 치르던 중 다음해인 1907년 7월에 종신유배형으로 감형되어 전남 신안의 지도(智島)로 유배되었다가 1912년에 풀려나 귀향하였다.

고종은 1913년에 그에게 비밀리에 의대조(衣帶詔)를 내려 독립의군부 총무총장에 임명했다. 그는 다시 창의하기 위해 아산에는 태극서원(太極書院)을 두고 안성에는 태극약국(太極藥局)을 두어 인재와 군자금을 모으던 중 1914년에 발각되어 다시 섬으로 유배되었다. 그 후 1916년에 종신 집행유예로 바뀌어 집으로 돌아온 뒤 칩거생활을 하다가 1936년에 향년 68세로 세상을 떴다.

묘소는 아산군 송악면 평촌리에 있다. 1980년 당시 아산군수 조종완이 찬하여 세운 묘비가 있다. 2005년에는 후손들에 의해 송덕비가 세워졌다. 의병장 시절 사용하던 장검과 고종이 하사한 의대조가 서대문형무소와 독립기념관에 보존되어 있다. 1968년 대통령 표창, 1977년 건국공로포장, 1990년 애국장을 추서했다. 허칙(許伐)과 함께

한국 유교의 정통성을 강조하고 유교 숭상을 주장한 『대동정로(大東
正路)』를 묶어냈다.

참고문헌

공훈전자사료관(http://e-gonghun.mpva.go.kr).
한국역대인물종합정보시스템(http://people.aks.ac.kr/index.aks).
「의병장 투혼 오늘에 되살려」, 『온양신문』 388호, 2005년 11월 26일.
『아산인물록』, 온양문화원, 2009.

임공렬

任公烈, 1869~1933

임공렬의 문집 『흠재집』의 표지

본관은 풍천(豊川), 소간공(昭簡公) 임유겸(任由謙)의 후손이다. 생부는 임흥재(任興宰)이나 지중추부사 임홍망(任弘望)의 8세손 임선교(任善敎)의 양자가 되었다. 자는 성무(聖武), 호는 흠재(欽齋)·죽하(竹下)이며 간재(艮齋) 전우(田愚)의 문인이다. 1905년 일제가 강제로 을사조약을 체결하자 이를 격렬히 규탄하는 상소문을 올렸다. 이로 인해 예산의 유림 수당(修堂) 이남규(李南珪)가 그를 칭송하고 교유를 청하는 편지를 보내기도 했다. 이남규가 임공렬에게 보낸 「임공렬에게 답장함(答任公烈)」의 내용을 인용해 보겠다.

"남규(南珪)는 2, 3인의 선비 친구들한테서 그대의 소문을 이미 그윽히 들었노라. 글을 읽고 도를 강론하는데 보통 사람이 싫어하는 바를 좋게 여긴다 하기 때문에 항상 쏠리는 마음이 얼굴은 못 봤어도 본 듯이 생각되었소. …… 그러나 오늘날은 국가에 변고가 망극하게 되어 종묘와 사직이 없어질 지경에 빠졌고, 백성들까지 장차 죽게 되었으며, 4천년 내려온 예의와 문물(文物)과 풍속조차 달라져서 마치 이적(夷狄)과 금수가 되고야 말게 되었소이다. 그런데 이 불충불효(不忠不孝)한 나로서는 임금님이 욕을 당하시던 날에 나가서 머리를 깨쳐 가면서라도 대궐 앞에 나가 죽어야 할 일인데, 능히 그리하지 못했었고, 나라가 망하던 날에 물러가서 강물에 돛대를 치면서라도 회복시켜야 할 일인데, 능히 그리하지도 못하고서 다만 변변치 못한 소장(疏章)만 가지고 이것이 대동(大同)의 공론이라 자부하고 있소이다. …… 식견이 고명(高明)한 그대 같은 이는 비록 나를 벌써부터 안다고 할지라도 몹쓸 사람이라고 침뱉어 버릴 터인데, 더구나 알지도 못하는 처지에 전인까지 해 가면서 사랑해 주고 권면하는 말씀으로 높여서 성명(聲名)과 절행(節行)이 있다고 허여하며, 기약하는 말씀으로 소중히 여기기는 삼강과 오륜을 붙들어 가라고 결론을 내리시니, 이것은 감당할 능력도 없으려니와 또는 그대의 사랑하는 마음을 저버릴까 두렵기도 하오. 편지를 받아 들고 두 번 세 번 읽노라니 얼굴이 붉어지고 등에 땀만 흐르게 되니 몸 가질 바를 알 수 없구려. 원컨대 그대는 계속하여 권면해 주시고 이 천루(淺陋)한 사람으로 하여금 의지할 바가 있도록 해 주시어, 오랑캐의 환란 속에 행해 나갈 수가 있게 해 주신다면 은혜롭게 생각하겠소이다.”

1910년 8월에 국권을 강탈한 일제는 관료와 지도층을 포섭·회유하기 위해 귀족 작위와 이른바 은사금을 내렸다. 임공렬에게도 은사금이 내려지자 그는 단호히 거부했다. 일제는 아산군수 김영진(金英鎭)을 통해 수령을 독촉하기도 했지만 끝내 받지 않았다. 문집으로

『흠재집(欽齋集)』을 남겼다.

참고문헌

「은사금 수령 독촉장(아산군수 김영진 → 임공렬)」, 1911(인터넷 한국역사정보통합
　시스템).
독립운동사편찬위원회, 『독립운동사자료집 3 : 의병항쟁사자료집』, 1971.
『아산인물록』, 온양문화원, 2009.

강태건

姜泰建, 1878~1952

본관은 진주로 아산군 송
악면 동화리 출신이다. 동화
1리 덕대울 마을 서쪽 새터
옆의 산에 묘가 있다. 원래
덕대울 동쪽 안터에 모셨다
가 1979년에 현재 위치로 옮
겼다 한다.

강태건의 유해가 모셔진 납골당(아산시 송악면 동화1리 안골)

1983년에 세워진 묘비에는 아버지 강호선(姜浩善, 1841~1907)과 관
련해서 '갑오창의(甲午倡義)'라는 네 글자가 새겨져 있다. 농민군이라
기보다는 유회군(儒會軍)에 가까웠을 것이라는 것이 지역사를 오랫동
안 연구해 온 천경석 교사의 판단이다.

을사조약 이듬해인 1906년 홍주의병에 동향의 곽한일 그리고 남
규진 등과 함께 참여하여 분전하였으나 패한 뒤 체포되어 고초를 겪
었다.

일제에 강점된 이후인 1912년에 고종의 밀명으로 임병찬(林秉瓚) 등

유림이 주도하여 조직한 독립의군부(獨立義軍府)에 가담하여 온양 일대에서 동지들을 모으고 자금을 모으는 등 활약했고, 이로 인해 재판을 받으며 8개월간 구류 생활을 한 뒤 풀려나 고향에서 칩거했다.

강태건은 4남 4녀를 두었는데 그 중 장남인 강인식(姜仁植, 1897~?)은 3·1운동을 목격하고 '나라가 무너지고 임금이 없어졌는데 이런 세상에서 남아가 초야에서 헛되이 늙을 수는 없다' 하여 독립운동에 헌신하기 위해 만주로 건너갔다. 24세 때인 1920년의 일로 추정된다. 강태건의 비문에는 강인식이 '지요입독립단(至遼入獨立團)', 즉 '요동에 이르러 독립단에 가입했다'고 기록했는데 구체적인 사항은 아직 알 수 없다.

참고문헌

천경석, 「어느 무덤 앞에서」, 『행복한 아산 만들기』, 순천향대학교 아산학연구소, 2013.

『每日申報』 1913년 7월 6일·14일, 8월 6일·14일.

『아산인물록』, 온양문화원, 2009.

서병림

徐丙林, ?~?

    공훈전자사료관의 포상자 공적 조서에 따르면 본적과 독립운동 당시 거주지는 온양이다. 1905년에 을사조약이 체결되자 거병(擧兵)하고자 했으나 뜻을 이루지 못했다. 1907년 7월에 고종이 강제 퇴위 당하고 정미7조약 체결에 이어 8월에 군대까지 강제 해산되자 국권 회복을 목적으로 온양에서 의병을 일으킨 뒤 온양 일대에서 의병장으로 활동했다. 그 후 10월에 의병 수십 명을 이끌고 충북 제천으로 가서 이강년(李康秊)의 의병진에 합류했다. 이강년 부대는 김상태(金尙台)를 비롯한 백남규(白南奎) · 변학기(邊鶴基) · 성익현(成益鉉) · 김운선(金雲仙) 등 유능한 해산군인이 합류한 대부대였다. 강원도 화천 · 인제에서 경상도 안동 · 영양에 이르기까지 주로 태백산맥을 넘나들며 많은 전과를 올렸다. 1995년에 건국훈장 애족장을 추서했다.

참고문헌

공훈전자사료관(http://e-gonghun.mpva.go.kr).
한국역대인물종합정보시스템(http://people.aks.ac.kr/index.aks).

독립운동사편찬위원회, 『독립운동사자료집1 : 의병항쟁사자료집』, 1971.
『아산인물록』, 온양문화원, 2009.

이준영

李峻永, 1879~1907

본관은 덕수, 호는 운계(雲桂)이다. 충무공의 형인 이요신(李堯臣)의 12대손으로 1879년(고종 16년) 1월 9일 태어났다. 본적은 탕정면 용두리 591이고 부친은 이민학(李民學)이다. '도고면 마을사'에 따르면 이준영이 14세 되었을 때 천안군 목천면 귓골 박영성의 딸과 혼인했다. 박영성은 훈련원 판관 벼슬을 지냈으며 그의 덕망과 인품은 모든 사람들의 귀감이 되었다고 한다. 이준영은 서당에서 한문 공부를 하다가 18세에 상경, 전보학교와 중교의숙에서 공부했다.

이준영

1900년 9월 20일 대한제국군 육군보병학교를 졸업하고 1901년 3월 4일 육군 보병 참위(參尉)로 임명되어 진위대(鎭衛隊) 제1연대 제1대대에 배속되어 강화도에서 근무했다. 1907년 4월 30일 시위보병 제3연대 제1대대로 전속되었다가 다시 제2연대 제1대대에 배속되었다. 그 해 7월 31일에 일제의 강요로 대한제국 군대에 해산 칙령이 내려졌고 이튿날인 8월 1일에 훈련원에서 해산식을 강행하여 해산을 단행하였다.

제1연대 제1대대장 참령(參領) 박승환(朴昇煥)은 이 날 스스로 목숨을 끊었고 제2연대 제1대 대장을 역임한 정위(正尉) 오의선(吳儀善)도 박승환을 따라 자결했다. 이에 시위대 1연대 및 2연대 장병들은 해산명령을 거부하고 무기고에서 총기와 탄약을 되찾아 일본군과 격전을 벌였다. 시위대 1, 2연대의 1대대는 남대문과 서소문 일대에서 치열한 교전을 벌여 일본군 소속의 카지오(梶尾) 중대장과 40여 명의 병사를 사살했다 한다.

이준영도 이 대열에 참가했고 그는 8월 1일 전투 중 총탄에 맞아 순국했다. 이후 지방 진위대의 해산 과정에서도 곳곳에서 항쟁이 일어났고 해산 군인들은 의병에 가담하기도 하면서 의병투쟁은 계속 확산되어 갔다. 정부는 1990년에 건국훈장 애국장(1982년 건국포장)을 추서했다.

참고문헌

공훈전자사료관(http://e-gonghun.mpva.go.kr).
도고면 마을사(인터넷 충남사이버문화관 E-BOOK자료관).
한국역대인물종합정보시스템(http://people.aks.ac.kr/index.aks).
『아산인물록』, 온양문화원, 2009.

이민학

李敏學, 1856~1908

본관은 덕수. 충무공의 형인 이요신(李堯臣)의 11대손으로 1856년에 태어났다. 부인 김씨와의 사이에 아들 이준영(李峻永, 1879~1907)과 세 딸을 두었다 한다. 대한제국 군인이던 그의 아들 이준영이 1907년 군대 해산 명령을 거부하며 싸우다가 서울에서 순국하자 비분강개하여 1908년 2월 17일에 지방의 동지를 규합하여 예산 방면에서 의병 활동을 시작했다. 그러던 중 '도고면 마을사'에 따르면 일진회원의 밀고에 의해, 1909년 9월 10일 체포되어 예산군 광시면 은사리 주를 마을의 참나무 정자 아래에서 동지 9명과 함께 집단 총살을 당했다고 한다.

참고문헌

도고면 마을사(인터넷 충남사이버문화관 E-BOOK자료관).

『아산인물록』, 온양문화원, 2009.

유진원

俞鎭元, ?~?

온양 장존리 출신의 의병. 청양 출신 중군(中軍)인 이규태(李圭泰)와 의병장 김복한(金福漢)의 선봉이 되어 홍주성전투(1906년)에 참여했다. 이듬해 8월에 예산 대술 출신의 유생 수당(修堂) 이남규(李南珪)·충구(忠求) 부자가 의병장 민종식을 숨겨준 죄로 체포되어 압송되는 과정에서 송악 역촌리를 지나다가 평촌 냇가에서 일본군에 의해 살해되는 것을 목격하고 일본군이 떠난 뒤에 그들의 시신을 잘 지켜주었다고 한다.

참고문헌

『아산인물록』, 온양문화원, 2009.

이규남

李圭南, 1862~1907

공훈전자사료관 포상자 공적조서에 따르면 본적은 아산군 아산 2통 3호이다. 영인면 아산리를 가리키는 것으로 보인다. 그는 1907년 11월 16일 아산군의 서기로 재직 중 의병과 연계하여 길 안내를 하는 등 활동을 하였으며 일본 경찰에 체포되어 탈출을 기도하다가 피살 순국하였다. 이에 대해 『황성신문』은 "의병 수십 명이 아산군에 돌입하여 각 관청을 파쇄하였다 함은 이미 앞서 보도하였으나 그 후 일병(日兵)이 아산군에 도달하여 수서기(首書記) 이규남 형제를 포박하여 신창(新昌) 연봉점(延逢店)에서 포살(砲殺)"하였다고 적고 있다.

이규남의 의병운동 지원 사실을 다룬 『황성신문』 (1907년 11월 29일) 기사

그가 사망한 날은 11월 20일이고 동생 이규찬(李圭瓚)은 그의 탈출을 돕다가 잡혀 같이 순국했다. 정부는 이규남에게 2003년 건국훈장 애족장을 추서하였다.

참고문헌

공훈전자사료관(http://e-gonghun.mpva.go.kr).

「牙山經擾」, 『황성신문』 1907년 11월 29일.

『아산인물록』, 온양문화원, 2009.

성재한

成載翰, 1860~1906

본관은 창녕(昌寧). 일명 성재평(成載平). 공훈전자
사료관 포상자 공적조서에 따르면 본적은 충남 예
산 127로 되어 있다. 그러나 출생한 곳은 신창현 원
당(元堂)으로 현재 도고에 속하는 곳이다. 1860년 2
월 17일 태어났다.

성재한

그는 재야유생으로 1904년 2월 한일의정서가 발
표되자 예산·홍성·보령 등지를 전전하며 항일투
쟁을 위한 동지규합과 여론조성에 힘썼다. 그리고
1905년 을사조약이 강제 체결되자, 민종식(閔宗植) 휘하에 들어가 박
제현(朴齊賢)과 함께 곡식을 운반하는 운량관(運糧官)에 임명되어 홍주
성전투에 참전, 입성(入城)에 성공했다.

홍주성을 빼앗긴 관군과 일본군은 보병·기병 등 많은 병력으로
성을 공격하였다. 며칠간 성을 사수하였으나, 4월 9일 새벽 적의 강
력한 화약 사용으로 성이 함락되었다. 이 때 주장(主將)인 민종식은
피신하였으나, 그는 전태진(田泰鎭)·서기환(徐基煥)·전경호(田慶浩)·

유준근(柳濬根)과 함께 성을 사수할 것을 결의하고 일본군의 총탄 앞에 육탄으로 대항하다가 전사하고 말았다. 1906년 5월 29일의 일이었다.

1968년 대통령표창, 1977년 건국포장, 1990년 애국장이 추서되었다.

참고문헌

공훈전자사료관(http://e-gonghun.mpva.go.kr).
한국민족문화대백과사전(http://encykorea.aks.ac.kr).
도고면 향토지 편찬위원회, 『도고면 향토지』, 2011.
유한철, 「洪州城義陳(1906)의 組織과 活動」, 『한국독립운동사연구』 제4집, 1990.

전통적 유교 지식인과 의병운동

성낙현

成樂賢, 1876~1935

　　1876년 충남 아산에서 태어났다. 호는 죽사(竹似) 이다. 1901년 성균관 박사에 임명되었다가 면직되었 고 1906년 3월 경리원(經理員) 문부이정위원(文簿釐整 委員)에 임명되었다가 8월에 해임되었다. 1907년 3월 제실회계심사위원(帝室會計審査委員)으로 발령받았다. 1908년 대동학회 회원으로 활동하다가 1909년 6월 대동학회 규칙 조사위원을 맡았다.

　　합병 후 1911년 7월 박영효를 중심으로 여규형(呂圭 亨)·윤희구(尹喜求)·정봉시(鄭鳳時) 등과 함께 문예구 락부를 조직하고 간사를 맡았다. 1912년 2월 조선총 독부 직속기구인 경학원의 충청남도 강사를 맡아

경학원 강사 성낙현이 공주향교에서 강연회를 개최했다는 『매일신보』 (1915년 11월 23일) 기사

1935년 9월 사망할 때까지 재직했다. 1912년 11월 공주군 향교에서 조선총독의 포유문을 도내에 전포(傳布)하였다. 1913년 10월 예산·면 천·당진·서산·덕산·홍주 등 관할 구역을 순회하며 데라우치(寺內正 毅) 총독을 찬양하고 조선인들이 식민통치에 순응할 것을 강조했다.

1915년 12월호 『경학원잡지』에 다이쇼(大正) 천황의 즉위를 축하하는 「즉위대례식헌송문(卽位大禮式獻頌文)」을 실었다. 이 글에서 천황을 "가만히 있어도 다스려지는 도가 있는 임금이십니다. 이에 문예롭고 무예로우며, 거룩하고 신령하여, 마침 삼천년 만에 다시 회복되는 운세를 당한"이라고 칭송하고, 이에 따라 조선민중은 "백성들 중 현명한 자들은 모두 황제의 신하이기에 황하가 일천년 만에 한 번 맑아지는 운세가 있기를 모두들 송축드려"야 한다고 찬양했다. 이어 1916년 2월호 『경학원잡지』에도 쇼와(昭和) 태자 즉위를 경축하는 「입태자례헌송문(立太子禮獻頌文)」을 실어 그 기쁨을 표현했다. "태자께서 슬기롭고 효성 있으매 / 팔굉(八紘)에서 모두 서로 기뻐하거니 / 우리나라 경사스런 복이로구나."

　　1915년 11월 다이쇼천황 즉위기념 대례기념장을, 1928년 11월 쇼와천왕 즉위기념 대례기념장을 받았다. 1928년 조선총독 야마나시 한조(山梨半造)의 진해 순시를 기념해 지은 『대수첩(大樹帖)』에서는 "이십사년간 천황의 우로(雨露)에 젖었으니 / 문명과 운세 둘 다 새롭게 되었도다"라며 일제의 식민통치를 찬양했다. 『경학원잡지』 1929년 12월호에 조선총독 사이토(齋藤實)의 재임을 축하하는 시를 실었으며, 1930년 12월호 『경학원잡지』에는 대표적인 식민지 농업수탈의 현장인 불이농장(不二農場)을 견학하고 식민지 농정을 찬양하는 시를 기고했다. 1930년 12월부터 명륜학원 평의원을 겸했다. 경학원 강사로 재직 중이던 1935년 9월 2일 사망했다.

참고문헌

친일인명사전 편찬위원회, 『친일인명사전』, 민족문제연구소, 2009.

제2장
근대 지향의 개화 지식인과 계몽운동

윤웅렬, 윤영렬, 김옥균,

윤치호, 유혁로, 홍필주, 원응상

윤웅렬

尹雄烈, 1840~1911

본관은 해평(海平). 충남 아산에서 태어났다. 아산의 입향조 윤득실(尹得實)의 손자이고 윤취동(尹取東)의 장남이다. 자는 영중(英仲), 호는 반계(磻溪)이다. 1856년 무과에 급제한 뒤 1861년 충청감영 중군 겸 공주 중군으로, 이듬해에 함경북도병마우후토포사(咸鏡北道兵馬虞侯討捕使)로 임명되었다. 1880년 5월에는 제2차 수신사 김홍집의 수행원으로 일본에 다녀왔다.

윤웅렬

1881년에는 오영군문(五營軍門)으로부터 지원자 80명을 선발하여 무위영(武衛營) 소속으로 조선 최초의 신식 군대인 별기군(別技軍)의 좌부령관(左副領官), 통리기무아문사(統理機務衙門事)에 임명되어 별기군 운영의 중심 역할을 하였다. 별기군의 창설은 구식 군대와의 차별대우로 대립되면서 1882년 임오군란을 초래하였다. 임오군란이 일어나자 일본공관에 정원(偵員) 이승모(李承謨)를 보내어 군민들이 일본공관을 습격할 계획을 하고 있다는 정보를 일본 판리공사(辦理公使) 하나부사(花房義質)에게 통보하고 자위

책을 강구하도록 요구하였다. 군란이 점차 확대되면서 군민들이 그의 집과 친일인사들의 가옥을 파괴하고 일본공관을 습격하자 일본공사 일행과 함께 나가사키(長崎)로 피신하였다가 12월 귀국해 별군직에 임명되었다.

귀국 이후 급진개화파와 교류했지만, 이들의 급진적인 행동 전개에 대해 신중론을 표명했다. 1883년 3월부터 함경남도 병마절도사를 지내고 1884년 7월 총융청 중군(中軍)과 친군전영(親軍前營) 정령관(正領官)을 거쳐 10월 갑신정변 때 주도세력이 그를 형조판서로 내정했다가 곧바로 한성부 좌윤에 임명했다. 갑신정변 실패 후 신기선(申箕善)의 '도당(徒黨)'으로 탄핵을 받아 1886년 4월부터 1894년 6월까지 전라도 능주(綾州)로 유배되었다.

오랫동안의 유배생활을 마치고 1894년 11월 경무사(警務使)에 임명되었고, 1895년 2월 경상좌도병마절도사를 지냈다. 1895년 을미사변이 일어난 후 일부 전직 고관과 군 간부들이 중심이 되어 고종을 미국공사관으로 이어(移御)하려고 했던 춘생문사건에 가담했다가 실패하자 11월 중국 상하이로 망명했다. 1896년 2월 아관파천 후 귀국했다. 3월 군부협판에 임명되었고 4월 육군 부령(副領)으로 친위 제1연대장에 이어 5월 육군 참장(參將)으로 진급하고, 8월부터 전라남도 관찰사로서 전라남도재판소 판사를 겸임했다. 1898년 12월 법부협판으로 고등재판소 판사를 겸했고, 의정부 찬정(贊政)을 거쳐 법부대신 겸 고등재판소 재판장에 임명되었다. 1899년 1월 귀족원경에 이어 12월 군부대신에 임명되었다. 1902년 2월 궁내부 특진관에 임명되었고, 10월 임시서리 원수부 군무국 총장(元帥府 軍務局 總長)과 11월 임시서리 평리원 재판장 사무를 맡았다. 1903년 7월 원수부 기록국 총장에 이어 다시 군부대신에 임명되었다. 10월 육군 부장(副將)에 임명되었다가 1907년 9월 군대해산으로 전역했다. 1903년 10월 원수부 검사국(檢査局) 총장을 맡았다. 1904년 1월 다시 군부대신에 임명되었고, 1905년 3월 군부 찬모관(贊謀官)을 거쳐 7월 중추원 찬의를 지냈다.

1905년 3월 사립 강화육영학교에 찬성금 50원을, 10월 국민교육회에 찬성금 100원을 기부했다. 1907년 6월 중서동의 상업전문학교 교장에 취임하는 한편, 국채보상지원금총합소 소장에 선출되었다. 1908년 8월 국채보상지원금총합소 소장으로 있으면서 보상금 중 3만 원을 영국인 베델이 사취하였으므로 반환으로 요청한다는 반환 청구서를 제출하고 소장직을 사직했다. 같은 달 기호흥학회 회장에 선출되었다. 1909년 4월부터 6월까지 일본관광단의 일원으로 일본을 시찰하고 돌아왔다.

일제에 의해 조선이 강점된 직후인 1910년 10월 조선귀족령에 따라 남작 작위를 받았다. 같은 해 12월 보관하고 있던 국채보상금 4만 2천여 원을 경무총감부에 이관했다. 1911년 1월 은사공채 2만5천 원을 받고, 2월 총독 관저에서 열린 작기본서봉수식(爵記本書捧受式)에 예복을 갖추어 참석했다. 1911년 별세했고, 묘소는 아산시 둔포면 석곡1리 해평 윤씨 종중 묘역에 있다.

윤웅렬은 전주 이씨(1844~1936)와 결혼, 슬하에 윤치호(尹致昊, 1865~1945), 윤치왕(尹致旺, 1895~1982), 윤치창(尹致昌, 1899~1973) 삼형제를 두었다. 윤치호는 개화파 지식인이자 일제하 기독교계의 거물로 또한 중일전쟁 이후에는 저명한 친일인사로 활동했다. 윤치왕은 영국 글래스고대학 출신의 산부인과 의사로 1927~1944년 세브란스의전 교수를 지냈으며 1938~1939년에는 병원장을 역임했다. 그는 해방 이후 군에 입대해 육군 의무감을 지냈다. 윤치왕의 장녀인 윤선희(尹善姬)는 1952년 제7대 내무부장관을 지낸 장석윤(張錫潤)의 부인이었다. 윤치창은 미국 시카고대학을 졸업하고 일제강점기 개인업에 종사했다. 정부수립 후 주영공사와 터키 대사를 역임한 후 미국에 건너가 살았다. 1925년경 미국 유학 출신의 손진실(孫眞實)과 결혼했다. 손진실은 대한민국임시정부 의정원 의장을 지낸 손정도(孫貞道) 목사의 맏딸로, 이화학당을 졸업한 후 미국 시카고대학에서 가정학을 전공했다. 초대 해군참모총장과 제5대 국방부장관을 지낸 한국 해군의 '아버지' 손원일(孫元一)과 북한 김일성 주석과 의형제처럼 자랐다고 해서 유명해진 재미 의사 손원태(孫元泰)의 누나이기도 하다.

참고문헌

한국역대인물종합정보시스템(http://people.aks.ac.kr/index.aks).

김상태 편역, 『윤치호 일기』, 역사비평사, 2001.

친일인명사전 편찬위원회, 『친일인명사전』, 민족문제연구소, 2009.

『아산인물록』, 온양문화원, 2009.

윤영렬
尹英烈, 1854~1939

본관은 해평(海平). 충남 아산에서 태어났다. 아산의 입향조 윤득실(尹得實)의 손자이고 윤취동(尹取東)의 차남, 윤웅렬의 동생이다. 1881년에 검서관, 1882년 부사과·상의원별제·의금부도사, 1883년 장악원주부·감찰, 1891년에 부호군, 1895년 내무아문 참의(3품)·강계부사·연안군수, 1896년 안성군수, 1897년 육군보병 부위(副尉), 1902년 연기군수·중추원의관, 1904년 육군보병 정위(正尉) 등을

윤영렬

거쳤다. 그해 남포군수에 제수되었으며 도적(유민 혹은 의병)을 토벌하는 도적 집포관(토포사)으로 공을 세웠다. 그 후 1906년에 육군보병 정령에 이어 육군 참장(參將)에 임용되었다. 1910년에 종2품에서 정2품으로 가자(加資)되었다. 묘는 평택시 팽성읍 객사리에 있다.

그는 한진숙(韓鎭淑, 본관 청주)과 결혼했다. 그녀는 한말 전라도 관찰사와 경상도 관찰사를 역임한 육군 참장 한진창(韓鎭昌)과 남매간이었다. 부부는 슬하에 6남 3녀를 두었다. 장남 윤치오(尹致旿, 1869~?)는

일본 게이오대학을 졸업하고 도쿄외국어학교에서 오랫동안 한국어 교사로 일했다. 귀국 후 대한제국 학부 학무국장, 중앙학교 교장을 지냈으며, 강점 후 중추원 부찬의와 찬의를 지냈다. 한말 워싱턴 주재 대리공사를 지낸 김윤정(金潤晶)의 딸 김고려(金高麗)와 결혼해 한국 병리학을 선도한 의학계의 태두 윤일선(尹日善, 1896~1987), 만주국 간도성 차장을 지낸 윤명선(尹明善) 등의 자녀를 두었다.

차남은 본서에도 소개돼 있는 윤치소(尹致昭, 1871~1944)로 대한민국 제4대 대통령 윤보선(尹潽善, 1897~1990), 한말 탁지부 대신 이용익(李容翊)의 사위인 윤완선(尹浣善), 제2공화국 당시 민선 경기도지사를 역임한 윤원선(尹源善), 일제하 경상도 갑부 김기태(金基邰)의 사위가 된 윤한선(尹漢善) 등 6남 3녀를 두었다.

3남인 윤치성(尹致晠)은 일본 육사 출신(제11기)으로 고종의 시종무관을 지냈고, 1924년 충남 도평의원에 아산군 대표로 선출되었다. 일제하 경성 조선인상업회의소 특별위원, 분원자기㈜ 취체역이었고, 친일 단체 동광회(同光會)에도 몸을 담았다. 4남인 윤치병(尹致昞)은 한말 육군 정위를 지냈고 5남 윤치명(尹致明)은 한말 학부 주사를 역임했다. 6남 윤치영(尹致暎)은 일제하 미국에 건너가 이승만의 측근으로 활동했다. 1936년 귀국해 흥업구락부와 YMCA에서 활동했다. 해방 후 이승만의 비서실장을 지내고 정부수립 후 초대 내무부 장관, 국회 부의장 등을 역임하며 이승만 정권 초기 집권세력의 '실세'로 통했다. 제3공화국 시기에는 공화당 의장을 지냈다. 이승만 정권과 박정희 정권 내내 한 살 연상의 조카 윤보선과 정치적 거취를 달리 했다.

참고문헌

김상태 편역, 『윤치호 일기』, 역사비평사, 2001.

동선희, 『일제하 조선인 도평의회·도회의원 연구』, 한국학중앙연구원 박사학위논
　　문, 2006, 316~319쪽.

『아산인물록』, 온양문화원, 2009.

김옥균

金玉均, 1851~1894

김옥균

본관은 안동(安東). 자는 백온(伯溫), 호는 고균(古筠) 또는 고우(古愚). 별호로 두타거사(頭陀居士)를 사용하기도 했다.

1851년 1월 23일 충청도 천원군 광덕면 원덕리에서 태어났다. 아버지는 김병태(金炳台), 어머니는 송씨(宋氏)였으나 7세 때 먼 아저씨 되는 김병기(金炳基)의 양자로 들어가 서울에서 성장하였다. 11세 때인 1861년 김병기가 강릉부사가 되어 임지에 가자, 강릉에 가서 16세까지 율곡사당(栗谷祠堂)이 있는 서당에서 율곡 학풍의 영향을 받으면서 공부하였다.

안동 김씨의 후광을 업고 벼슬길도 순조로워 1872년 알성 문과에 장원급제하고 사헌부 지평을 거쳐 1874년에는 홍문관 교리가 되었다. 김옥균은 '비상한 재능이 있어' 교유관계가 넓었다고 한다. 정변의 동지였던 박영효(朴泳孝)는 "김옥균의 장점은 교유(交遊)요, 교유가참 능하오. 글 잘 하고 시문서화 다 잘 하오"라면서 김옥균의 다재다

능함을 회고했다. 성격도 맺힌 데 없이 호탕한 성격이어서 주변에 사람들이 몰려들었다. 그런데 1874년 이후 그는 박규수(朴珪壽)와 유홍기(劉鴻基), 오경석(吳慶錫) 등을 만나면서 개화에 눈을 뜨게 된다.

청나라를 아편전쟁으로 굴복시킨 서구세력은 조선에도 문호개방을 통한 통상을 요구하고 무력으로 침략해 왔다. 정국의 전반적인 쇄국 분위기에도 불구하고 한편에서는 개국으로의 지향이 나타나고 있었다. 이 시기 정권 내에서의 개국론을 전통적 화이관(華夷觀)에서 벗어난 박규수가 주도하고 있었고, 이는 후일 개화파의 중심인물에게도 영향을 주었다. 박규수는 조선후기 실학사상에서 북학파의 거장인 조부 연암 박지원의 북학사상에 영향을 받아 자신의 사랑에서 김옥균을 비롯해 홍영식(洪英植)·서광범(徐光範)·박영효 등에게 『연암집』을 강의하였다. 또한 『해국도지(海國圖志)』와 같은 책을 소개하며 청나라를 세계 여러 나라 가운데 하나로 소개하였고 손수 지구의를 제작해 김옥균에게 보이며 "중국이 어디 있느냐. …… 어느 나라든지 중(中)으로 돌리면 중국이 되나니"라고 했다고 한다.

1880년대 들어 정부의 개화정책이 실시되면서 김옥균은 1881년부터 1883년까지 해마다 일본을 다녀왔다. 서구문명을 받아들여 급격히 변하고 있던 일본의 근대화 과정을 목격하고 『치도약론(治道略論)』에서 "일본이 변법(變法)한 이후로 모든 것을 경장(更張)했다"고 했다. 이 경우 변법은 메이지유신(明治維新)을 말하고 구체적으로는 근대적인 정치체제, 곧 입헌군주제로의 개혁을 지적하는 것이었다.

1882년 임오군란으로 청나라가 파병을 하고 국내 정치에까지 간섭해오는 상황에서 청에 기대 개화를 할 것인가 청과의 관계를 재정

비할 것인가는 중요한 과제였다. 이때 김옥균은 "자래로 청국의 속국으로 생각해 온 것은 참으로 부끄럽다. 나라가 진작(振作)의 희망이 없는 것은 역시 여기에 원인이 없지 않다. 여기서 첫째로 해야 할 일은 속박을 물리치고 특히 독립자주국을 수립하는 일이다. 독립을 바라면 정치와 외교는 불가분 자수자강(自修自强)해야 한다"(『김옥균전집』)고 했다.

김옥균은 임오군란이 수습된 뒤 승정원우부승지·참의교섭통상사무(參議交涉通商事務)·이조참의·호조참판·외아문협판(外衙門協辦) 등의 요직에 올랐다.

이 시기 개화정책을 수행하기 위해서는 충분한 자금과 근대적 생산력을 도입할 인적 자원을 확보해야 했다. 자금 문제를 해결하기 위해 정부 내에서도 두 가지 방식을 내놓았다. 묄렌도르프 등은 화폐 발행을 주장했고, 김옥균 등은 악화 남발에 따른 폐해를 경계하면서 차관 도입을 주장했다. 김옥균은 1883년 6월 국왕의 위임장을 가지고 제3차로 일본에 건너가서 국채(國債)를 모집하려 하였다. 그러나 차관 도입은 실패로 돌아가고 그는 정계에서 소외되기 시작했다. 현실에서 개혁자금 조달이 불가능하고 청나라의 영향력 속에서 민씨척족 세력이 개화 세력을 정계에서 축출하기 시작하자 그는 '변법'을 꿈꾸기 시작했다.

1884년 12월 4일 우정국 개국축하연을 계기로 정변을 일으켰다. 그러나 서울에 주둔하고 있던 청나라군이 즉각 개입함으로써 3일천하로 끝나고 말았다. 갑신정변은 정계에서 소외되고 있던 김옥균 일파와 청나라에 밀리던 일본의 합작 형태로 전개되었다. 그러나 이는 청나라군에 대한 과소평가, 일본의 지원에 대한 과대평가를 전제로 지지 세력도 없이 졸속으로 추진된 것이라는 게 일반적 평가다. 그럼에도 불구하고 갑신정변에서 제기한 개혁내용―집권문벌 세력 타파, 의정소(議政所)를 통한 군주권의 제한, 지조(地租) 개정 등―은 1894년 갑오개혁 단계에서 대부분 정책으로 채택된 것에서 알 수 있듯이 역사적 의의가 적지 않은 것이었다.

김옥균은 갑신정변이 실패로 돌아가자 후일의 재기를 기약하고 박영효·서광범·서재필(徐載弼) 등 9명의 동지들과 함께 일본 공사를 따라 인천을 통해 일본으로 망명하였다. 그러나 일본으로서는 김옥균이 눈엣가시였고 따라서 냉대를 받을 수밖에 없었다. 1886년 조선 정부에서 자객으로 보낸 지운영의 정체가 탄로 나자 김옥균은 일본 외무대신에게 신변보호를 요청했지만 일본은 오히려 그의 추방을 추진했다. 조선과 일본 양쪽에서 오갈 데 없게 된 김옥균은 고종에게 보내는 상소를 작성했다. 직접 고종에게 상소를 올릴 수 없던 김옥균은 『니치니치신문(日日新聞)』에 상소를 실었다. "양반을 없애자"는 상소가 바로 그것이다. 이 글은 신분제가 조선사회의 발전을 막고 있는 현실에 대한 비판이기도 했지만, 민씨척족 세력이 지배하는 국내 정치의 상황에 대한 불만도 함께 담겨 있었다.

일본정부는 김옥균을 도쿄에서 1천 킬로미터 떨어진 절해고도 오가사와라섬(小笠原島)에 귀양을 보냈으며, 또한 1888년에는 홋카이도의 삿포로로 추방하여 연금시켰다가 1890년 가을에야 유배가 풀려 도쿄로 돌아왔다.

김옥균은 새로운 계기를 만들고자 했다. 청나라로 건너가 리홍장

(李鴻章)과 직접 담판을 지으려는 것이었다. 그러나 1894년 2월 상해에 도착한 다음날 동화양행 객실에서 홍종우(洪鍾宇)의 총격을 맞아 세상을 떠났다.

조선정부는 시신을 넘겨받아 3월 9일 양화진에서 능지처참한 후 긴 장대 세 개를 세워 목·수족과 함께 '대역부도죄인 김옥균 …… 능지처참'이란 목찰을 매달아 놓았고 시신을 나누어 팔도에 효시했다. 그 처형 모습이 너무나도 비참해서 흥선대원군조차도 통곡·통탄하면서 밤늦게까지 무릎을 꿇은 채 오열을 멈추지 않았다고 한다.

한편 생전에 그에 대해 냉랭한 태도를 보인 일본정부는 이 사건을 청나라와의 전쟁의 명분으로 이용하려 움직이기도 했다. 일본 조야의 인사들 역시 그가 조선의 개화와 독립을 위해 분투하다가 희생됐다면서 그의 공적을 추억하고 칭송하는 태도를 보이기도 했다. 그 가운데 생전에 그를 따랐던 이발사 가이 스스무오사무(甲斐軍治)는 그의 유발(遺髮)을 위험을 무릅쓰고 가져와 도쿄 본향구 봉래정 신조우지(眞淨寺)라는 절에 안장했다. 그의 묘는 또 다른 일본인들에 의해 도쿄 아오야마(靑山) 공원묘지에 하나 더 만들어졌다. 1904년 김옥균의 양자 김영진(金英鎭, 1876~1947)은 이 무덤에 묘비를 세우면서 다음과 같은 유길준의 비문 내용을 새겨 넣었다. "오호라. 비상한 재능을 갖고 비상한 때를 만나 비상한 공을 남김없이 비상하게 죽었도다."

김옥균은 친일내각이 수립되고 청일전쟁에서 일본이 승리하는 분위기 속에서 1895년 사면·복권 되었다. 또한 1910년에는 규장각 대제학에 추증되었고 시호는 충달공(忠達公)이다. 이때 김옥균의 서울 옛집에서는 김영진과 황족, 일본인 등 수백 명이 참석한 성대한 기념식이 거행되었다. 이후 일제시기 내내 김옥균 추존 사업은 친일파들에 의해 전개되었다.

김옥균의 묘지는 일본에서 관리 생활을 하다가 1906년 귀국해 1911년 3월 아산군수에 취임한 김영진에 의해 아산군 영인면 영인산 자락에 마련되었다. 갑신정변 이후 연좌제가 적용돼 관청의 노비로 전락했다가 1894년 동학농민전쟁 당시 일본 진압군 미나미 고지로(南小四郎) 소좌의 통역관이자 김옥균을 사모했던 이윤고(李允杲)에 의해 다시 신원을 회복한 부인 유씨와의 합장이었다.

김옥균은 저서로 『기화근사(箕和近史)』, 『치도약론』, 『갑신일록(甲申日錄)』 등을 남겼다.

참고문헌

한국역대인물종합정보시스템(http://people.aks.ac.kr/index.aks).
내일을 여는 역사 엮음, 『나를 깨워라, 한국사의 경계에 선 사람들』, 서해문집, 2004.
조재곤, 『그래서 나는 김옥균을 쏘았다』, 푸른역사, 2005.
친일인명사전 편찬위원회, 『친일인명사전』, 민족문제연구소, 2009.
『아산인물록』, 온양문화원, 2009.

윤치호

尹致昊, 1865~1945

윤치호

본관은 해평(海平)으로 윤취동(尹取東)의 손자이고, 윤웅렬(尹雄烈)의 장남이다. 호는 좌옹(佐翁). 아산군 둔포면에서 출생했다.

1865년 1월 23일 태어난 윤치호는 어린 시절부터 '조기교육'을 받았다. 윤웅렬과 윤영렬은 관직생활을 위해 서울에 거주하는 경우가 많았지만 그의 후손들은 아산을 근거지로 성장해갔다. 윤치호는 한학자 장(張)선생에게 글을 배우는가 하면 고룡산(高龍山)의 백련암(白蓮庵 : 현재의 방축동)에서 아산만을 바라다보며 학문을 키워갔다고 한다. 그리고 9세가 되는 해에 서울로 올라갔다.

윤치호는 수신사로 일본을 다녀온 뒤 개화의 필요성을 절감한 아버지의 영향으로 1881년 조사시찰단으로 떠나는 어윤중의 수행원으로 일본에서 공부할 수 있는 기회를 얻었다. 그는 일본에서 도진샤(同人社)에 입학해 개화사상을 익혔다. 도진샤는 후쿠자와 유키치(福

澤諭吉)와 쌍벽을 이루던 일본 최고의 개화사상가 나카무라 마사나오(中村正直)가 세운 교육기관이었다. 그는 유길준과 함께 조선 최초의 일본 유학생이 되었다.

1883년 김옥균의 권유에 따라 영어 공부를 시작했다. 요코하마 주재 네덜란드 영사관 서기관에게 영어를 배운 것이다. 이것이 계기가 되어 4개월 후 초대 주한 미국공사 푸트(Foote) 장군의 통역관으로 발탁되어 통리교섭통상사무아문 주사(主事)로 국내 정치무대에 데뷔했다.

1884년, 갑신정변은 그의 아버지와 마찬가지로 그에게 많은 굴곡을 던져주었다. 갑신정변에 직접 참여하지 않았으나 김옥균 등과의 친분 그리고 아버지 윤웅렬이 정변 내각의 형조판서로 임명되었던 관계로 개화파로 지목, 국내에 더 이상 남아있기 어려웠다. 그리하여 그는1885년 초 푸트 공사의 추천서를 갖고 상해 총영사 미국총영사 스탈(Stahl) 장군을 찾아갔다. 그리고 그의 소개로 미국 남감리회 선교부가 운영하는 중서서원(中西書院)에 입각해 7학기 동안 영어, 수학 등 일반 중등과정에 해당하는 교육을 받았다. 그리고 1887년 4월 3일 본넬(Bonnel) 교수에게 세례를 받아 조선 최초의 미국 남감리회 신자가 되었는데, 조선 기독교 감리교 '대부'의 첫 출발 순간이었다.

윤치호는 1888년 미국 유학길에 올랐고, 밴더빌트대학, 에모리대학 등을 다니며 학문을 연마했다. 일본 유학으로부터 시작된, 중국, 미국으로의 10여 년의 공부길은 그에게 외국어 특히 영어를 완벽하게 익히고 기독교와 서양 근대를 파악하는 기회가 되었다. 이것은 결국 과학기술의 발달과 자본주의의 성장을 바탕으로 한 제국주의 시대의 약육강식, 적자생존의 논리를 직접 체득할 수 있었음을 말

한다.

갑오개혁과 청일전쟁 등으로 분위기가 크게 변해 1895년 귀국할 기회를 얻은 윤치호는 개화 자강운동에 힘을 쏟았다. 관계로 진출해 학부협판의 관직을 맡는가 하면, 1896년 4월 러시아특명전권공사 민영환(閔泳煥)의 수행원으로 미국과 유럽을 거쳐 러시아에 갔다가 이듬해 1월 귀국했다. 1897년 7월 독립협회에 가담해 서재필(徐載弼), 이상재(李商在) 등과 함께 이를 주도했다. 특히 1898년 8월부터는 회장을 맡아 독립협회의 최고 지도자로서 활동했다. 대한제국 황제의 존재를 인정하는 가운데 점진적 문명화를 계획했던 윤치호의 생각은 독립협회가 대한제국정부에 의해 강제 해산되면서 좌절되었다.

1898년 12월 한성부 판윤에 임명되었고, 한성부재판소 수반판사를 겸했다. 1899년 1월 덕원감리 겸 덕원부윤에 임명되었고, 2월부터 원산항재판소 판사를 겸했다. 1903년 1월 함흥안핵사에 임명되었고, 7월 천안군수 겸 직산군수로 재임하면서 경부철도검찰위원을 맡았다. 1903년 12월 무안감리 겸 무안항재판소 판사에 임명되었다. 1904년 3월 외부협판에 임명되었고, 같은 해 8월 외부협판 겸 외부대신 사무를 서리하면서 8월 22일 제1차 한일협약을 맺었다. 1905년 5월 황성기독교청년회 이사를 맡았다. 외부협판으로서 같은 해 9월부터 하와이와 멕시코 지역의 미국인 이민 실태를 조사하여 보호대책을 강구하기 위해 미주 지역을 방문한 뒤 11월 외교 고문 스티븐스와 함께 귀국했다. 같은 해 11월 을사조약이 체결되고 외부대신 박제순(朴齊純)이 의정부 참정대신으로 전임하자 외부협판으로서 다시 외부대신 사무를 서리했다. 12월에는 "독립의 길은 자강에 있고 자강의 길은 내치 외교를 잘하는 데 있으며 이를 위해 제반 시폐(時弊)를 개혁할 것"을 상소했다. 을사조약에 따라 1906년 1월 외부가 폐지되면서 관직에서 물러났다.

그는 계몽운동에 적극 참여하였다. 1906년 대한자강회 회장을 맡고, 같은 해 10월 미국 남감리교회의 중등교육기관인 한영서원(韓英書院: 송도고등보통학교의 전신)을 설립하고 원장을 맡았다. 1906년 12월에는 황성기독교청년회 부회장에 선임되었고 1907년 4월 국채보상총합임시사무소 사무원을 맡았고, 1908년 3월 기호흥학회 교육부장, 9월 대성학교 교장을 겸했다. 1909년 2월 청년학우회 중앙위원장에 위촉되었다. 1910년 1월 미국에서 열리는 세계주일학교대회에 참석하기 위해 도미했고, 5월 스코틀랜드로 가 에딘버러 세계선교대회에 참석한 뒤 12월에 귀국했기도 했다. 그러나 이 시기 1909년 11월 도쿄에서 열린 이토 히로부미(伊藤博文)의 장례식에 맞춰 장충단에서 개최한 관민추도회 준비위원을 맡는가 하면, 1911년 9월 부친 윤웅렬이 사망하자 12월 남작 작위를 습작하기도 했다.

1912년 2월 이른바 '데라우치(寺內) 총독 암살미수사건'(일명 '105인사건')으로 체포되어 1913년 3월 경성복심법원에서 징역 6년을 선고받았다. 결국 남작 작위를 박탈당했고, 1915년 특사로 출옥할 때까지 3년 동안 복역했다.

이후 그는 조선 감리교의 중진으로 조선인 사회에서 비중 있는 역할을 담당했다. 그러나 또 한편 일제와 대립을 회피하는 모습을 보였다. 총독부 기관지였던 『매일신보』 1915년 3월 14일자는 "윤치호는 온양온천에서 옥고(獄苦)를 씻고 상경하여 매일신보를 찾아 아베

(阿部) 사장을 면회하여 말하기를 '이번 옥사(獄事) 전에는 일인(日人)을 마음으로 싫어하여 혹 찾아오는 사람이 있어도 거절하여 면회치 아니하였으니 이는 일본과 일본인을 해역치 못한 때문만 아니라 여러 가지 오해가 있던 것을 옥중에서 비로소 깨달았노라. …… 2, 3년 옥중생활은 나에게 일개 광명을 준 것이라 할 만 하겠으니 만일 그런 일이 없었으면 그보다 더한 무슨 일이 있어서 무쌍한 욕을 보았는지도 알 수 없는 일, 우리 조선 민족은 어디까지든지 일본을 믿고 오직 믿을 뿐이 아니라 피아(彼我)의 구별이 없어질 때까지 힘쓸 필요가 있을 줄로 생각하고 위선 각 편으로부터 지구간에 그 감동한 바를 간절히 설명하는 중이다. 이후부터는 일본 여러 유지 신사와 교제하여 일선(日鮮)민족의 행복되는 일이든지 일선 양민족의 동화(同化)에 대한 계획에는 어디까지나 참여하여 힘이 미치는 대로 몸을 아끼지 않고 힘써 볼 생각이로다' 등을 이야기하고 돌아갔다"고 적고 있다. 3·1운동 발발 직전 파리강화회의에 조선 대표로 참석해달라는 '민족 대표' 진영의 요청을 거부했고, 총독부가 발행하는 일본어 신문 『경성일보』와의 인터뷰에서 3·1운동을 반대한다는 입장을 분명히 하기도 했다.

윤치호는 1916년 조선중앙기독교청년회(YMCA) 총무, 1920년 서울 YMCA 회장, 1930년 YMCA연합회 위원장 등에 오르며 YMCA운동을 주도했다. 그는 연희전문학교·세브란스의학전문학교·이화여자전문학교의 이사와 송도고등보통학교·연희전문학교 교장 등을 역임하였다. 한편 1925년 3월 이상재·신흥우(申興雨) 등과 함께 비밀결사 흥업구락부(興業俱樂部)를 조직해 회계를 맡았고, 같은 해 7월 조선체육회 위원에, 11월 태평양문제연구회 조선지회를 창립하고 위원장을 맡았다. 1927년 3월에는 '이상재 선생 사회장 장의위원회' 위원장을, 10월 소년척후단 조선총연맹 총재를 맡았다. 1928년 8월 조선체육회 회장을 맡아 1937년 7월까지 회장으로 있었다. 1929년 10월 조선어사전편찬회 발기인으로 참여하기도 했다.

그러나 또한 1919년 7월 예종석·민원식 등 친일 인물들이 조선총독부의 사주를 받아 '질서 유지와 풍속 개량'을 목적으로 결성한 경성교풍회 회장에 선임되는가 하면, 같은 해 9월 전국의 조선인 유력자를 중추원에 모아 놓고 조선총독부의 시정방침을 설명하고 시국강연을 할 때 경기도 대표 가운데 한 사람으로 참석했다. 1924년 4월에는 독립사상 배척과 일선융화를 표방하며 결성된 동민회(同民會)에 가입했다.

1930년대 중반 이후 그의 친일 활동은 적극성을 띠어 갔고 노골적으로 친일행각에 나선 것은 중일전쟁 발발 이후였다. 1935년 10월 조선총독부의 어용단체인 조선교화단체연합회 이사를 맡았고, 다음 해 12월 조선총독부 학무국에서 주최한 교화단체간담회에 출석했다. 1937년 이후 각종 시국대응강연회 연사로 참여하고 '황군위문금', '국방헌금' 납부 사실을 확인할 수 있다. 1937년 12월 일본군은 중국 난징(南京) 함락을 기념하여 조선신궁에서 거행한 난징함락전첩봉고제 위원장을 맡았다. 1938년 1월 조선에서 육군특별지원병제도를 실시한다는 것이 알려지자 2월에 조선지원병제도제정축하회 발기인 겸 실행위원으로 참여하여 회장을 맡아 조선신궁에서 봉고제를 지냈다.

1938년 5월 기독교계의 친일협력을 위해 조직된 조선기독교연합회 평의원을, 7월에는 전국조직으로 확대된 후 평의원회 회장을 맡았다. 같은 해 국민정신총동원조선연맹 상무이사를 맡았고, 서대문 경찰서에 끌려가 흥업구락부 사건에 대한 취조를 받았다. 10월 중앙기독교청년회가 세계연맹에서 탈퇴해 일본에 예속된 일본기청(基靑) 조선연합회의 회장을 맡았다.

1939년 박희도가 창간한 친일잡지 『동양지광』을 발행하는 동양지광사의 고문을, 2월에는 경성부 지원병후원회 회장을 맡았다. 7월 중국을 지지하는 영국의 외교정책을 비판하기 위해 조직된 경성 배영동지회(排英同志會) 회장을, 8월에는 전국조직인 배영동지회연맹의 회장을 겸했다.

1941년 5월 조선총독의 자문기구인 중추원의 칙임관 대우 고문에 임명되어 해방될 때까지 한 차례 연임하면서 매년 3천원의 수당을 받았다. 또한 같은 때 국민총력조선연맹 이사를 맡았고, 8월에는 흥아보국단 중앙위원회 위원장 겸 상임위원을, 임전대책협의회를 조직해 위원을 맡았다. 이외에도 조선임전보국단, 국민총력조선연맹(1944년), 대화동맹(1945) 등에 적극 참여했다. 1945년 4월 3일 일본제국의회 귀족원 칙선(勅選) 의원에 임명되었다. 일본제국의회 귀족원은 일본 황족·화족 의원과 천황이 직접 선임하는 칙선 및 일정액 이상 국세납부자로 구성되었다. 일제강점기 조선인으로 귀족원 의원에 선임된 예는 1945년 4월 7명과 이전에 선임된 3명, 모두 10명에 그쳤다.

한편 그는 일찍 아산을 떠나 서울에 정착했지만 해평 윤씨 가문자체가 큰 영향력을 행사했고 그 또한 넓은 농지를 소유하고 있었다. 그는 1926년 3월 20일 음봉공립보통학교 설립을 위해 5천원을 기부금으로 내놓았고 이는 음봉공보설립기성회의 주요 자금이 되었다. 1934년 6월 6일에는 윤치호를 기념하는 비석을 음봉공보 운동장에 세웠다는 기사가 소개돼 있다. 또한 곡가폭락으로 곤궁을 겪고 있는 자신의 땅 소작인들을 위해 작년에 나눠줬던 비료대를 4분의 1만 받았다는 기록도 있다. 마지막으로 이충무공 위토(位土) 경매 문제로 1931년 5월 23일 서울의 조선교육협회에서 이충무공유적보존회가 창립될 때 위원장으로 선출된 것은 그가 이 지역 출신이라는 게 중요하게 작용했을 것이다.

윤치호는 평생 일기를 썼고 그의 일기는 한국근대사 연구에 중요한 자료로 남아 있다. 그는 1945년 12월 6일 세상을 떠났고, 묘소는 아산시 둔포면 석곡1리 해평 윤씨 중종 묘역에 있다.

참고문헌

한국역대인물종합정보시스템(http://people.aks.ac.kr/index.aks)
「소작인 위해 비료대 감면, 경성 윤치호씨」, 『동아일보』 1931년 2월 2일.
「아산 음봉 공보 인가 去 12일부로」, 『조선일보』 1927년 4월 26일.
「음봉공보 완성」, 『동아일보』 1934년 6월 10일.
「음봉공보교 신설」, 『동아일보』 1927년 4월 26일.
金永義, 『佐翁 尹致昊 先生 略傳』, 基督敎朝鮮監理會總理院, 1934.
김상태 편역, 『윤치호 일기』, 역사비평사, 2001.
유영렬, 『개화기의 윤치호 연구』, 한길사, 1985.
이지원, 「1930년대 민족주의 계열의 고적보존운동」, 『동방학지』 77·78·79 합본호, 1993.

친일반민족행위진상규명위원회『친일반민족행위진상규명 보고서 Ⅳ-11』, 2009.

친일인명사전 편찬위원회,『친일인명사전』, 민족문제연구소, 2009.

『매일신보』1915년 3월 14일.

『아산인물록』, 온양문화원, 2009.

유혁로

俞赫魯, 1855~1940

1855년 3월 9일 충남 아산에서 태어났다. 본적은 영인면 영산리(靈山里) 233번지로 되어 있다. 본관은 진주. 호는 설악(雪嶽). 유형로(柳衡魯)라고 불리기도 했다. 아버지는 하급 무관이었던 유상오(柳相五)이다. 그가 주로 거주했던 곳은 서울 북부 재동이었다. 1872년 12월 사숙에서 한문을 수학했다. 1876년 3월 무과에 급제하고 같은 해 11월 정3품 장위영 영관에 임용되었다. 1880년 12월 오위장에 임명되었다가 병으로 바로 체직(遞職)되었고, 12월 29일 첨지중추부사가 되었다. 1882년 8~9월

유혁로

사이에 수신사 박영효, 김옥균 일행의 수행원으로 일본에 다녀왔다. 고베, 오사카, 도쿄 등지를 돌아보며 일본의 문물을 접했다.

1884년 10월 갑신정변에 참여하고, 이후 오랜 시간 일본 망명이 시작됐다. 갑신정변의 중심인물 김옥균과의 인연은 1881년 시점에도 활발했다. 1881년 말 김옥균이 근대 문물을 시찰하러 일본에 건너갈 때 유혁로는 강위, 변수 등과 함께 갔다. 그들은 일본의 전기 통

신 시설과 육군병원 등을 둘러보고 조선의 근대화 방안을 고민했다. 갑신정변 당일 유혁로는 안동별궁 방화 소식을 김옥균에게 알리고 김옥균의 명령을 행동대원들에게 전달했으며 민영익(閔泳翊)을 처단하는 데 앞장섰다. 정변이 실패로 돌아가자, 유혁로는 김옥균과 마찬가지로 일본 공사를 따라 인천으로 도망해 목숨을 건졌다. 일본 망명 시절 유혁로는 야마다 유이치라는 가명을 썼고 조선에서 파견한 송병준, 장갑복, 지운영 등 자객으로부터 김옥균을 보호했던 김옥균의 최측근이었다. 그러나 김옥균이 1894년 상해로 떠나고 자객 홍종우(洪鍾宇)에게 죽음을 당한 뒤, 박영효가 조선으로 돌아올 때 함께 돌아온 것으로 보인다.

1894년 11월 군무아문 참의, 1895년 4월 육군 부령 포공국장(砲工局長)을 역임했다. 그러나 을미사변에 연루되고 친러파가 우세하자 1895년 11월, 포공국장을 휴직하고 일본으로 재차 망명했다. 망명 중 박영효 등과 함께 활동하면서 군사 및 산업을 공부했다. 일본의 식민화 과정이 이미 본 궤도에 오른 1907년 귀국해 그해 3월 대동학회 평의원을 맡았다. 1907년 5월 서북영림창 사무관으로 관직에 복귀한 후 같은 해 12월 통감 이토 히로부미(伊藤博文)의 추천으로 평안북도관찰사에 임명되었고, 평안북도재판소 판사를 겸임했다. 한일합병 때 은사금 5천원을 받았다.

합병 후 1910년 10월 경기도 참여관에 임명되었다. 1912년 8월 한국병합기념장을 받았다. 1914년부터 1916년 3월까지 경기도 지방토지조사위원회 임시위원으로 토지조사사업에 협력했다. 1916년 3월 충청북도장관으로 승진했으며, 충청북도 지방토지조사위원회 임시위원으로도 활동했다. 1916년 4월 일본적십자사 청주지부장, 애국부인회 조선본부 청주지부 고문을 맡았다. 1917년 6월 도장관을 사직하면서 조선총독부의 자문기구인 중추원의 찬의에 임명되어 1921년 4월까지 매년 1200원의 수당을 받았다. 1920년 9월 훈4등 서보장을 받았다. 1920년 창립 때부터 조일석감(朝日石鹼: 조일비누)주식회사 감사를 맡아 사망할 때까지 재직했다. 1921년 4월 조선총독부 중추원 관제가 개정되면서 칙임관 대우의 중추원 참의에 임명되어 1940년 5월 사망할 때까지 다섯 차례 연임하면서 19년여 동안 매년 2500원의 수당을 받았다. 1922년 4월 대륙호모공업주식회사를 발기하고 8월 설립 때부터 사망할 때까지 이사로 재직했다. 1922년부터 1927년까지 한성신탁주식회사 감사를 지냈다. 1926년 하반기부터 반일운동 배척과 일선융화를 표방하며 조직된 동민회(同民會)의 평의원으로 활동했다. 1926년 11월 훈3등 서보장을, 1928년 11월 쇼와(昭和) 천황 즉위기념 대례기념장을 받았다. 1932년 7월 중추원이 시정연구회를 조직하자 사회부 위원을 맡았다. 1935년 10월 시정25주년기념표창을 받았다. 중추원 참의로 재직 중이던 1940년 5월 15일 사망했다.

참고문헌

박은숙, 『김옥균, 역사의 혁명가 시대의 이단아』, 너머북스, 2011.
친일반민족행위진상규명위원회 『친일반민족행위진상규명 보고서 IV-10』, 2009.
친일인명사전 편찬위원회, 『친일인명사전』, 2009.
『아산인물록』, 온양문화원, 2009.

홍필주

洪弼周, 1857~1917

홍필주

1857년 9월 7일 태어났고 1917년 12월 12일 별세했다. 본적은 아산 배방 세교리이다. 본관은 남양, 호는 현풍(玄風)이다. 어려사 사숙에서 수학하여 뒤늦게 과거를 통해 관직에 나아갔다. 1896년 안동군 참서관, 안동군수를 시작으로 현풍군수, 대구군수, 경북관찰사 서리 등등 주로 영남지방에서 지방관을 역임하였다. 1902년 2월 대구군수이자 중추원 의관을 마지막으로 관직을 떠났다. 그동안 재야인사들과 두루 교분을 쌓는 등 변화에 부응한 다양한 방법론을 모색하고 있었다.

그가 우려하던 바는 현실적인 긴급한 문제로 나타났다. 1904년 2월 러일전쟁이 발발하고, 5월 30일에는 한일의정서가 체결되었다. 이후 일제는 대한제국 정부에 황무지 개척권을 요구하였다. 홍필주는 이에 대응하여 이건하, 박기양, 나인영, 이기 등과 함께 신사소청(紳士疏廳)을 설치했다. 일제의 부당한 요구를 거절하는 상소를 올리는 한편 침략적인 행위를 규탄하는 선언서를 발표하였다. 황무지 개척권 반대운동은 민중의 절대적인 지지를 받아 이를 관철시킬 수 있었다. 전국 341개 군에 보낸 통문은 이를 추진하는 동력이 되었고, 이를 계기로 이범창, 이기와 함께 일본군 사령부에 여러 차례 구속되는 등 많은 고통을 받았다.

한편 이들은 직접 도쿄로 건너가 이토 히로부미(伊藤博文) 등 일제 침략의 원흉을 만나 한국의 항구적인 독립을 보장하라고 요구했다. 일왕과 이토 히로부미 그리고 정계 요로에 '동양평화를 위한 의견서'라는 장문을 보내어 한일 양국의 평화를 위해 노력할 것을 충고하였다.

이후 홍필주는 계몽운동에 적극 나섰다. 헌정연구회 조직에 참여하였고 을사조약 체결 이후 설립된 대한자강회에도 가담했다. 그는 곧바로 평의원으로 선임되었다. 평북 철산, 운산, 창성 등지 시찰위원으로서 지역민 민족의식을 일깨우는 계몽활동에 적극적으로 나섰다. 한편 민영환의 순국 이후에는 그의 애국충정을 기리는「민공죽가(閔公竹歌)」를 『대한자강회월보』에 게재하였다.

홍필주는 1907년 나철, 오기호, 이기 등 동지들과 함께 이완용 등 매국오적을 주살하기로 결의하였다. 자신회(自新會)를 조직한 것은 이를 실행하기 위함이었다. 갖은 노력에도 결국 계획은 실패로 돌아갔다. 유배에서 풀려나자, 곧바로 계몽활동에 투신하는 등 이전보다 더욱 적극적으로 활동했다.

1907년 대한자강회 해산에 즈음하여 장지연, 권동진 등과 대한협회 발기인으로 참여했다. 이들은 국민대회를 개최하는 가운데 일진회를 성토하면서 일제 침략정책을 신랄하게 규탄하였다. 특히 기관지인『대한협회회보』편집소장과 발행인을 맡아 한민족 구성원에게 잠재된 민족의식 고취에 골몰했다. 「혁사합일(革四合一)」, 「인태양(人太陽)」이나 양계초(梁啓超)의 저서인『음빙실문집(飮氷室文集)』중 근대교육과 관련된 「학교총론」과 「논사범(論師範)」 등을 소개한 것은 이러한 의도에서 비롯되었다. 지방시찰원으로서 사립학교 설립운동과 민지계발에도 노력을 기울였다.

한편 언론활동도 병행하였다. 그는 조완구, 정영택 등과 제국신문 사찬성회 발기인으로 참여했다. 이는 한글 보급을 통한 민족정신 선양과 새로운 변화에 부응한 가치관을 일깨우려는 의도였다.

기호흥학회에도 가담하여 총무로서 민지계발에 남다른 노력을 기울였다. 일제가 조작한 양기탁의 국채보상금 횡령 사건과 관련된 국채보상금 조사위원으로 활동했다. 임원진은 회장 장박, 부회장 최병헌, 총무 이민경 등이었다. 자립경제를 이룩하려는 민중의 여망을 대변할 의도였다. 안중근 의거를 계기로 일진회는 '한일합병청원서'를 제출하는 등 매국적인 반동행위를 서슴지 않았다. 이순하, 강엽 등과 국민대연설회의 제술위원으로 피임된 그는 일진회의 매국행위를 조목조목 반박하였다.

1910년 6월에는 도쿄로 다시 건너가 오쿠마 시게노부(大隈重信), 도야마 미쓰루(頭山滿) 등 일본 정객들을 만나 한국 침략의 부당성을 통렬히 설파하였다. 그곳에서 양계초를 만나 일제 식민정책 타도를 역설하면서 항일투쟁정신을 나타냈다. 동지인 이기는 그와 이별하게 된 것을 아쉬워하면서 「증홍현풍필주(贈洪玄風弼周)」, 「차홍대구필주(次洪大邱弼周)」 등 시를 남겼다. 그와 동지들의 열성에도 대한제국은 경술국치와 함께 종말을 고하였다.

국권을 빼앗긴 이후 그는 기호학교(현 중앙고등학교) 초대 학무부장으로 취임하여 후진 양성에 노력하였다. 교육구국운동은 그가 지향하는 최종적인 지향점인 자주적인 국민국가 수립을 위한 것이었다. 민지계발에 의한 실력양성운동이야말로 조국 광복을 위한 지름길이라 인식하고 실천력을 발휘하였다. 이러한 활동을 '시대적인 소명'이자 '사회적인 책무'로서 수용하는 데 열성적이었다.

참고문헌

공훈전자사료관(http://e-gonghun.mpva.go.kr)

김형목, 「문명사회 건설로 국민국가 수립을 꿈꾼 홍필주」, 『아산시대』 3호, 2012.

원응상

元應常, 1869~1958

원응상

호는 범석(凡石). 본관은 원주. 본적은 아산군 배방면 중리 296번지로 되어 있다. 일본명은 원촌응상(元村應常)이다. 충청북도 참여관을 지낸 원은상(元殷常)과 중추원 참의를 지낸 원덕상(元悳常)의 형이다. 1895년 9월 관비유학생으로 일본 게이오의숙(慶應義塾) 이재과에서 세무관

리국 사무, 일본은행 사무, 각종 부기학을 공부하고 게이오의숙 졸업 후 대장성 견습생활을 거쳐 1899년 7월에 귀국했다.

1902년 탁지부 주사에 임명되어 근무하다 4개월 만에 사직했다. 1903년 12월 중추원 의관에 선임되었으나 바로 사직했다. 1904년 7월 외부 참서관, 1906년 1월 의정부 참서관을 지냈다. 1907년 6월 탁지부 사세(司稅)국장을 지냈다. 그 사이 보성전문학교 경제학 강사로 1907년까지 강의를 하였다. 일본 유학 동창이고 보성전문학교 교장이던 신해영(申海永)의 교열을 받아 『재정학』을 강술, 출간하였고,

다시 신해영과 공저로『경제학』을 출간하였다. 이 두 책은 출판연도가 명백하지 않으나, 신해영이 1907년 4월 재일유학생 감독으로 일본에 간 뒤 1909년 9월 시모노세키(下關)에서 죽은 점으로 미루어, 대체적으로 1907년을 전후하여 보성전문학교의 교재로 출판되었다고 볼 수 있다. 1908년 5월 대한학회 찬성회 발기에 참여했다. 6월 사계(司計)국장으로서 국유삼림산야처분심사회 위원을 겸임했다. 1909년 11월 이토 히로부미(伊藤博文)를 추도하기 위해 이완용 등이 중심이 되어 조직한 관민추도회 위원을 맡았다.

　일제에 강점된 이후, 1910년 10월 전라남도 참여관에 임명되어 1918년 9월까지 재직했다. 1912년 8월 한국병합기념장을 받았다. 1914년부터 1918년까지 전라남도 지방토지조사위원회 임시위원을 맡아 일제의 토지조사사업에 협력했다. 1915년 11월 다이쇼(大正)천황 즉위기념 대례기념장을 받았다. 1918년 9월 강원도장관으로 승진했으며, 1919년 8월 지방관제 개정으로 강원도지사로 근무했다. 1920년 8월 훈4등 서보장을 받았다. 1921년 8월 전라남도지사로 전임되었다. 지사로 재직할 때 유림의 친일화를 목적으로 전라남도유도창명회(儒道彰明會) 설립을 적극적으로 지원했다. 1923년에 중국 출장을 다녀온 뒤『창명』에「지나(支那)시찰담」을 게재했다. 1924년 조선경찰협회 전라남도지부장을 겸했다.

　1924년 12월 전라남도지사에서 물러나면서 조선총독의 자문기구인 중추원의 칙임관 대우 참의에 임명되어 1933년 12월까지 두 차례 연임하면서 매년 2000원의 수당을 받았다. 1926년부터 '아세아 민족의 결합, 내선융화, 사상 선도'를 목적으로 한 동민회(同民會)의 평의원으로 활동했다. 1928년 9월 교토(京都)에서 열린 쇼와(昭和) 천황 즉위식에 초청받아 참석하고, 11월 쇼와천황 즉위기념 대례기념장을 받았다. 같은 해 10월 조선박람회협찬회 상당역, 1929년 5월 조선박람회 평의원을 지냈다. 1930년 12월 교화단체인 수양단(修養團) 조선연합본부 찬조원을 맡았다. 1933년 2월 우가키(于垣一成) 총독의 특명을 받아 중추원의원 위문단의 일원으로 만주에 파견되어 일본군을 위문하고 재만 조선인의 생활 상황과 전선의 자력갱생운동 실정을 시찰했다. 1933년 7월 중추원 시정연구회 경제부 주사위원(主査委員)으로 활동했다. 1936년 10월 조선산업조사위원회 위원으로 활동했다. 1938년 공산주의 사상의 박멸을 목표로 조직된 조선방공협회(朝鮮防共協會) 경기도연합지부 평의원을 지냈다. 1939년 11월 유림의 전쟁협력을 위해 조직된 조선유도연합회(朝鮮儒道聯合會) 평의원으로 활동했다. 1958년 8월 20일 사망했다.

참고문헌

한국역대인물종합정보시스템(http://people.aks.ac.kr/index.aks).
친일반민족행위진상규명위원회, 『친일반민족행위진상규명 보고서 Ⅳ-10』, 2009.
친일인명사전 편찬위원회, 『친일인명사전』, 2009.

제3장

동학농민운동의 지도자와 초토사

정태영, 안교선, 이신교,

이승우, 이학승

정태영

丁泰榮, 1859~1922

본적은 선장면 대정리라고 하며 본관은 나주(羅州)이다. 본명은 정건섭(丁建燮)이다. 1859년 8월 3일 태어났고 출생지는 당진군 우강면 신흥리이다. 안교선(安敎善)과 춘암(春菴) 박인호(朴寅浩)가 내포지역에서 활발하게 포교 활동을 전개하던 1880년대 말부터 1890년대 초 사이에 동학에 입교하고, 1892년 초부터 시작된 교조신원운동 중

정태영

1892년 10월의 공주집회와 1893년 3월 보은집회에 참여했을 것으로 추정된다.

이듬해인 1894년 1월 북접대도주인 해월(海月) 최시형(崔時亨)으로부터 직강(直講)에 임명되고 같은 해 7월 접사(接司)로 임명받았다. 1894년 3월 동학농민전쟁이 일어나고 9월의 2차 봉기에 이르러 호서지방 대접주 박인호의 기포령이 내려지자 10월 1일 경에 김경삼(金敬三), 곽완(郭玩), 이신교(李信敎) 등과 함께 봉기하였다. 신례원 창소리에서 예산지방 동학농민군과 합류한 뒤 10월 28일 홍주성 공략에

참여했다. 일본군은 물론 관군과 유회군(儒會軍)까지 동원된 진압군에게 패하고 뿔뿔이 흩어졌다.

정태영은 이 전투에서 부상을 당한 뒤 도피를 위해 예산 대술에 가서 살았고 1895년 1월 3일 그의 부인 김태화는 장남 정규희(丁奎熙)를 낳았다. 1902년부터 1907년 사이에 아산의 선장면으로 옮겨온 것으로 보인다. 평생 부상 후유증으로 고생하다 뜻을 이루지 못한 한을 품고, 1922년 8월 26일에 세상을 떴다. 묘는 선장면 군덕3리 선영에 있다.

2009년 1월 16일 '동학농민혁명 참여자 명예회복에 관한 특별법' 제5조 및 동법 시행령 제9조의 규정에 따라 정태영은 동학농민혁명 참여자로 인정받았고 증손자 정해곤 외 고손자 등 15명이 유족으로 등록되었다.

참고문헌

「정태영선생 후손 동학혁명유족 등록」, 『온양신문』 2009년 4월 2일.
선장면 향토지 편찬위원회, 『선장면 향토지』, 2008.
온양시지 편찬위원회, 『온양시지』, 1989.
『아산인물록』, 온양문화원, 2009.

안교선
安敎善, ?~1894

　본관은 순흥(順興). 1880년 이전에 동학에 입도한 것으로 보이며 아산포(包) 접주로 시작하여 대접주, 충청도 도접주 등을 맡아 충청도 지역 동학운동에 매우 중요한 역할을 담당하였다. 1883년 3월에 손병희(孫秉熙), 박인호(朴寅浩), 윤상오(尹相五) 여규덕(呂圭德) 등과 함께 충청도 동학 중심인물들이 충북 단양에 가서 2대 교주 최시형(崔時亨)을 만나 여러 가지 문제를 상의했다. 경전 간행에도 큰 역할을 담당했다. 1883년 6월에 간행된 경주판(慶州版) 동경대전(東經大全) 발문(跋文)에 충청도 아산 도인 안교선이 공주 도인 윤상오와 같이 실무를 맡았다고 기록되어 있다. 그 후 고향으로 돌아와서 박인호 등과 함께 포교활동을 활발히 전개했다. 온양의 이규호(李圭鎬) 부부도 이때(1884년) 입도하였다. 안승관(安承寬), 김정현(金鼎鉉) 등에게도 포교하여 경기도 지역 동학 확산에도 기여했다. 1892년 초부터 시작된 교조신원운동에 적극 참여하여 1892년 10월 공주집회와 1893년 3월 보은집회에서 주도적인 일을 하였다.

　1894년 3월에 전라도에서 동학농민군이 봉기하자 내포지역에서도 움직임이 일기 시작했다. 6월 21일에 일본군이 경복궁을 점령하자 더욱 격앙되어 가는 상황에서 9월 9일에 충청도 도접주로서 흥선대원군의 효유문(曉諭文)을 받았으나 동요하지 않았다. 마침내 9월 18일 기포령에 의거해서 10월 1일 경에 신창지역 접주인 김경삼(金敬三), 곽완(郭玩), 정태영(丁泰榮), 이신교(李信敎) 등과 함께 봉기하였다. 10월 5일 아산현 관아를 습격하여 무기 등을 탈취한 뒤 당진을 거쳐 내포지역 동학농민군 집결지인 서산 여미벌에 합류했다. 그 뒤 당진 승전곡전투, 신례원전투 등에서 대승을 거두고 예산을 점령한 뒤 삽교를 거쳐 10월 28일(음력) 홍주성을 공격하게 되었다. 그러나 점령에 실패한 뒤 일본군과 관군, 유회군(儒會軍) 연합 세력의 역공과 추격전에 막대한 피해를 입고 그도 결국 체포되었다. 서울까지 끌려간 그는 12월 23일에 남벌원(南筏院)에서 효수되었다. 그 뒤 자세한 사항은 알려지지 않고 있다.

참고문헌

『아산인물록』, 온양문화원, 2009.

이신교

李信教, 1840~1894

　　본관은 전주(全州)로 온양 용화리에서 거주했으며 일찍이 동학에 입교했다. 그의 처남 이규호(李圭鎬)는 당진 신평에서 살다가 자형이 있는 온양 용화리로 왔는데, 1884년 11월에 온양면 용화리의 이규호 부부가 입교했다는 기록이 있는 것으로 보아 그도 이미 그 즈음에는 동학에 입교했을 것으로 보인다. 원래 왕실의 온양 별장이라 할 수 있는 온궁(溫宮)의 관리자였던 까닭에 경제적인 형편은 부유한 편이었다.

　　이신교는 온양은 물론 아산현, 신창현 일대에서 포교 활동을 전개했고 1892년 초부터 시작된 교조신원운동 중 1892년 10월의 공주집회와 1893년 3월 보은집회에 참여했을 것으로 추정된다. 동학농민전쟁이 일어난 1894년 1월에 동학의 2대 교주이자 북접 대도주인 해월 최시형 선사에 의해 집강으로 임명되었다. 그해 3월에 전라도에서 1차 봉기가 있었고 2차 봉기에 이르러 호서지방 대접주 춘암 박인호의 기포령이 내려졌다. 그는 10월에 신창지역 접주 김경삼(金敬三), 곽완(郭玩), 정태영(丁泰榮) 등과 함께 온양·아산·신창 일대의 동학농민군을 이끌고 봉기했다. 그는 신례원 창소리에서 예산지방 동학농민군과 합류한 뒤 10월 28일 홍주성 공략에 참여했다. 그러나 홍주성 점령에 실패하고 이어 일본군과 관군의 반격에 큰 피해를 입게 되었다.

신창 접주였던 그는 이때 큰 부상을 입고 붙잡혀 홍주목사로서 초토사였던 이승우(李勝宇)에 의해 덕산 접주 최동신(崔東臣), 면천 접주 이창구(李昌九) 등과 함께 홍주성 동문 밖에서 참살 당했다. 시신을 찾지 못해서 묘소가 없고 그의 손자 이한구는 집을 나간 10월 15일 이후 정확한 소식을 알 수 없기 때문에 이 날에 맞춰 제사를 지낸다고 회고했다.

동학농민전쟁 이후 관군과 지방 토호들의 보복이 극심하게 전개되었다. 그의 가족도 재산을 잃고 오랫동안 도피와 은둔 생활을 했다. 피해 다니는 상황에서 마음 놓고 재산권을 행사할 수 없어 믿을만한 집안 내 머슴에게 재산 관리를 맡겼는데, 토지조사사업 등을 거치며 그 재산을 되찾지 못했다. 이신교는 사형제였고 이들 모두 동학교도였다. 이 중 셋째가 이순교(李順敎, 1860~1928)이다. 그는 별집강(別執綱)으로 형인 이신교와 함께 홍주성 전투에 참가했으나 다행히 붙잡히지 않고 도피한 뒤 광덕산과 공주 유구지역 산간에 은신하며 지냈다. 긴급한 상황이 가라앉은 뒤에는 인근 유구, 예산, 온양, 아산 등지에서 포교 활동을 지속하다가 1928년에 생을 마감했다.

이신교의 아내는 살아남아 아들 4형제와 딸 둘을 길렀다. 4형제 중 첫째는 서울에 살면서 1939년에 세상을 떠났고, 둘째와 셋째는 만주에 있던 천도교계 독립운동가 신숙(申肅)의 휘하에서 활동했다고 한다. 막내아들은 유복자로 태어났다.

이신교의 셋째 아들은 이순교의 양자가 되었다. 그는 1930년대 중반 경남철도주식회사에 근무하다 권고사직을 당한 후 만주 길림성으로 떠났다. 셋째 아들의 장남 이명구는 금융조합을 다니다 역시 만주 북지(北支)로 떠났고 해방 한 달 전에 나와 6·25전쟁 때 좌익에게 총살당했다고 한다. 동생 이한구는 1927년 태어났고 일제 말기 당숙의 집에 기거하면서 어렵게 살았고 해방이 되면서 정식으로 천도교에 입교했다.

이한구는 백부 이종일의 양자로 입적됐다. 이종일은 이세헌으로 개명했고 그는 춘암 박인호 선사의 봉도(비서)로 활동했으며, 이후 최준모(崔俊模)의 알선으로 천도교 중앙총부에서 경리관장이 되었다. 그의 아내는 정태영(丁泰榮)의 딸이다. 이들 사이의 큰딸은 화가 심산(心汕) 노수현(盧壽鉉)과 결혼했고 둘째 딸은 신숙의 큰며느리였다.

이한구는 생가와 양가 할아버지의 유업을 이어 천도교에 관계했으며, 일제 때 친일을 한 천도교 신파들에 대해 분노했다. 그는 1938년 독립운동이 침체에 빠져 있을 때 박인호에 의해 주도된 '멸왜운동'의 의미를 재조명하기 위해 노력했으며, 주변 사람들에 의해 '혁명가 집안'이라고 불리는 것에 자부심을 가졌다.

참고문헌

「혁명가 집안을 세운 이신교, 손자 한구」, 역사문제연구소 동학농민전쟁 백주년기념
　　사업 추진위원회 저, 『다시 피는 녹두꽃―동학농민군 후손 증언록』, 역사비평사,
　　1994.
『아산인물록』, 온양문화원, 2009.

이승우
李勝宇, ?~?

진사(進士)와 현령(縣令)을 지낸 뒤 1882년에 이조판서(吏曹判書)와
홍문관수찬(弘文館修撰)이 되었으며, 증광감시초시시관(增廣監試初試試
官)을 지냈다. 1884년 부수찬을 지냈고, 이듬해에는 선전관(宣傳官)을
역임하였다. 1890년 사간원대사간이 되었으며, 1894년에는 전라도
관찰사를 지냈다. 이 해에 홍주목사(洪州牧使)로 있으면서 호연초토사
(湖沿招討使)로서 동학농민전쟁을 진압하기 위해 여러 작전을 펼쳤다.
홍주성전투에 참여했던 아산 출신 동학농민전쟁 참가자들과 반대편
에서 싸웠다.

〈초토사이공승우청덕비(招討使李公勝宇淸德碑)〉는 동학농민전쟁이 끝
난 후 아산 도고면에 세워졌다. 1895년 2월 쓴 비문의 내용은 다음과
같다. "民安賊破有範 軍中誠功拱北 威振擊東一片 秋月百里春風 隣境咸頼
號略 鴻功乙未二月日"

1895년 을미개혁으로 지방관제가 개혁될 때 홍주부 관찰사에 임
명되었다. 이 해에 홍주에서는 강직한 관리로 이름났던 김복한(金福
漢)·이설(李偰)·안창식(安昌植)·안병찬(安炳瓚)·임한주(林翰周)·이근주

(李根周) 등이 을미사변 직후부터 기병을 계획하다가 단발령을 계기로 창의하여 공주와 임존산성(任存山城)을 점거하는 등 맹위를 떨치고 있었다. 이때 관찰사로 있던 이승우는 거짓으로 이 의병진에 가담한 뒤 몰래 정부측 관리와 내통하여 순검대를 끌어들여 김복한·이설을 비롯한 의병진의 주요 인물들을 체포, 투옥함으로써 의병진을 강제 해산하게 하였다.

1896년 함경도관찰사에 임명되었고, 이듬해에는 중추원의관(中樞院議官)을 지냈으며, 1898년에는 봉상사제조가 되었다. 1900년 궁내부특진관을 지내고 1904년 충청북도관찰사를 역임하였으며, 1905년에는 전라북도관찰사를 지냈다. 그리고 이해에 전라북도선무사가 되어 각 군을 돌며 군민을 위무하였다. 1906년 전라북도재판소 판사를 지냈으며, 이듬해에는 궁내부특진관을 역임하였다.

참고문헌

한국역대인물종합정보시스템(http://people.aks.ac.kr/index.aks).
「처마 밑에 방치된 초토사 이승우 청덕비」, 『온양신문』 1997년 4월 14일.
아산군지 편찬위원회, 『아산군지』, 1983.

이학승

李學承, 1852~1894

〈이학승 순의비〉

아산 출신으로 본관은 전주(全州), 쌍호당 이단석(李端錫)의 6세손이자 병사 이응혁(李應赫)의 증손자이고 군수 이종규(李鍾奎)의 아들이다. 자는 경습(景習)이다. 1874년에 무과에 급제하여 1881년부터 관직에 나아가서 선전관(宣傳官), 훈련첨정(訓練僉正) 등을 역임했다. 1894년에 동학농민전쟁이 일어나자 장위영(壯衛營)의 대관(隊官)으로서 양호초토사(兩湖招討使) 홍계훈(洪啓薰)의 지휘 하에 동학농민군을 토벌하기 위해 출동했다. 선봉장으로 300명을 이끌고 전라도 장성 월평전역(일명 황룡촌전투)에서 싸우다 패하고 전사했다.

장성 신호리 황룡강 언저리에는 황룡촌전투 때 관군 대장으로 전사한 이학승을 기리는 〈이학승 순의비〉(1897년)가 세워져 있다. 비석은 높이 160cm · 폭 65cm · 두께 23cm 규모이며, 앞면에 '증좌승지 이

공학승 순의비(贈左承旨李公學承殉義碑)'라 새겨져 있다. 최익현(崔益鉉)이 비문을 지었다.

이학승은 사후 좌승지에 추증되고 장충단에 배향되었다. 묘는 아산시 영인면 신현리에 있다. 판서 김학진(金鶴鎭)이 묘지(墓誌)를 찬하고 참판 이면상(李冕相)이 묘갈(墓碣)을 찬했으며 1935년에 세운 신도비가 있다.

참고문헌

이이화, 『역사를 쓰다』, 한겨레출판, 2011.

『아산인물록』, 온양문화원, 2009.

제2부
독립투쟁의 길을 떠난 사람들과 그 주변

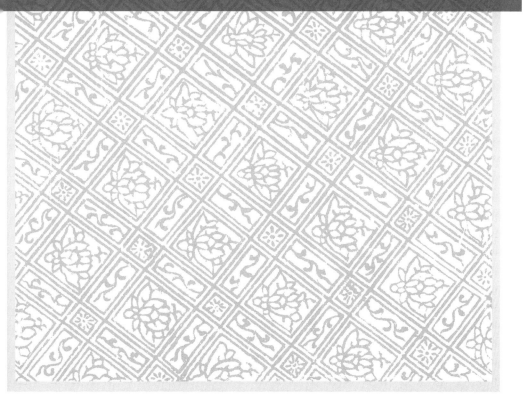

역사학적 상식에 따르면 대한제국은 이미 1904년부터 강점 단계에 들어갔습니다. 1910년 '병합'은 최종적인 결과라고 할 수 있겠지요. 일제강점기 우리 민족에게 주어진 역사적 과제라면 당연히 주권을 되찾는 것이 될 수밖에 없었습니다. 따라서 역사 서술의 중심도, 인물 정리도 독립투쟁에 맞춰져야 할 겁니다. 따라서 이번 장에서는 크게 다섯 파트로 나눠 '독립투쟁의 길을 떠난 사람들과 그 주변'이라는 제목을 붙여봤습니다.

일단 독립운동 관계자들을 크게 네 부류로 나눴습니다. 첫째, 1910년대 대표적인 항일운동이자 아산 출신 인사들도 많이 참여한 대한광복회 활동으로 강석주, 성달영·성문영 형제, 정우풍 등입니다. 이들의 활동은 앞서도 지적했지만 홍주의병과 긴밀한 관계가 있습니다.

둘째, 아산 내의 3·1운동 관계자로 독립유공자로 공훈을 받거나 활동이 많이 알려진 15명을 정리했습니다. 김복희, 한연순은 백암교회를 중심으로 활동한 기독교계 인물이자 여성입니다. 정규희는 정태영의 아들로 일제강점기 내내 천도교 활동에 참여한 인물입니다.

이들의 일대기를 통해 아산 3·1운동의 전모를 드러내긴 한계가 있을 수도 있겠습니다. 그러나 그 격렬함과 열기는 어느 정도 읽을 수 있지 않을까 싶습니다.

셋째, 1920~30년대 아산 내의 민족·사회운동에 참가한 이한용, 이선준, 한명식 세 사람입니다. 이들은 독립유공자로 공훈 받은 사람들이 아닙니다. 이념 역시 사회주의 계열에 비교적 가깝습니다. 아산의 지역사를 쓴다고 하지만 아산에서 활동한 민족운동가에 대해 잘 정리가 돼 있지 않은 현실입니다. 이 때문에 가능한 자료를 모아 새롭게 정리해봤습니다. 이한용은 온양 출신의 형평운동가이자 사회운동가, 이선준은 일제강점기 두 차례나 옥고를 치른 농민운동가, 한명식은 일본 천황을 조롱하는 편지를 보낸 열혈청년이었습니다.

넷째, 국내외 각지에서 전개된 독립운동에 참가한 아산 출신 인물 등입니다. 이들을 활동 영역 대로 분류해보면 대략 다음과 같습니다. 방창근(국내 항일), 성낙붕, 권주상, 박장래, 이달용(타지 삼일운동) 윤용주, 민병길, 진수린, 최익수(임시정부), 박정양, 이민화, 이길영, 이일영, 이세영, 홍가륵(중국 항일) 박안라, 이규풍, 오세라, 이규갑, 이애라, 이민호(일가족 항일운동), 박응구, 남영희, 성낙응, 임형선, 한경석(일본·국내 학생운동) 이준열, 이종국, 이종희, 이주상(사회주의운동). 이 영역을 정리하면서 새삼 덕수 이씨 충무공 이순신 후손의 독립운동의 헌신성을 생각하게 되었고, 그리고 그들이 실제 활동에서 다양하게 얽혀있을 가능성을 떠올려보게 됐습니다. 그동안 아산 사람들 앞에는 소개하지 못했던 홍가륵의 존재도 주목해볼 것을 권합니다.

아산 출신은 아니지만 기독교 감리교 목사였던 부친을 따라 아산에 왔고 사상적 변화를 거쳐 의열단 운동에 투신한 경우입니다. 이준열의 경우 그의 자서전을 통해 정리된 내용으로 강점 전후의 아산 지역 분위기를 읽을 수 있는 장점이 있습니다. 이렇듯 아산 지역 또는 아산 출신의 독립운동은 일제강점기 전 시기 동안 폭넓게 치열하게 전개됐습니다.

마지막으로 지역 내 유지와 아산 출신 유력자에 대한 내용을 정리해봤습니다. 어떻게 보면 일제강점기 내내 아산 지역사회가 작동했던 것은 독립운동의 외부에 서 있었던 인물들에 의해서일 것입니다. 그를 고려한다면 이들의 활동상을 정리하는 것도 절실한 과제입니다. 다른 부분도 모두 쉽지 않았지만 이 부분이 인물 선정도 그렇고 정리도 어려웠습니다. 그렇지만 지역에서 영향력이 있었던 인물의 활동을 개괄적으로나마 이해하는 것은 지역사의 기초 작업이 될 수밖에 없기에 용기를 냈습니다. 먼저 충무공의 후손이자 '이충무공유적보존운동'이 전개될 때 사건의 한 가운데 있던 이종옥의 일대기를 묘비문과 각종 자료를 통해 정리했습니다. 그야말로 대표적인 유력자라고 할 수 있던 유기영, 남봉희, 이성우, 권인채의 활동도 정리했습니다. 이들은 모두 공통점이 있습니다. 정치·경제·행정의 중심에서 활약하는가 하면 독자적인 산업 기반을 가지고 있었습니다. 또한 1920년대 아산 내에서는 민족주의 운동이라고 할 만한 게 특별히 없었고 단지 민립대학기성회 아산지방부가 다른 지역보다 조금 일찍 생깁니다. 이 단체에 이들 뿐만 아니라 많은 수의 유지들이 참여합니다. 향후 이 단체 또는 유지들의 사회활동에 대한 연구가 전개되어야 할 것입니다. 한편 아산 출신으로 일제하에서 권세를 누렸던 세 명의 인물 윤치소, 윤명선, 허균도 여기에 포함시켰습니다. 윤치소, 윤명선은 해평 윤씨 집안으로 전자는 농업경영에 두각을 나타냈고 후자는 행정가로 급성장했습니다. 허균 역시 오랜 시간 아산에 머물렀던 친일인물로 당시 아산지역의 동향을 이해하는 데 도움이 될 것입니다.

제1장

1910년대 대표적 항일운동, 대한광복회

강석주, 성달영, 성문영, 정우풍

강석주

姜奭周, 1896~1950

송악면 동화리 출신으로 1896년 9월 18일 태어났다. 포상자 공적 조서 상에 본적지와 독립운동 당시 주소는 천안 삼경(三竟) 209로 되어 있다. 1917년에 대한광복회(大韓光復會)에 가입하여 군자금 수합 및 친일 부호 처단에 참여했다. 대한광복회는 풍기광복단과 조선국권회복단이 1915년에 통합하여 결성된 혁명적 민족운동단체였다. 국내에서 군자금을 조달하여 만주의 독립군 기지에서 혁명군을 양성하고 국내에 확보한 혁명 기지를 거점으로 적시에 봉기하여 독립을 쟁취할 것을 계획했다. 비밀·폭동·암살·명령 등 4대 강령이 행동지침이었다. 각처에 곡물상 등을 설립하여 혁명기지로 삼는 한편 혁명 계획은 군자금 조달, 독립군 및 혁명군의 기지 건설, 의협 투쟁으로서의 총독 처단과 친일 부호 처단으로 추진되었다.

대한광복회의 충청도 조직에 가담하여 김재창(金在昶), 김경태(金敬泰), 엄정섭(嚴正燮) 등의 동지와 함께 군자금 수합에 힘쓰는 한편 인천에 연락 거점을 확보하기도 하였다. 1918년 1월에 친일파인 당시 아산군 도고면장 박용하(朴容夏)를 처단할 때, 이에 앞서 임봉주(林鳳柱),

김경태 등과 함께 그의 집에서 광복회의 처단 고시문(告示文)을 작성하는 등 친일파 응징에도 참여하였다. 그러나 그로 인해 조직이 발각됨으로서 1월 17일 일본 경찰에 체포되어 수난을 당하다가 그 해 10월 19일 공주지법 예심에서 면소되었다. 정부에서는 고인의 공훈을 기리어 1990년에 건국훈장 애족장(1977년 대통령표창)을 추서했다.

참고문헌

공훈전자사료관(http://e-gonghun.mpva.go.kr).
국가보훈처 독립유공자(공훈록)(www.mpva.go.kr/narasarang/gonghun_list.asp).
이성우, 『광복회 연구』, 충남대학교 박사학위논문, 2007.
『아산인물록』, 온양문화원, 2009.

성달영

成達永, 1873~1933

　본관은 창녕(昌寧)이고 우계(牛溪) 성혼(成渾)의 12세손이며 자는 경백(景伯) 호는 비파헌(琵琶軒)이다. 포상자 공적조서에 따르면 본적지와 독립운동 당시 주소 모두 도고면 석당리 296이다. 1873년 6월 16일 태어났다. 아버지는 창녕 성씨 유수공파의 22세손 성지호(成志鎬)이며 충숙공파 22세손인 성익호(成翊鎬)의 양자로 들어갔다. 성익호는 천안 쪽에 살다가 현재 도고면 시전리 쯤으로 이주해 이후 예산에서 호서은행의 설립과 경영에 깊이 관여해 큰 재산을 모은 성씨 일가의 출발점이 된 인물이다. 성익호가 도고로 이주해 온 이유는 아산만의 중요한 포구였던 선장포를 바로 앞에 두고 있어 쌀을 실어 나르기 좋은 조건이기 때문이었다. 후손의 증언에 따르면 성익호는 지주 경영과 고리대 경영, 미곡수출을 통해 천석군으로 성장하였다. 성익호는 도고에서 대지주로 성장한 뒤 일제 강점 직전 예산으로 이주했다고 하는데, 예산에 공주헌병대 예산분소와 홍주 경무분서 예산분파소가 있어 화적 또는 의병운동으로부터 재산을 보호받을 수 있었기 때문이라고 한다.

성달영·성문영 생가터(아산 도고면 석당리 296)

　창녕 성씨 집안은 홍주의병에 깊게 관여하고 있었다. 운량관(運糧官)으로 참여한 성재한(成載翰)과 성우영(成祐永)이 그의 문중 인물이었다. 성우영은 홍주의병에 직접 참여하고 홍주의병의 실패 후 지도자 민종식(閔宗植)을 피신시키는 데 힘썼다. 1906년 10월 무렵 예산지방을 중심으로 의사들이 모여 의거를 준비하기 시작했다. 이때도 이들은 의병운동의 지도자로 민종식을 추대했는데, 민종식이 바로 현재의 도고면 시전리 일명 감밭골에 있던 성우영의 집에 피신해 있었다.

　성달영은 민종식과도 돈독한 사이였으며, 그의 가문은 홍주의병에 가담한 인물들과 혈연·지연·학연으로 연결되어 있었다. 따라서 홍주의병에 함께 참여했던 김재정(金在貞)과 그의 아들인 김한종(金漢鍾)이 주도한 광복회에 아우 성문영(成文永)과 함께 참여했던 것이다.

　성달영은 대한광복회 가입 이후 충청도 지역에서 군자금 모집 활동에 열성적으로 참여했다. 특히 대한광복회 비밀연락 거점을 구축하기 위해서 자신의 거처를 천안시 성정동으로 옮겨 활동했다. 성달영의 천안 성정동 비밀연락 거점은 충청도 지부에서 도고면장 박용하를 처단하기로 모의하는 장소로, 그리고 박용하를 처단하던 날 머문 장소로 활용되는 등 천안지역의 중요한 거점이 되기도 했다. 그러나 박용하를 처단할 때 붙인 처단고시문으로 인해 대한광복회의 조직이 발각되어 가담자 모두 경찰에 체포되었다. 그 역시 경찰에 잡혀 공주 감옥에 끌려가 가혹한 고문을 받았으나 재판 결과 무죄로 석방되었다. 동생 성문영도 같은 때 체포되어 공주에서 옥고를 치렀으나 1918년 10월 공주지방법원을 거쳐 1919년 9월 경성복심법원에서 면소 처분을 받고 풀려 나왔다. 그는 1933년 1월 30일 사망했고 정부에서는 그의 공훈을 기려 1977년 대통령 표창, 1990년에 건국훈장 애족장을 추서하였다. 묘는 도고면 석당리에 있다.

참고문헌

공훈전자사료관(http://e-gonghun.mpva.go.kr).
국가보훈처 독립유공자(공훈록)(www.mpva.go.kr/narasarang/gonghun_list.asp).
김성보, 「일제하 조선인 지주의 자본전환 사례-예산의 성씨가」, 『한국사연구』76, 1992.
도고면 향토지 편찬위원회, 『도고면 향토지』, 2011.
이성우, 『광복회 연구』, 충남대학교 박사학위논문, 2007.
『아산인물록』, 온양문화원, 2009.

성문영

成文永, 1887~1961

성문영의 묘(국립 대전 현충원)

본관은 창녕(昌寧)이고 성달영(成達永)의 동생이다. 1887년 4월 4일 태어났고 본적은 도고면 석당리 296이다. 성문영은 1913년 풍기광복단에 가입하여 항일활동을 펼쳤다. 풍기광복단은 같은 해 채기중(蔡基中)·유장렬(柳璋烈)·한훈(韓焄)·

유창순(庾昌淳)·강순필(姜順必) 등을 중심으로 결성된 비밀결사로서 실천방략은 무기구입과 군자금 모집에 있었다. 그 후 그는 풍기광복단과 조선국권회복단의 일부 인사들이 제휴하여 1915년 혁명단체인 대한광복회를 조직할 때 이에 참가하여 군자금 모집활동을 폈다. 그는 군자금 수합활동을 펴는 한편 장두환(張斗煥)·김경태(金敬泰)·임봉주(林鳳柱) 등이 1918년 1월 도고면장으로 친일행동을 자행하던 박용하(朴容夏)를 처단할 때 편의를 제공하며 거사를 도왔다. 그러던 중 대한광복회의 조직이 발각됨으로써 그는 일경에 피체되어 가혹한 고문을 받았으나 1918년 10월 공주지방법원을 거쳐 1919년 9월 경성 복심법원에서 면소 처분을 받고 풀려났다. 1961년 3월 23일 사망했고, 정부에서는 고인의 공훈을 기리어 1980년 대통령 표창, 1990년 건국훈장 애족장을 추서하였다. 묘는 대전 국립현충원에 있다.

참고문헌

공훈전자사료관(http://e-gonghun.mpva.go.kr).
국가보훈처 독립유공자(공훈록)(www.mpva.go.kr/narasarang/gonghun_list.asp).
이성우, 『광복회 연구』, 충남대학교 박사학위논문, 2007.
『아산인물록』, 온양문화원, 2009.

정우풍

鄭雨豊, 1879~1956

공훈전자사료관 포상자 공적조서에 따르면 출생일은 1879년 1월 22일이며 사망일은 1956년 1월 22일이다. 본적은 염치면 방현리 569로, 독립운동 당시 주소도 이와 같다. 그는 1917년 7월 장두환(張斗煥)의 권유로 국권회복과 조국독립을 목적으로 하는 비밀결사 대한광복회에 가입하여 회원규합과 연락 및 군자금모집 등을 위하여 활동했다. 그러다가 일본 경찰에 체포되었고 1919년 2월 28일 공주지방법원을 거쳐 1919년 9월 26일 경성복심법원에서 무죄 방면되었다. 정부에서는 고인의 공훈을 기리어 1990년에 건국훈장 애족장을 추서하였다. 한편 『광복회 연구』라는 박사학위논문을 쓴 이성우는 정우풍이 『의암수기』라는 저술을 남겼다고 밝힌 바 있다.

참고문헌

공훈전자사료관(http://e-gonghun.mpva.go.kr).

국가보훈처 독립유공자(공훈록)(www.mpva.go.kr/narasarang/gonghun_list.asp).

이성우, 『광복회 연구』, 충남대학교 박사학위논문, 2007.

『아산인물록』, 온양문화원, 2009.

제2장
아산 3·1운동의 참가자

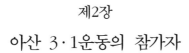

김복희, 한연순, 김금복, 김양순,
승일상, 최병수, 임천근, 정규희,
서몽조, 김천봉, 박진화, 손천일,
곽창영, 신치공, 한양수

김복희

金福熙, 1901~1986

김복희는 1901년 아산 백암리에서 부
친 김윤필과 모친 박씨 부인의 슬하에
서 태어났다. 당시 백암리는 50호쯤 되
는 조그만 마을이었다. 김복희의 집은
대대로 내려오는 토박이 농가로 식량
걱정은 하지 않아도 괜찮을 정도의 집
안이었다고 한다. 그녀는 자신의 회고
록에서 어린 시절 기억 한 가지를 떠올
린다. "일본 사람들이 칼을 차고 말을
타고 수십 명씩 줄을 지어서 이순신 장

김복희의 가족사진. 맨 오른쪽이 김복희,
서 있는 이가 남편 전재풍이다.

군이 쓰시던 칼과 기구를 구경하러 현충사로 가는 것을 보곤 하던
기억은 아직도 생생하다."

그녀의 어린 시절 이곳 백암리 생활이나 문화는 김복희의 표현을
빌자면 "미개하여서 밥술이나 먹는 사람들도 자녀 교육에 등한하였
고, 더욱이 여자에게는 글을 가르칠 생각조차 하지 않았다"고 한다.

이 마을에 백암교회가 세워지고 교회 안에 영신학교라는 교육기관이 세워지면서 그에게도 공부할 수 있는 새로운 길이 열리게 되었다. 학교를 세운 얼마 후 전해붕 교사 내외가 와서 가르치기 시작했다.

한편 백암교회는 당시 기독교 조직상 공주지방에 소속되어 있었다. 따라서 공주에 있는 선교사들이 말을 타고 순행을 오곤 했다. 그 중 여선교사 사애리시 부인이 있었다. 부인은 말을 타고 교회에 순행 온 길에 며칠을 머무르며 성경을 가르쳤다. 김복희가 보통학교 4학년이 된 해였다. 영특한 김복희는 선교사의 눈에 띄어 추천을 받아 이화보통학교 4학년에 들어가게 되었다. 그녀는 연이어 이화고등보통학교에 제1회로 입학, 1919년 3월 졸업했다.

김복희가 이화고보 졸업반이던 1919년, 3·1운동이 일어났다. 유관순은 당시 이화학당의 1학년이었다. 3·1운동이 발발하자 총독부의 휴교령으로 인해, 기숙사에 있던 모든 학생들은 고향으로 내려가야 했다. 고향으로 내려온 김복희는 전부터 친했던 영신학교 한연순 교사를 만났다. 한연순은 김복희보다 판결문상으로는 5세 연상이었다. 김복희는 한연순에게 서울의 만세운동을 전하고 함께 이 일을 일으키자는 데 동의를 구했고, 또 동네 유지들과 만나 만세운동을 모의했다. 그리고 그 과정에서 가장 큰 역할을 해준 사람이 백암교회 장로가 된 김상철이었다. 3월 31일 밤에 약 50명이 산꼭대기에 모였고, 여자는 김복희와 한연순 둘 뿐이었다. 장정들이 불을 피우고 대한독립만세를 외치자 헌병대가 출동해 총을 쏘며 올라왔고 김복희와 한연순은 도망가다가 산에서 굴러 떨어졌다. 이들은 치료 중 계속 추적하고 있던 일본 헌병에 체포됐고 공주지방법원에서 열린 재판에서 징역 2개월을 선고 받았다.

이후 이화학당에 다시 들어간 김복희는 이화여전 보육과에 진학해 공부하다가 제3회로 졸업했고, 사애리시 선교사의 부름을 받아 강경의 황금정여학교 부속유치원 설립에 관여하는 한편 강경 만통여학교의 교사로도 일했다. 공주 대화정교회의 영명여학교 부속유치원 교사와 영명여학교 시간교사로 일하기도 했다. 1925년 전재풍 목사와 결혼한 김복희는 전목사의 목회지를 따라 강원도를 거쳐 1934년에는 경기도 화성군의 천곡교회로 갔다. 이 교회는 당시 농촌계몽운동의 선구자이자 심훈의 장편소설 『상록수』의 주인공 모델인 최용신이 계몽운동을 하던 곳으로 김복희는 여기서 최용신의 뒤를 이어 강습소 교사로 일했다.

『백암교회 100년사』는 김복희가 해방 이후 화성군 대한부인회 회장으로 활동했다고 기록하고 있다. 그녀는 이후에도 유치원과 탁아소에서 일하며 어린이 교육의 기초를 쌓는 일을 계속해왔으며, 1967년 장로가, 1980년 원로장로가 됐다. 김복희는 전목사와의 사이에 자녀 6남매, 손자·손녀 21명을 두는 대가족을 이루었으며, 1986년 별세했다.

참고문헌

「'백암만세운동' 김복희를 아시나요?」, 『온양신문』 2009년 2월 27일.
「한연순 등 2인 판결문」, 공주지방법원, 1919년 5월 9일.
『백암교회 100년사』, 백암교회, 2001.

한연순

韓連順, 1896~?

　　공주지방법원 관계 자료에 따르면 본적은 경북 대구부 남산정으로 되어 있다. 3·1운동 때 아산군 염치면 백암리 백암교회 내 영신학교 교사로 재직 중이었고 이화여고보 졸업반 학생 김복희가 전해준 만세운동 소식을 김상철 장로와 함께 동리 주민에게 알리고 시위운동을 이끌었다. 3월 31일 밤에 약 50명이 산꼭대기에 모였을 때, 한연순도 김복희와 함께 그 자리에 있었다. 장정들이 불을 피우고 대한독립만세를 외치자 헌병대가 출동해 총을 쏘며 올라왔고 한연순은 도망가다가 산에서 굴러 떨어졌다. 『백암교회 100년사』에는 한연순이 부상을 입어 세브란스 병원에 입원했고, 결국 일본 헌병에 체포됐다는 기술이 있다. 1919년 5월 9일 공주지방법원에서 열린 재판에서 징역 3개월을 선고 받았다.

참고문헌

「1919년 한연순 공주지방 수형인명부」, 공주지방법원, 1919년 5월 9일.
「한연순 등 2인 판결문」, 공주지방법원, 1919년 5월 9일.
『백암교회 100년사』, 백암교회, 2001.

김금복

金今福, 1899~1955

일명 김명준(金明俊). 1899년 9월 12일에 태어났다. 본적은 신창면 읍내리로 되어 있다. 1919년 4월 2일 밤 신창 학성산에 올라가서 봉화를 올리며 이덕복(李悳福) 등과 같이 주민 다수를 규합하여 독립만세시위를 주도했다. 이어서 신창 헌병주재소

김금복의 묘(국립 대전 현충원)

와 면사무소, 신창보통학교 등을 차례로 습격하여 시설물과 기물을 파손하며 활동하다가 체포되었다. 그해 6월 2일 공주지방법원에서 징역 1년 6월형을 받고 항소했으나 6월 28일 경성복심법원에서 기각되었다. 또한 9월 6일 고등법원에 상고했지만 또 기각되고 형이 확정되어 옥고를 치렀다. 1955년 4월 24일 사망했다. 정부에서는 고인의 공훈을 기리어 1986년에 대통령 표창, 1990년에 건국훈장 애족장을 추서하였다.

참고문헌

공훈전자사료관(http://e-gonghun.mpva.go.kr).

국가보훈처 독립유공자(공훈록)(www.mpva.go.kr/narasarang/gonghun_list.asp).

『아산인물록』, 온양문화원, 2009.

김양순

金良順, 1881~1936

1881년 12월 9일 태어났다. 본적은 신창면 읍내리 344이다. 1919년 4월 2일에 신창면 학성산 위에서 전개된 독립만세운동에 참가했다. 3월 31일 밤에 탕정면 염치면 배방면 및 송악면 등지에서 그리고 4월 1일 밤에는 온양면과 둔포면에서 횃불 만세시위가 전개되자 이에 고무된 신창면에서도 만세시위를 추진하게 되었다. 그는 이덕균(李悳均) 등과 함께 학성면의 만세시위를 주도했다. 4월 2일 오후 8시경에 학성산 위에서 동네 주민 200여 명을 모아 놓고 횃불을 올리며 대한독립만세를 고창하였다. 이어 면 소재지까지 시위행진을 벌인 뒤 면사무소 주재소 보통학교 등 각지를 돌며 돌을 던져 유리창과 문짝 등을 부수었다. 그는 이 일로 체포되어 6월 28일 경성복심법원에서 소위 보안법으로 징역 1년 6월을 받는 옥고를 치렀다. 1936년 1월 3일 사망했다. 정부에서는 고인의 공훈을 기려 1996년에 건국훈장 애족장을 추서하였다.

참고문헌

공훈전자사료관(http://e-gonghun.mpva.go.kr).

국가보훈처 독립유공자(공훈록)(www.mpva.go.kr/narasarang/gonghun_list.asp).

『아산인물록』, 온양문화원, 2009.

승일상

承一相, 1889~1953

1889년 4월 6일에 태어났다. 본적은 신창면 읍내리 187이다. 다른 이름으로 한자만 다르게 승일상(承壹相)으로 적혀 있기도 하다. 1919년 4월 2일 신창면에 있는 학성산(鶴城山)에 올라가서 인근 주민들과 함께 횃불을 올리고 독립만세를 고창하며 면사무소

승일상의 묘(국립 대전 현충원)

와 보통학교를 차례로 습격하여 파괴하는 등 시위를 벌이다가 일경에 피체되었다. 이해 5월 2일 공주지방법원에서 소위 보안법 및 소요로 징역 1년 6월형을 언도받고 공소하여 6월 28일 경성복심법원에서 원판결이 취소되어 징역 6월형을 언도받아 옥고를 치렀다. 1953년 8월 18일 사망했다. 정부에서는 고인의 공훈을 기리어 1992년에 대통령 표창을 추서하였다.

참고문헌

공훈전자사료관(http://e-gonghun.mpva.go.kr).

국가보훈처 독립유공자(공훈록)(www.mpva.go.kr/narasarang/gonghun_list.asp).

『아산인물록』, 온양문화원, 2009

최병수

崔炳秀, 1876~1919

1876년 7월 7일 태어났다. 본관
은 해주(海州), 본적은 선장면 대
정리 123이다. 1919년 3·1운동이
서울을 비롯 전국에 걸쳐 일어나
고 있음을 알고 조선의 독립을 위
하여 좋은 기회라 생각해 도고면

최병수 생가(아산 선장면 대정리 123)

·신창면에 있는 동지들을 찾아다니며 독립만세시위의 취지를 설명
하고 4월 4일 거사하는 선장 장날의 시위운동에 참가하도록 역설하
여 찬동을 얻었다. 정수길(丁壽吉)·김천봉(金千鳳)·서몽조(徐夢祚)·임
천근(林千根)·오상근(吳相根) 등과 함께 4월 4일 선장 장날을 이용하여
독립만세시위를 일으키기로 계획하였다. 이날 그는 200여명의 만세
시위군중 앞에 서서 독립선언서를 낭독하고 독립만세를 선창하다가
일본 헌병에게 체포되어 주재소로 연행되었으며, 그곳에서 일본 헌
병의 야만적인 발포로 순국하였다. 정부에서는 고인의 공훈을 기리
어 1963년에 건국훈장 독립장을 추서하였다.

참고문헌

공훈전자사료관(http://e-gonghun.mpva.go.kr).

국가보훈처 독립유공자(공훈록)(www.mpva.go.kr/narasarang/gonghun_list.asp).

선장면 향토지 편찬위원회, 『선장면 향토지』, 2008.

『아산인물록』, 온양문화원, 2009.

임천근

林千根, 1890~1965

호는 도곡, 본명은 임화철(林化喆), 본관은 부안(扶安), 명종초의 충신 강원도 관찰사 이억령(李億齡)의 12세손이다. 1890년 6월 7일, 공주군 이천면 대동리에서 태어났다. '도고면 마을사'에 따르면 빈곤한 가정환경에서 자라나 향리의 서숙에서 한학을 수학하다 1899년 선장면 군덕리로 이사하였다고 한다. 포상자 공적조서 상의 본적지는 선장면 군덕리 191, 독립운동 당시 주소지는 선장면 장곳리 71이다.

그는 1919년 4월 4일 선장면 장터에서 정수길(丁壽吉)·서몽조(徐夢祚)·오상근(吳相根)과 함께 독립만세시위를 전개하였다. 이날 그는 앞장서서 독립만세를 외치며 200여명의 시위 군중을 이끌고 주재소로 달려가 몽둥이를 휘두르며 투석하는 등, 격렬히 독립만세를 고창하며 활동하다가 체포되었다. 그는 이해 6월 26일 경성복심법원에서 징역 2년 6월형을 받아 옥고를 치렀다.

임천근은 1965년 5월 30일 사망했다. 정부에서는 1980년 8월 14일 대통령 표창을, 1990년에 건국훈장 애족장을 추서하였다. 묘소는 아산군 도고면 효자리 산 18번지에 있다.

참고문헌

공훈전자사료관(http://e-gonghun.mpva.go.kr).

국가보훈처 독립유공자(공훈록)(www.mpva.go.kr/narasarang/gonghun_list.asp).

도고면 마을사(인터넷 충남사이버문화관 E-BOOK자료관).

『아산인물록』, 온양문화원, 2009.

정규희

丁奎熙, 1895~1979

본관은 나주(羅州), 호는 규암(奎菴), 아명은 수길(壽吉), 동학농민전쟁에 참여한 정태영(丁泰榮)의 아들이다. 1895년 1월 3일 예산군 대술면 이치리에서 태어났다. 1902년부터 마을 서당에서 한학을 배우다가 부모를 따라 아산시 선장면 군덕리로 이주했다. 아버지의 영향으로 1907년 천도교에 입교했고 이듬해에 신창 사립 신민학교(新民學校)에 입학해서 신학문을 익혔다.

정규희

1919년 3월 1일, 독립운동이 일어나 전국 각지에서 독립만세운동이 전개되자 이에 호응하여 김천봉(金千鳳), 서몽조(徐蒙祚), 임천근(林千根), 오상근(吳相根)과 모의하고 같은 해 4월 4일 선장 장날을 택하여 200여 명의 군중으로 하여금 독립시위운동에 가담토록 주도하여 대한독립만세를 절규하고 주동한 동지들과 같이 몽둥이를 휘둘러 군중을 지휘, 선장면 헌병주재소에 돌입하여 투석전을 전개하고 구내에 진입하여 유리창 등을 파괴하는 등 일제의 치안을 방해하였다.

그 결과 체포되어 이해 5월 12일 공주지방법원에서 보안법 위반 및 소요죄로 징역 2년 6월을 선고받고 이에 불복 항소했으나 같은 해 고등법원에서 기각되어 옥고를 치렀다.

그는 일제의 억압과 감시 속에서도 독립의 의지를 굳건히 하면서 천도교 활동을 계속했다. 1926년에 순종황제의 장례식을 기해 일어난 6·10만세운동에 가담했다가 온양에서 체포되어 다시 혹독한 고문을 당하고 풀려났다. 한편 1931년에는 천도교 예산교구를 중심으로 조선의 대표적 농민운동 단체이자 농촌협동조합인 조선농민사 예산지회 창립을 이끌어 이사장에 취임했다. 일제의 식민지 통치가 더욱 가혹해진 1938년(무인년)에는 천도교의 무인멸왜기도운동에 참가했다. 다시 경찰에 체포된 그는 온양경찰서에 구금되어 혹독한 고문으로 신병을 얻고 13일 만에 풀려났다. 중일전쟁에 몰두하던 일제는 천도교에서 조직적으로 추진한 이 사건이 크게 확대되는 것을 꺼려서 재판도 진행하지 않고 체포된 사람들을 석방했다. 이후 경찰의 감시를 받으며 지내다가 8·15해방을 맞이했다.

해방 후에도 천도교 정비를 위한 노력을 계속했다. 1975년 3월 10일에는 천도교 대표 49인의 한 사람으로 조국의 평화적 통일을 촉구하는 '을묘통일선언'에 참여했다. 그는 자주독립운동에 헌신하였음에도 이를 당연한 일로 생각하고 정부의 포상을 사양한 채 1979년 5월 23일에 향년 85세로 생을 마감했다.

그의 숭고한 공을 기려 정부에서는 1980년 대통령 표창을 추서했고 1990년 광복절을 맞아 건국훈장 애족장을 추서했다. 묘소는 아산시 선장면 군덕3리 선영에 있으며 1983년에 묘비를 세웠다.

참고문헌

공훈전자사료관(http://e-gonghun.mpva.go.kr).

국가보훈처 독립유공자(공훈록)(www.mpva.go.kr/narasarang/gonghun_list.asp).

「독립운동가 정규희 선생, 선장에서 독립만세 운동주도」, 『온양신문』 2001년 8월 14일.

「선열들의 민족정신 절절한 기록, 독립운동 비밀문서, 정규희 선생 육필원고 공개」, 『온양신문』 2002년 2월 23일.

「예산 農社 創總」, 『동아일보』 1931년 5월 2일.

선장면 향토지 편찬위원회, 『선장면 향토지』, 2008.

『아산인물록』, 온양문화원, 2009.

서몽조

徐夢祚, 1881~1954

서몽조의 묘(국립 대전 현충원)

본관은 이천(利川). 1881년 12월 24일 태어났다. 본적과 독립운동 당시 주소지는 선장면 돈포리 198이다. 1919년 4월 4일 선장면 장터에서 정수길(丁壽吉)·임천근(林千根)·오상근(吳相根)과 함께 독립만세시위를 전개하였다. 그는 시위 군중에 앞장서서 독립만세를 외치며 200여명의 시위 군중을 이끌고 주재소에 쳐들어가서 기물을 파괴하고 독립만세를 고창하는 등 활동하다가 체포되었다. 이해 6월 26일 경성복심법원에서 징역 2년 6월형을 받아 옥고를 치렀다. 사망일자는 두 가지 기록이 있다. 포상자 공적조서 상에는 1954년 5월 25일이라 하고 『선장면 향토지』에는 출처는 명시되어 있지 않으나 1952년 3월 24일에 별세한 것으로 되어 있다. 『선장면 향토지』는 그가 세상을 떠난 때는 6·25전쟁 중이라 선장면 군덕리 공동묘지에 묻혔다가, 이후 애국지사 묘소 정화 사업으로 1982년 5월 20일 선장면 군덕리

179번지에 이장했다고 적고 있다. 정부에서는 고인의 공훈을 기리어 1980년 대통령 표창, 1990년 건국훈장 애족장을 추서하였다.

참고문헌

공훈전자사료관(http://e-gonghun.mpva.go.kr).
국가보훈처 독립유공자(공훈록)(www.mpva.go.kr/narasarang/gonghun_list.asp).
선장면 향토지 편찬위원회, 『선장면 향토지』, 2008.
『아산인물록』, 온양문화원, 2009.

김천봉

金千鳳, 1894~1970

1894년 3월 19일 태어났다. 본적과 독립운동 당시 주소는 인주면 도흥리이다. 선장면이 아닌 인접 인주면 사람임에도 불구하고, 1919년 4월 4일 선장면 선장시장에서 독립만세운동을 선도하고 약 200여 명의 군중과 함께 조선독립만세를 불렀다. 군중을 지휘하여 헌병주재소로 몰려가 돌을 던지며 시위운동을 전개하였다. 김천봉은 체포되어 1919년 6월 26일 경성복심법원에서 보안법 위반 및 소요죄로 징역 2년 6월, 1919년 9월 4일 고등법원에 상고하여 법정에서 "나의 행위는 조선민족으로서 정의·인도에 기초한 의사활동으로써 범죄가 아니다"라고 독립만세운동의 정당성을 주창했지만 상고 기각되어 옥고를 치렀다. 1970년 10월 8일 사망했다. 정부는 고인의 공훈을 기려 2007년에 건국훈장 애족장을 추서하였다.

참고문헌

공훈전자사료관(http://e-gonghun.mpva.go.kr).

국가보훈처 독립유공자(공훈록)(www.mpva.go.kr/narasarang/gonghun_list.asp).

박진화

朴鎭和, 1885~1941

1885년 7월 7일 태어났다. 본적은 신창면 신성리 128이다. 다른 이름으로 박태화(朴泰和), 박칠동(朴七童) 등이 기록에 나온다. 1919년 4월 1일 신창면 읍내리 학성산(鶴城山)과 신창면에서 만세시위를 벌였다. 박진화는 4월 1일 오후 8시 경 주민 약 200여 명과 함께 학성산 위에 모여 불을 피우고 대한독립만세를 부른 후, 이덕균(李惪均)과 마을 주민을 선도하여 면사무소, 주재소, 공립보통학교로 가서 돌을 던지며 시위를 전개하였다. 박진화는 체포되어 1919년 5월 2일 공주지방법원, 1919년 6월 28일 경성복심법원, 1919년 9월 6일 고등법원에서 소위 보안법 위반 및 소요로 징역 3년을 받고 옥고를 치렀다. 1941년 3월 4일 사망했다. 정부는 고인의 공훈을 기려 2008년에 건국훈장 애족장을 추서하였다.

참고문헌

공훈전자사료관(http://e-gonghun.mpva.go.kr).

국가보훈처 독립유공자(공훈록)(www.mpva.go.kr/narasarang/gonghun_list.asp).

손천일

孫天日, 1882~?

1882년에 태어났고 세상을 떠난 해는 정확히 밝혀져 있지 않다. 1919년 4월 2일 밤 8시경 손천일은 신창면 읍내리 주민 200여 명과 함께 학성산(鶴城山)에 올라가 횃불을 올리며 대한독립만세를 외쳤다. 그리고는 이덕균(李惠均)이 신창면에 있는 면사무소, 주재소, 보통학교를 습격하여 건물을 파괴하자고 말하자, 손천일 등은 이에 찬성하였다. 손천일이 박태화(朴泰和)와 함께 군중을 지휘하여 신창면사무소에 도착하였을 때 정윤흥(鄭允興)은 투석하여 문 2개를 부수고 주재소로 쇄도하면서 돌을 던져 문등(門燈) 유리를 깼다. 이들은 다시 보통학교에 가서 박태화가 먼저 돌을 던지자 손천일 등도 함께 돌을 던지며 유리창 272개와 문 4개를 부수었다. 이 일로 체포된 손천일은 1919년 9월 6일 고등법원에서 소위 소요 및 보안법 위반으로 징역 1년 6월을 받았다. 정부는 고인의 공훈을 기려 2011년에 건국훈장 애족장을 추서하였다.

참고문헌

국가보훈처 독립유공자(공훈록)(www.mpva.go.kr/narasarang/gonghun_list.asp).

곽창영

郭昌榮, 1879~1950

　　1878년 9월 21일 태어났다. 1919년 3월 31일 아산 탕정면·염치면·배방면 및 송악면 등 각 면에서는 2,500여 명의 군중이 모여 각 동리 산 50여 개소에서 횃불을 올리고 대한독립만세를 외치며 일제히 만세운동을 전개하였다. 이 만세운동에 참여하였다가 붙잡힌 곽창영은 1919년 4월 25일 온천리 헌병분견소에서 소위 보안법 위반으로 태(笞) 90도(度)를 받았다. 1950년 3월 4일 사망했다. 정부는 고인의 공훈을 기려 2010년에 대통령표창을 추서하였다.

참고문헌

국가보훈처 독립유공자(공훈록)(www.mpva.go.kr/narasarang/gonghun_list.asp).

신치공

申致公, 1878~1932

신치공 생가터(아산 송악면 동화리 44)

1878년 12월 16일에 태어났다. 아산 송악면에서 전개된 만세운동에 참여하였다. 아산의 만세운동은 온양면 온천리의 현창규(玄昌奎)가 서울의 3·1운동에 참가한 후, 천도교 도사(道師) 권병덕(權秉悳)의 지시를 받고 3월 중순 온양에 돌아와 만세운동을 계획하면서 3월 14일부터 시작되었다. 이러한 만세운동의 여파로 1919년 3월 31일 밤 아산군 탕정면, 염치면, 배방면 및 송악면 등의 여러 면에서는 각 동리 산 50여 개소에서 횃불을 올리고 2,500여 명의 군중이 대한독립만세를 높이 외쳤다. 이 만세운동에 참여한 신치공은 1919년 4월 8일 온천리 헌병분견소에서 소위 보안법 위반으로 태(笞) 90도(度)를 받았다. 1932년 2월 20일 사망했다. 정부는 고인의 공훈을 기려 2010년에 대통령 표창을 추서하였다.

참고문헌

국가보훈처 독립유공자(공훈록)(www.mpva.go.kr/narasarang/gonghun_list.asp).

한양수
韓良秀, 1876~?

1876년 1월 30일 태어났다. 죽은 해는 알려져 있지 않다. 아산 송악면에서 전개된 만세운동에 참여하였다. 1919년 3월 31일 아산 탕정면, 염치면, 배방면, 송악면 등에서는 2,500여 명의 군중이 모여 각 동리 산 50여 개소에서 햇불을 올리고 대한독립만세를 외치며 일제히 만세운동을 전개하였다. 송악면 만세운동에 참여하였다가 붙잡힌 한양수는 1919년 4월 25일 온천리 헌병분견소에서 소위 보안법 위반으로 태(笞) 90도(度)를 받았다. 정부는 고인의 공훈을 기려 2010년에 대통령표창을 추서하였다.

참고문헌

국가보훈처 독립유공자(공훈록)(www.mpva.go.kr/narasarang/gonghun_list.asp).

제3장

1920~30년대 아산의 민족·사회운동

이한용, 이선준, 한명식

이한용

李漢容, 1904~?

1904년 11월 20일 아산에서 태어났다. 본적은 온양면 읍내리 92번지이고 이후 온양면 온천리 75번지로 이주했다. 일제 관헌당국의 기록에 따르면 그는 백정(白丁) 출신으로 중류 상인가문에서 출생하였다. 그는 무슨 연유에서인지 해외로 떠났다. 1928년 간도 사립 대성학교 2학년을 중퇴할 때까지 그곳에 머무르고 귀국하였다. 이한용은 이 시기부터 활발히 사회운동에 참여했다. 같은 해 8월에 신간회 홍성지회 회원으로 입회하여 활동하였다. 또한 1928년 11월부터 1929년 2월까지 충남 예산 삽교면 사립학습강습소 교사로 재직하였다.

형평사 관계 활동이 눈에 띄기 시작하는 것은 1929년 4월 형평사 본부 중앙집행위원·지방순회위원에 선임되면서부터이다. 전국에 흩어져 있는 2백여 지부에 형평운동을 적극 지도하고 무산계급과 제휴할

사회운동가이자 중앙일보 아산지국장이었던 이한용의 검거에 대한 『동아일보』(1933년 4월 20일) 기사

사원의 교양을 담당할 지방위원을 파견할 때 강원도 책임자로 선임됐다. 1931년 10월 20일 경성 운니동 형평사 본부에서 열린 조선형평사 임시대회에서는 의장으로 선출돼 회의를 이끌기도 하였다.

형평사 활동이 소강상태에 빠졌고 이한용 역시 1932년 11월 이래 중앙일보 아산지국장으로서 활동에 매진하는 가운데 새로운 사건이 터졌다. 1933년 4월 17일 이한용은 일제 경찰에 의해 아산지국 사무실에서 검속되었고 그의 집도 수색 당했다. 몇 달 후 밝혀진 그와 그의 동료 약 40여 명의 혐의는 형평사 내 형평전위동맹을 만들어 사유재산제도를 반대하고 공산주의사회 건설을 기하고, 봉건층과 적극적으로 투쟁하자고 결의했다는 것이다. 그리고 이 과정에서 이한용이 경남·경북 지역 책임자로 결정됐다는 게 광주 경찰의 수사 결과였다.

1936년 3월 20일 광주지방법원에서 열린 '형평사 공청사건' 공판에서 그는 무죄를 선고받았다. 그러나 검사는 이에 불복하고 사건을 대구본심법원으로 넘겼다. 그는 심문 과정에서 다음과 같은 진술을 했다. "학교에 기부까지 하고도 입학을 못하는 차별 대우를 받았다, 동일한 인간으로서 하등동물로 취급하는 사회의 전통적 습관과 싸우는 것이 당연한 일이라고 생각하고 활동했을 뿐이다, 공산운동 같은 데에는 마음이 미칠 여가가 없었다."

이후 사건이 어떻게 결말이 났는지는 확인하지 못했다. 그가 공산주의운동에 직접 가담한 것인지 아닌지도 정확히 알 수 없다. 다만 공식적으로 신분제가 철폐되었다고는 하나 여전히 자신을 둘러싸고 있는 굴레를 극복하고자 애썼으며, 이 과정에서 형평사 운동과 당시

사회운동의 보급망 역할을 하던 신문사 지국장 등으로 운동 영역을
넓혀간 인물이라고 평가할 수 있다.

참고문헌

「결사는 일체 부인」, 『동아일보』 1936년 6월 4일.
「경성 형사가 온양서 활동」, 『동아일보』 1933년 4월 20일.
「재소자 신분카드-이한용」, 1936년 3월 20일(인터넷 한국역사정보통합시스템).
「형평사 대회」, 『동아일보』 1931년 11월 1일.
「형평위원 순회」, 『동아일보』 1929년 5월 27일.
고숙화, 『한국독립운동의 역사 제32권 형평운동』, 한국독립운동사연구소, 2008.
『동아일보』 1933년 8월 2일.
『조선중앙일보』 1936년 3월 7일.
『중외일보』 1930년 3월 27일.

이선준

李銑濬, 1911~?

　　본관은 경주(慶州). 본적은 당진군 송산리 109번지. 1935년 당시 주
거지는 아산군 도고면 경산리 150번지로 되어 있다. 아버지 이각현
(李覺鉉)은 당시 당진군 유림의 회장을 지냈을 만큼 당진 인근에서는
유명한 한학자였다고 한다. 판결문에 따르면 이선준은 7세부터 약
10년간 한문을 공부하고 그 후 부친의 한약상을 도왔다고 한다. 당
시 한학에 조예가 깊은 이들이 한약방을 경영하는 것은 종종 볼 수
있는 일이었다. 이선준은 16세 때 결혼했다. 아내는 본관은 안동(安
東), 장후재(張厚載)의 딸 장순의(張順儀)이다. 장후재는 홍성 지방의
유명한 학사(學士)로 이각현과 학문을 하면서 자주 교류하였고 그렇
게 하여 두 사람의 혼담이 오가게 되었다.

　　이선준은 정확히 무슨 사건인지 확인되지 않으나, 1933년 8월 7일
공주지방법원에서 보안법 위반죄로 징역 1년을 선고 받고 서대문형
무소에서 수감생활을 한 바 있다. 이듬해 형량이 9개월로 감형되어
출감, 농사를 지으면서 한약상을 도우며 생활했다. 일제 관헌당국은
그가 이미 이 사건 이전부터 공산주의 사상에 빠져 있다고 판단했다.

"소위 공산주의를 신봉하면서 또한 조선민족주의를 품고 조선을 일본의 정치적 굴레에서 이탈시켜 조선에 공산주의사회를 건설코자 희망을 갖게 되었으며 이 목적을 달성하기 위해서는 널리 동지를 획득할 필요가 있다고 생각"했다. 그래서 1932년부터 한명식(韓明植) 등과 가깝게 지내며 반일의식을 주입했고 1934년 12월에는 도고면의 집에서 한명식에게 함남 정평(定平)에서 일어난 적색농민조합 사건을 예로들며 우리도 이와 같은 운동을 전개해야 한다고 주장했다고 한다.

일제 관헌당국은 정평농민조합이 겉으로는 당시 농촌진흥운동에 협조하는 것처럼 행동해 뭇사람의 눈을 속이고 비밀리에 지하운동을 전개한 것처럼 이선준도 그러한 계획을 세우고 있다고 보아 치안유지법 위반으로 징역 2년에 처한다고 선고했다. 이선준이 구체적으로 조직을 건설한 것은 아니지만, 이는 '아산적농사건'으로 불리기도 했다.

아들의 회고에 따르면 이선준은 남로당원으로 '대구 10월 사건'에도 참가하는 등 해방 이후에도 공산주의운동에 매진했다. 그는 1949년 본가로 돌아왔다. 그리고 이듬해 6·25전쟁이 일어났다. 그즈음 부친 이각현은 본가 길 건너에 집을 사줘 분가해서 살게 했다. 이선준은 에스페란토어를 할 줄 알고 일본책도 많았고 굉장한 신사였다고 한다. 1950년 7월 14일 인민군이 당진 송산에 들어왔고, 제법 큰 농사를 지으며 지주·재산가 및 우익으로 인정받던 부친 내외는 피신했다. 이선준은 당진에서 활동을 모색했으나 인정을 받지 못했다. 그의 주 활동무대는 일제시기부터 아산, 온양이었다. 이선준은 당시 온양에 있던 제일여관(현재의 온양제일호텔)에 은신했다. 그리고 그 이후 소식이 끊겼다고 한다.

참고문헌

「이선준 등 판결문」, 경성복심법원, 1935년 9월 17일.

김광일, 「Zoom-in 시인의 세계-이근배, 그의 시 속엔 모국어의 큰 화두가 있다」,
『시인세계』 24호, 2008년 여름호.

김순진, 「이근배 시인-뿌리를 바탕으로 한 끊임없는 도전과 승화」, 『월간 스토리문
학』 2005년 11월호.

한명식

韓明植, 1917~1963

　1917년 2월 13일 태어났다. 본적은
도고면 경산리 273번지이다. 한명식
은 1931년 홍성공립보통학교 고등과
를 중퇴하고, 1934년 아산에 있는 신
창공립농업실습학교에 몇 개월 동안
다니다가 이 또한 그만 두었다. 한명
식은 1932년 12월경부터 이선준(李銑

한명식의 묘(국립 대전 현충원)

濬)과 교류하게 되었다. 그러던 중 이선준의 열렬한 민족의식에 감화
를 받아 독립운동에 투신하기로 했다.

　그는 주변의 친구들에게 독립운동에 함께 하자는 설득을 하기로
했다. "일본의 정치적 지배에서 이탈하여 조선을 독립국으로 할 것을
열망하고 이의 실현을 도모함은 우리들 청년에 부과된 임무라 생각
하고 널리 동지를 획득코자" 1934년 1월 21일 및 3월 25일경 2회에
걸쳐 만주국 봉천성에 거주하는 배기동(裵壽童)에게 '조선을 독립시킬
용사가 되어 달라'는 취지의 편지를 발송했고, 여름에는 충남 예산농

업학교 학생 김한태(金漢台)에게, '조선을 재건함은 우리들 청년의 책임이니 조선과 동포를 위해 노력하라'는 취지의 편지를 보냈다. 10월 중, 예산농업학교 학생 신상철(申相澈)에게 '내선융화(內鮮融化)라든가 자력갱생(自力更生) 농촌진흥(農村振興) 등을 고창하는 반면 탄압정치는 나날이 거세지니, 신성한 조선을 일본 놈들에게 빼앗기고 가만히 있을 것인가. 크게 분기하여 조선독립의 용사가 되자'라는 내용의 편지를 보냈으며, 같은 달에 서울 휘문고등보통학교 학생 정헌갑(鄭憲甲)에게, '나날이 피폐해 가는 조선과 기아에 우는 동포를 위하여 우리들의 손으로 조선의 독립을 기도하자'라는 취지의 편지를 발송하였다. 또한 11월중에는 충남 아산 거주 조재선(趙載善)에게, '자력갱생 농촌진흥운동은 전부 가면정책에 불과하다. 이 감언에 속지 말고 조선독립을 위하여 크게 분기하자'라는 내용의 편지를 보냈다.

한명식은 일제 식민정책에 반대하고 민족독립을 일깨우는 서한을 친우들에게 보내다가 19세의 청소년답게 조금 치기가 넘치기는 하지만, 그가 일제의 식민통치를 얼마나 미워했는가를 알 수 있는 재미있는 행위도 했다. 그는 "일본 천황폐하는 조선민족의 원수이므로 존경할 것 없다"라고 하고, 연하장 용지 두 장을 가지고 한 장에는 위쪽에 '충남 아산군 경산리'라고 쓰고, 중앙에는 '한명식군', 좌측 하단에는 '동경궁성(東京宮城) 히로히토(裕仁) 배(拜)'라고 썼다. 그리고 나머지 한 장에는 좌측에 '충남 아산군 도고면 경산리' 중앙 상단에는 '한명식 각하' 좌측 하단에는 '동경궁성 히로히토 천황 배'라고 하였다. 일본 궁궐에 사는 히로히토라는 평범한 사람이 한명식이라는 왕에게 절하면서 새해를 축원하는 연하장이었다. 그는 '일왕' 히로히

토를 자신 앞에 무릎을 꿇리고 배례하게 하는 상상을 통해 '일왕'을 조롱하였던 것이다.

이러한 행위는 일제 관헌에게는 '천황의 존엄을 모독하는 불경죄(不敬罪)'로 판단되었다. 그는 1935년 2월경 홍성경찰서에 체포되었다. 이로 인해 한명식은 1935년 9월 17일, 경성복심법원에서 소위 보안법 위반 및 불경죄로 징역 1년을 받고 옥고를 치른 후 1936년 9월 1일 가출옥하였다. 그는 1963년 7월 10일 사망했고, 정부는 고인의 공훈을 기려 2008년에 건국훈장 애족장을 추서하였다.

참고문헌

국가보훈처 독립유공자(공훈록)(www.mpva.go.kr/narasarang/gonghun_list.asp).
「이선준 등 판결문」, 경성복심법원, 1935년 9월 17일.
김도형, 「도고 청년 한명식 일본 '천황'을 조롱하다」, 『온양신문』 2011년 6월 22일.

제4장

민족해방을 위해 전국 각지로, 해외로

방창근, 성낙붕, 권주상, 박장래,

이달용, 윤용주, 민병길, 진수린,

최익수, 박정양, 이민화, 이길영,

이일영, 이세영, 홍가륵, 박안라,

이규풍, 오세라, 이규갑, 이애라,

이민호, 박응구, 남영희, 성낙응,

임형선, 한경석, 이준열, 이종희,

이종국, 이주상

방창근

方昌根, 1885~1963

1885년 11월 4일 태어났다. '포상
자 공적조서'에 따르면 본적은 온양
면 신인리(信仁里), 독립운동 당시 주
소는 경성 적선동 61로 되어 있다. 방
창근은 1919년 3월 14일 온양장(溫陽
場)에서 벌어진 만세시위에 참여했다
가 혹독한 태형을 받았다. '수형자 명

방창근의 묘(국립 대전 현충원)

부'에 따르면 태형 40도를 맞았다. 그는 3·1운동 이후 서울로 주거
지를 옮겼다. 아산의 3·1운동 참가자 중 국내 민족운동으로 계속해
서 나아간 경우라고 할 수 있다. 그는 같은 해 11월 서울에서 이기하
(李起夏) 등과 결의단(結誼團)을 조직하고 비서장(秘書長)을 맡았다. 비
밀결사인 결의단은 조선 독립을 목적으로 대한민국임시정부를 지원
하기 위한 군자금 모집활동 등을 전개하였다. 결의단은 1919년 12월
단원 오백동(吳伯東)을 통해 안종면(安鍾冕)에게 독립자금 기부를 요구
하였다. 그러나 안종면은 '독립자금이 많다, 현금이 없다'며 기부를

차일피일 미루었고, 이에 직접 안종면의 집을 방문한 방창근은 종로 경찰서 형사에 붙잡혔다. 이 과정에서 수십 명의 결의단원이 일경에 붙잡혔으며 결국 결의단은 와해되고 말았다. 방창근은 정치범 처벌령 등으로 1920년 3월 5일 경성지방법원에서 징역 1년을 선고받고 옥고를 치렀다. 1963년 6월 6일 사망했다. 정부는 고인의 공훈을 기려 2007년에 건국훈장 애족장을 추서하였다.

참고문헌

공훈전자사료관(http://e-gonghun.mpva.go.kr).
국가보훈처 독립유공자(공훈록)(www.mpva.go.kr/narasarang/gonghun_list.asp).
조형열, 「근대 이후 지역상황을 통해 보는 牙山의 3·1운동」, 『순천향 인문과학논총』
　　32권 1호, 2013.
『아산인물록』, 온양문화원, 2009.

성낙붕

成樂朋, 1881~1919

1881년 11월 19일 태어났다. 본적은 도고면 석당리 295, 독립운동 당시 주소도 마찬가지다. 석당리 295번지는 대한광복회에 참여한 성달영(成達永)-성문영(成文永) 형제의 본적지의 바로 옆이다. 성낙붕은 홍성의 3·1운동에 참여했다. 어떤 연유

성낙붕 생가 추정터(아산 도고면 석당리 295)

에서 홍성에 자리를 잡고 있었는지는 불분명하다. 그는 1919년 4월 4일 홍성군 내의 횃불 만세시위에 참여하였다. 이날 밤 홍성면을 비롯하여 홍북면(洪北面)·금마면(金馬面)·홍동면(洪東面)·구항면(龜項面) 내의 24개 촌락에서, 일제히 횃불을 올리며 대한독립만세를 소리 높여 외쳤다. 이때 그는 횃불시위에 놀란, 일본수비대가 시위 군중을 동서로 포위하여 집중사격을 가함으로써 흉탄에 맞아 현장에서 순국하였다. 순국일은 4월 5일이다. 정부에서는 고인의 공훈을 기려 1983년 대통령 표창, 1991년에 건국훈장 애국장을 추서하였다.

참고문헌

공훈전자사료관(http://e-gonghun.mpva.go.kr).

국가보훈처 독립유공자(공훈록)(www.mpva.go.kr/narasarang/gonghun_list.asp).

『아산인물록』, 온양문화원, 2009.

권주상

權周相, 1881~1957

1881년 9월 8일 태어났다. '포상자 공적조서'에 따르면 본적은 영인면 신현리(新峴里) 87이고 독립운동 당시 주소는 서산 대호지면(大湖芝面) 적서리(赤鼠里)이다. 권주상은 1919년 4월 4일 서산군 대호지면 독립만세운동 거사를 위하여 대호지면장인 이인정

권주상의 묘(국립 대전 현충원)

(李寅正)을 도와 동분서주했다. 이인정은 각 마을의 구장에게 도로 보수를 명분으로 주민들을 동원하도록 통지하고 송재만(宋在萬)의 제의에 의해 면내 유지 남계원(南桂元)을 중심으로 모든 계획을 진행하여 이날 장에 나가 격문 수백 매를 뿌리고 대한독립만세를 선창하니 1,000여 명의 군중이 이에 호응하여 장터를 누비고 천의장(天宜場)까지 시위행진을 벌였다. 그리고 그는 이인정의 주도에 따라 다수의 동지와 함께 천의 경찰 주재소에 이르러 주재소를 파괴할 목적으로 투석 등 폭력으로 시위하다가 4월 4일 일경에 체포되었다. 권주상은

이 해 10월 24일 공주지방법원에서 소위 보안법·소요·출판법 위반 등으로 유죄 판결을 받고 12월 24일 경성복심법원에서 징역 1년형을 언도받아 총합 1년 6개월 여의 옥고를 치렀다. 1957년 4월 27일 사망했다. 정부에서는 고인의 공훈을 기려 1990년에 건국훈장 애족장을 추서하였다.

참고문헌

공훈전자사료관(http://e-gonghun.mpva.go.kr).

국가보훈처 독립유공자(공훈록)(www.mpva.go.kr/narasarang/gonghun_list.asp).

당진군·충남대 충청문화연구소, 『당진 대호지 4·4독립만세운동 : 학술고증용역보고서』, 2007.

『아산인물록』, 온양문화원, 2009.

박장래

朴璋來, 1899~1940

1899년 1월 3일 태어났다. 본 적과 독립운동 당시 주소지는 '포상자 공적조서' 상에 송악면 거산리(巨山里) 41로 되어 있다. 박장래는 1919년 2월말 고종황 제의 국장(國葬)에 참예하기 위하 여 서울로 갔다가 독립만세시위

박장래의 생가(아산 송악면 거산리 41)

운동이 일어나자 이에 참가하여 독립가(獨立歌) 등을 배우며 3월 8일 까지 머물렀다. 그는 고향인 송악면은 인구가 적어 효과가 크지 않을 것으로 판단하고, 공주(公州)로 가서 독립만세운동을 위한 모임을 3 월 10일에 가졌다. 그가 공주 영명학교(永明學校) 졸업생인 까닭이다.

박장래는 영명학교 조교인 김수철(金洙喆)의 방에서 영명학교 학생 인 안기수(安期壽)와 신의득(申義得)에게 서울 및 기타 각지에서의 독 립만세운동 상황을 설명하였다. 그러면서 "공주의 학생들은 무슨 까 닭에 독립시위운동을 하고 있지 않느냐?"는 말을 하였다. 이에 신의

득은 "공주에 있는 영명학교 생도는 10여 명 뿐이라 시위운동을 할
수 없다"라고 답을 하였다. 이에 박장래는 "공주에는 농업학교도 있
고 보통학교도 있지 않느냐?"고 반문하면서, "경성에서는 여학생까
지 나서서 독립시위를 하고 있는 판에 공주에서는 남자다운 의기와
용기가 없는 자들이 많다"고 말하며 독립운동을 전개하도록 독려하
였다. 이어 박장래는 종이에 쓴 자신이 만든 독립가를 건네주었다.
안기수는 자신이 가지고 있던 그림엽서에, 신의득은 시계 수리 보관
증에 각각 독립가를 기록하였다.

　박장래의 활동은 사전에 일경에 발각되었다. 1919년 4월 11일 공
주지방법원에서 소위 보안법 위반으로 징역 1년 6월형을 언도받고
공소하여 5월 5일 경성복심법원에서 원판결이 부분 취소되었으나
다시 상고하여 5월 31일 고등법원에서 기각, 1년 6월형이 확정되어
옥고를 치렀다. 박장래의 활동은 중단되었지만, 그가 영향을 준 김
수철 등은 이후 4월 1일 독립만세운동을 위한 준비와 실행 과정에서
적극적인 활동을 전개하였다.

　박장래는 1940년 4월 6일 사망했고, 정부에서는 고인의 공훈을 기
려 1992년에 건국훈장 애족장을 추서하였다.

참고문헌

　공훈전자사료관(http://e-gonghun.mpva.go.kr).
　국가보훈처 독립유공자(공훈록)(www.mpva.go.kr/narasarang/gonghun_list.asp).
　디지털공주문화대전(http://gongju.grandculture.net).
　『아산인물록』, 온양문화원, 2009.

이달용

李達鎔, 1889~1919

1889년 2월 3일 태어났다. 본적지는 염치면 강청리(江淸里) 321이고, 독립운동 당시 경기 양주군(楊洲郡) 화도면(和道面)에 거주했다. 이곳으로 이주한 원인을 구체적으로 알 수 없다. 이달용은 1919년 3월 18일 밤 화도면 마석모루(磨石隅)의 독립만세시위를 주도하였다. 그는 이날 1천여 명의 시위 군중과 함께 마석모루에 있는 헌병 주재소 앞에서, 만세시위 계획을 세우다가 발각되어 체포된 이재하(李載夏) 등의 석방을 요구하던 중, 일본 헌병과 충돌하였다. 이 때 일본 헌병의 발포로, 그를 비롯하여 4명이 현장에서 순국하였고, 6명이 부상하였다. 정부에서는 고인의 공훈을 기리기 위하여 1980년에 대통령 표창을, 1991년에 건국훈장 애국장을 추서하였다.

참고문헌

공훈전자사료관(http://e-gonghun.mpva.go.kr).

국가보훈처 독립유공자(공훈록)(www.mpva.go.kr/narasarang/gonghun_list.asp).

『아산인물록』, 온양문화원, 2009

민족해방을 위해 전국 각지로, 해외로

윤용주

尹龍周, 1884~1949

1884년 1월 29일에 태어났다. '포상자 공적조서'에 따르면 본적은
탕정면 동산리(銅山里) 539이다. '대동단 사건 신문조서'에 기록된 출
생지는 둔포면 신항리(新項里)이다. 신분은 양반, 직업은 농업이다.
이민하(李敏河)라는 이명을 썼으며 아호는 현천(玄天), 별도로 성첨(聖
瞻)이라 하기도 했다.

윤용주는 한학에 조예가 깊었으며 1910년대 전반기 고종의 밀명에
의하여 조직된 양반유생 중심의 비밀결사 대한독립의군부(大韓獨立義
軍府)에 가담하여 활동했다. 아산지역에서 당시 독립의군부에 관계
했던 인물은 곽한일(郭漢一), 강태건(姜泰建) 등이 있다. 윤용주는 3·
1운동 직후인 4월 2일 홍면희(洪冕熹)·이규갑(李奎甲) 등으로부터 독
립운동단체를 망라한 임시정부의 수립을 목적하는 국민대회의 회원
되기를 권고 받기도 했다.

1919년 5월경 경성에 올라와 전협(全協), 최익환(崔益煥) 등이 조직
한 대동단을 알게 되었고 9월에 상경(上京)해 이에 가입했다고 한다.
조사 과정에서는 윤씨 가의 족보를 작성하기로 되어 온 길이었는데,

『매일신보』(1920년 6월 29일)에 수록된 대동단 검거 기사.
윤용주의 이름이 첫 줄 오른쪽에서 일곱 번째에 자리하고 있다.

4~5년 전부터 친하게 지내던 전협의 요청으로 가입했다고 밝혔다. 신복룡은 윤용주가 조직 결성 당시부터 열혈 단원이었다고 소개하고 있다. 초창기 대동단의 투쟁 방법은 대체로 평화주의적인 것이었는데 윤용주 같은 이는 대동단의 활동 방향을 무장투쟁으로 이끌어가야 한다면서 다음과 같은 구체안을 내놓기도 했다. "(1) 오강(五江)의 석전(石戰)패와 상여군[輿事軍]을 포섭한다. (2) 보병대(步兵隊)의 무기고를 탈취한다. (3) 서대문 감옥을 폭파한다." 윤용주의 이와 같은 제안은 현실적으로 성공의 가능성이 희박하다는 이유로 받아들여지지 않았다. 그 대신에 당분간 지하 문서의 제작과 배포에 주력한다는 데에 의견의 합의를 보았다.

윤용주는 단원 모집과 자금 마련에도 힘썼다. 그는 전남 정읍의 임응철(林應喆)·김재구(金在九)·강경진(姜景鎭) 등을 대동단에 가입시켰다. 그가 살고 있던 한학 선생 이규문(李圭文)과 친구 전복규(全福奎)

의 집에서 이들을 전협과 만나게 해주었고 단원 및 자금의 모집에 진력하기를 권유하여 대동단의 신임장을 교부했다. 이 중 임응철은 독립의군부를 이끈 임병찬(林炳瓚)의 아들이었다. 이일영(李一榮) 역시 윤용주의 권유로 대동단원이 된 인물이었다. 또한 전북 전주 출신으로서 미곡상을 경영하고 있는 김진명(金振明)도 그가 포섭했다. 1908년까지 순사로, 합병 이후에는 보병 오장(伍長)으로 근무한 바 있는 김진명은 정보활동을 위해 매우 유용한 사람이었다.

이렇듯 활발한 활동을 전개하다가 그는 일경에게 피체되었고 1920년 12월 7일 경성지방법원에서 소위 정치범처벌령·출판법·보안법·사기 등으로 징역 3년형을 언도받고 옥고를 치렀다. 윤용주는 1949년 8월 18일 사망했고, 정부에서는 고인의 공훈을 기려 1992년에 건국훈장 애족장을 추서했다.

참고문헌

공훈전자사료관(http://e-gonghun.mpva.go.kr).
국가보훈처 독립유공자(공훈록)(www.mpva.go.kr/narasarang/gonghun_list.asp).
고정휴, 「세칭 한성정부의 조직주체와 선포경위에 대한 검토」, 『한국사연구』 97, 1997.
신복룡, 『대동단 실기』, 선인, 2003.
『아산인물록』, 온양문화원, 2009.
『한민족독립운동사자료집-대동단사건』 Ⅰ·Ⅱ, 국사편찬위원회, 1988.

민병길

閔丙吉, 1884~1942

1884년 5월 22일 태어났다. 본관은 여흥(驪興). 호는 소운(蘇雲). 본적은 온양 좌부리(左部里) 136이고 민병수(民庚壽), 이소운(李蘇雲), 이군송(李君宋) 등의 이명을 썼다.

민병길의 묘(국립 대전 현충원)

1923년에 중국 남경(南京)으로 망명하였으며, 1929년에 윤기섭(尹琦燮), 성주식(成周寔), 신익희(申翼熙), 연병호(延秉昊), 최용덕(崔用德), 안재환(安載煥), 김홍일(金弘一), 염온동(廉溫東) 등과 함께 한국혁명당(韓國革命黨)을 조직하였다. 이들은 사상의 정화와 독립운동 진영의 단결을 도모하는 동시에 무력행동을 목표로 하는 철혈단(鐵血團)을 창단하여 안재환을 단장으로 하고 김창화(金昌華), 나월환(羅月煥), 이건호(李健浩), 이영희(李英熙), 최경수(崔景洙) 등을 중견단원으로 하여 항일독립투쟁을 전개하였다. 또한 한국혁명당에서는 당 기관지 『우리길』을 발간하여 독립사상을 고취시키며, 동지들을 훈련시켜 대일항쟁에 적극 참여하도록 하였다.

1933년 초에는 이세호(李世鎬), 이동초(李東初)와 함께 임시의정원 충청도 의원에 선출되어 임시정부에 참여하였으며, 1935년에는 이청천(李青天), 연원명(延圓明) 등과 함께 신한혁명당(新韓革命黨) 간부로 활약하기도 하였다. 1936년에는 전(前) 한국독립당(韓國獨立黨) 간부로 신당운동을 거부하던 이동녕(李東寧), 이시영(李始榮), 김구(金九), 차이석(車利錫) 등과 함께 항주(杭州)에서 한국국민당(韓國國民黨)을 새로이 창당하고, 그는 상임위원이 되어 활동하였다. 한국국민당은 우익진영인 한국독립당(韓國獨立黨), 조선혁명당(朝鮮革命黨)과 함께 미국, 하와이, 멕시코 등지에 있는 대한독립단(大韓獨立團), 동지회(同志會), 국민회(國民會), 부인애국단 단합회, 애국단 등과 연합하여 1937년 7월에 한국광복진선(韓國光復陣線)을 결성하였다.

1937년 10월 16일에 그는 엄항섭(嚴恒燮), 안공근(安恭根)과 함께 제29회 의정원 회의에서 상임위원으로 선출되었다. 상임위원회는 의징원 정기회의 휴회기간을 임기로 하고 그 동안 3인의 상임위원이 회계 검사와 신도(新到)의원 자격심사에 관한 사무를 관장하는 것을 그 임무로 하고 있었다. 즉 정부에서 제출한 각종(재무행서, 외무행서, 국무회의) 규정을 동의하고, 국무위원의 사면서를 수리하였으며, 부도원(不到院) 의원의 처리 및 금년도 정부의 재정결산안을 검사하는 등, 그 임무는 휴회기간 중에 의정원의 행정부에 대한 역할을 대리하는 것이었다. 따라서 상임위원회는 의정원 휴회기간 중에도 행정부와 효율적으로 연락하여 행정에 지장이 없도록 '소(小) 의정원'으로 마련된 것이었다.

1937년 중일전쟁이 발발하자 임시정부는 군사위원회를 조직하여 대일 항전대책을 세우고, 또 광복진선(光復陣線)을 결성하여 독립운동 진영의 단결과 임전 태세의 확립을 꾀하였다. 그러나 일본군의 기세에 눌려 장교 양성이나 군대 훈련을 위한 준비가 이루어질 수 없을 뿐만 아니라, 정부 부서나 독립운동 지도자 및 그 가족 일행이 피난하기에도 어려움이 많았다.

1939년 5월에 임시정부는 사천성(四川省) 기강(綦江)으로 옮겼는데, 이곳은 중국 정부가 피난 수도(首都)로 정하고 있는 중경(重慶)과는 백 여리 거리밖에 안되어 연락이 편하기 때문에 일부 지도자들은 중경에 거주하면서 대중(對中) 외교활동을 펼 수도 있었다. 그리하여 10월 3일부터 12월 5일까지 제31회 임시의정원 회의가 개최되었는데 이때 그는 다시 의정원 의원에 피임되었다. 이 의회에서는 이 해로 3년 임기가 끝나는 국무위원을 개선하고 대한민국 20, 21년도의 결산안과 22년도의 예산안을 심의 통과하며, 참모부 증설안을 동의하고, 순국선열 공동기념일을 매해 11월 17일로 결정하였다.

그는 1942년 10월 19일 중경에서 영면할 때까지 임시정부 의정원에서 의원으로 활동을 계속하였다. 정부에서는 고인의 공훈을 기리기 위하여 1968년 대통령 표창을, 1991년에 건국훈장 애국장을 추서하였다.

참고문헌

공훈전자사료관(http://e-gonghun.mpva.go.kr).

국가보훈처 독립유공자(공훈록)(www.mpva.go.kr/narasarang/gonghun_list.asp).
한국역대인물종합정보시스템(http://people.aks.ac.kr/index.aks).
「용의조선인명부」(인터넷 한국역사정보통합시스템).

진수린

陳壽麟, 1898~1930

1898년 12월 21일 태어났다. 묘비문에 따르면 신창면 신달리 181번지에서 출생해 신창공립보통학교 4년을 우수한 성적으로 졸업했으나, 가세가 빈한해 고생이 심했다고 전한다. 평산 신씨를 배우자로 맞이하고, 21세 때 아산금융조합에 입사했다. 조합에 근무하던 1921년 4월 4일, 진수린은 상해임시정부의 자금 모집을

『동아일보』(1929년 7월 5일)에 실린 진수린 검거 기사

위해 국내로 들어온 사촌처남 최익수(崔益秀)를 돕기 위해 금융조합의 공금을 빼내어 최익수·이종락(李鍾洛) 등과 함께 중국 상해로 도항(渡航), 대한민국임시정부에 헌납한 후 임시정부의 재산계 서기로 임명되어 광동(廣東)·무창(武昌) 등지에서 독립운동에 종사하였다.

1927년 11월 조선독립과 세계평화의 실현을 위해 상해한인독립청년회(上海韓人獨立靑年會) 등을 중심으로 북경(北京), 광동, 무창 등 중국 각지의 한인독립청년회 대표가 모여 각 청년회를 통합, 비밀결사

재중국본부 한인청년동맹(韓人靑年同盟)을 창립할 때 중앙집행위원으로 선출되어 활동하였다.

1928년 12월 대한민국임시정부 재산계 서기로 활동하던 중, 임시정부에서 부여한 모종의 임무를 띠고 귀국하여 본적지인 아산 신창면에서 군자금 등을 모집하다가 일경에게 피체되었다. 1929년 7월 23일 공주지방법원에서 소위 치안유지법 위반으로 징역 2년형을 언도받아 1930년 8월 공주형무소에서 옥고를 치르던 중 병을 얻어 위독하자 가출옥되었으나 9월 10일 순국했다.

당시 한 신문기사는 "진수린은 온양온천 영천의원(靈泉醫院)에서 한 달동안 치료를 받던 중 지난 9일(10일의 오기-인용자)에 드디어 사망하였다는데 시체는 그의 평생 지기인 최익수씨가 거두어 동군(同郡) 신창면에서 매장하였으며 유족이라고는 십년을 수조하고 남편 돌아오기만 기다리던 미망인 신씨(30)가 있을 뿐이라 한다"고 적고 있다. 추도식은 10월 8일 아산 인화사(仁華寺)에서 거행됐다.

정부에서는 고인의 공훈을 기리기 위하여 1992년에 건국훈장 애국장을 추서하였다. 묘소는 1994년 염치면 강청리 선산으로 이장했다. 후손이 없어 추모제도 지내지 못하다가 그동안 묘소를 관리하던 조카 진찬호, 진문호, 진풍호 3형제가 1995년, 사비를 털어 큰아버지의 묘비 제막 및 추도식을 거행했다.

참고문헌

공훈전자사료관(http://e-gonghun.mpva.go.kr).

국가보훈처 독립유공자(공훈록)(www.mpva.go.kr/narasarang/gonghun_list.asp).

한국역대인물종합정보시스템(http://people.aks.ac.kr/index.aks).

「진수린 독립투사 묘비 내용」, 『온양신문』 1995년 5년 29일.

「진수린 독립투사 추도식 거행」, 『온양신문』 1995년 5월 29일.

「진수린 사망 가출옥 중에」, 『동아일보』 1930년 9월 17일.

「진수린군 추도식」, 『동아일보』 1930년 10월 11일.

최익수

崔益秀, 1894~1964

최익수 생가(아산 인주면 공세리)

인주면 공세리의 부유한 집안에서 출생했다. 호는 일청(逸靑)이다. 20세에 일본으로 유학을 갔는데 이때 일부 유학생들 사이에 독립의식이 강해지면서 그도 3·1운동에 참여하고 재일유학생회의 일원으로 활동하게 되었다. 그 후 적극적인 독립운동을 위해 상해 대한민국임시정부로 간 뒤 그곳에서 충남 대표의 책임을 맡고 독립운동 자금 모금 등을 전개했다. 귀국해서 대지주를 상대로 한 모금운동에 어려움을 겪다가 1921년 당시 아산군 금융조합에 근무하던 인척(사촌처남매제 사이) 진수린(陳壽麟)을 설득해서 금융조합 금고의 현금을 빼낸 뒤 함께 상해로 밀항해서 임시정부 운영에 기여했다. 상해에 머무는 1921년 재상해유일학생회(在上海留日學生會, 東京 유학생의 2·8독립선언을 기념하기 위해 二八俱樂部로 개칭) 회원으로 활동했고, 같은 해 일제 관헌의 상해 거주 조선인 동정 조사를 보면 이정규(李丁奎)와 함께 활동하고 같은 거처에서 지냈다. 다시 독립운동 자금을 구하기 위해 귀국한 뒤 집에서 약 반년을 은거하던 중 눈치를 챈 일본 경찰이 집 주변을 포위하고 체포하려는 순간 극적으로 빠져나와 서울로 피신한 뒤 최석창을 포섭해서 상해로 동행했다. 그곳에서 한동안 활동하다가 다시 귀국하던 중에 신의주에서 일본 경찰에게 체포되었다. 모진 고문에도 굴하지 않고 종로경찰서를 거쳐 공주지방검찰청으로 이송되었고 1924년 3월 공주지방법원에서 징역 3년에 집행유예 10년 형을 선고받았다.

최익수는 1930년 진수린이 순국했을 때 평생지기로서 그의 곁을 지켰다. 한편 같은 해 그는 아산 내에서 경제활동에도 참여했는데 1월, 윤지원(尹智源), 남봉희(南鳳熙) 등과 자본금 15만원의 충남권업주식회사(忠南勸業株式會社)를 발기했다. 『조선은행회사조합요록』 1942년 판까지 그의 이름이 이 회사의 이사 명단에 수록돼 있다.

8·15해방 후 친구이자 동지였던 조병옥(趙炳玉) 등이 정계 진출을 권유했지만 혼탁한 정치풍조에 실망하여 끝까지 사양했다고 한다. 1950년 육군에 의해 편성된 청년방위대의 제8단장(천안)으로 임명된 것이 유일한 대외활동으로 추정된다. 초야에 묻혀 조용히 여생을 보내다가 1964년에 병환으로 생을 마감했다. 묘는 고향인 인주면 공세리에 있다.

참고문헌

「육군, 청년방위부 및 청년방위단 인사 발령」, 『자유신문』 1950년 4월 2일.

조선총독부 경무국장, 「在上海 不逞鮮人의 動靜」(1921년 10월 19일 발신), 『不逞
團關係雜件-鮮人의部-在上海地方(3)』(인터넷 한국역사정보통합시스템).

천경석, 「유적의 안내판이나 표지석이 필요하다」, 『온양신문』 2011년 7월 26일.

『동아일보』 1930년 1월 15일.

『아산인물록』, 온양문화원, 2009.

『일제침략하 한국36년사』 6권(인터넷 한국역사정보통합시스템)

『조선은행회사조합요록』(인터넷 한국역사정보통합시스템)

박정양

朴貞陽, 1895~1935

1895년 1월 12일 태어났다. 본적은 배방면 장재리(長在里) 89이다. 1924년 9월 초 대한통의부(大韓統義府) 외무위원장 현익철(玄益哲)이 국내 기반을 강화하기 위해 파견한 특파원과 뜻을 모아 대한통의부 경성지부를 결성했다. 그리고 동지 포섭에 힘을 쏟아 홍경식(洪景植)·이병욱(李丙旭)·유한기(柳漢基) 등을 경성지부 요원으로 획득했다. 대한통의부는 1922년 서간도 지역의 독립군 단체인 한족회(韓族會)·서로군정서(西路軍政署)·대한독립단(大韓獨立團) 등이 연합하여 결성한 대한통군부(大韓統軍府)가 확대 발전된 독립군 단체였다. 대한통의부는 서간도를 비롯한 만주지역뿐 아니라 국내에서도 각 처에 지부를 설치하며 활발한 활동을 전개했다. 박정양은 주로 서울의 부호들을 대상으로 군자금을 모집하다가 1924년 체포되어 징역 7년을 받고 옥고를 치렀다. 1935년 4월 23일 사망했다. 정부에서는 고인의 공훈을 기려 2005년에 건국훈장 애국장을 추서하였다.

참고문헌

공훈전자사료관(http://e-gonghun.mpva.go.kr).

국가보훈처 독립유공자(공훈록)(www.mpva.go.kr/narasarang/gonghun_list.asp).

『아산인물록』, 온양문화원, 2009.

이민화

李敏華, 1898~1923

이민화

1898년 1월 13일 아산군 염치면 방현리에서 충무공 이순신의 11대 손으로 태어났다. 독립운동에 헌신할 것을 결심하고 1917년 12월 중국 만주로 망명하였다. 그의 망명은 신흥무관학교 교장을 역임한 이세영(李世永)의 영향을 받은 것으로 보인다. 충무공의 후손으로 일제에 항거할 것을 다짐하고 망명을 결행한 그는 무장투쟁을 독립운동의 방략으로 삼고 군사 간부로서의 능력을 갖추어 나가기 시작했다.

만주지역은 1911년 삼원포 추가가의 신흥강습소로부터 시작해 무장투쟁을 위한 독립군 양성의 요충지였다. 신흥무관학교를 통해 배출된 3천5백여 명의 졸업생들은 만주 무장투쟁의 주역으로 이후 혁혁한 공적을 세웠다.

그는 1917년 대종교(大倧敎)에 입교하였고, 서로군정서(西路軍政署)에 가담해 교관으로 독립군 양성에 힘썼다. 또한 1919년에는 북로군정서(北路軍政署) 조직에 참여했다. 이민화는 1920년 왕청현 십리평의 군사간부학교인 사관연성소(士官鍊成所) 제2구대장으로 생도를 통솔하면서 교관으로 활동하였고, 북로군정서에서 가장 강력했던 엘리트 군대인 교성대(敎成隊) 소대장으로 활동했다.

1920년 봉오동전투 패전에 충격을 받은 일본군은 이른바 '간도지방 불령선인(不逞鮮人) 초토작전'을 전개했다. 이 과정에서 독립군 부대들의 근거지 이동이 시작되었다. 북로군정서는 사령관 김좌진의 지휘 하에 의란구, 연집강을 거쳐 청산리로 향했다. 선생은 청산리 일대에서 전개된 백운평전투를 시작으로 천수평, 완루구, 어랑촌, 고동하곡 등지에서 만주를 침략한 일본군을 상대로 10여 차례의 전투(청산리 전역)에 김훈, 백종열, 한건원과 함께 종군장교로 참여했다. 첫 전투였던 백운평전투에서 그가 이끈 부대는 경사가 60도나 되는 산허리에 매복해 일본군을 공격했고, 천수평전투에서는 천수평 남방고지를 선점해 적을 섬멸했다. 어랑촌전투에서는 어느 전투보다 치열하게 싸웠다. 그는 맹렬한 기세와 대담한 투지로 전투를 승리로 이끌었다.

봉오동전투에 이어 청산리전투에서도 크게 패한 일본은 조선인 독립군 토벌에 나섰다. 사실상 간도지역에서의 독립군 활동이 불가능하게 되자 이듬해 3월 대부분의 독립군이 이만을 거쳐 러시아 자유시(自由市, 알렉쎄호스크)로 이동하였고, 러시아령 지역의 조선인 빨치산 부대와 통합하여 대한의용군(사할린의용군)을 조직했다. 그러나 자유시참변(自由市慘變)으로 대한의용군의 활동은 물거품이 됐고, 수많은 독립군들이 참사로 희생됐다.

이민화는 1923년 9월 13일 노령에서 북만주로 귀환 도중 밀산(密山)에서 일본군의 사주를 받은 중국 토비와 교전 중 전사했다. 1963년 건국훈장 국민장이 추서되었다.

참고문헌

공훈전자사료관(http://e-gonghun.mpva.go.kr).

국가보훈처 독립유공자(공훈록)(www.mpva.go.kr/narasarang/gonghun_list.asp).

한국역대인물종합정보시스템(http://people.aks.ac.kr/index.aks).

「2013년 1월 이달의 독립운동가 이민화 선생 : 독립군 양성의 명장, 청산리 승전의 숨은 영웅」(인터넷 국가보훈처).

『아산인물록』, 온양문화원, 2009.

이길영

李吉永, 1928~2007

이길영

1928년 4월 4일 태어났다. 본적은 탕정면 매헹리(梅㘴里) 75이다. 본관은 덕수(德水)로, 연해주 지역 독립운동에 참여한 이규풍(李奎豊)의 손자이고 중국에서 활동한 이민호(李敏浩)의 아들이다. 3대가 독립운동 전선에 참여한 보기 드문 예라고 할 수 있다. 할아버지와 아버지의 영향으로 일찍부터 민족정신을 키워갔으리라 짐작된다.

'포상자 공적조서'에 따르면 직접 독립운동에 뛰어들기 전인 1942년 어머니 정수정(鄭守貞)과 함께 조동린(趙東麟)과 접선해, 북경지역 징모공작대(徵募工作隊)로 파견되어 활동하는가 하면 이인곤(李仁坤) 등 5명을 포섭하고 개봉(開封)지구 특파단장 박영준(朴英俊)의 밑에서 군사훈련 교관으로 활동하기도 했다.

1945년 7월에 한국광복군에 입대해 김학규(金學奎)가 이끄는 제3지대 제1구 대원으로 훈련을 받았다. 특히 미군과의 연합 활동 방편으로 미군 통역병으로 활동하기 위해 동남아로 출동을 준비하던 중에

광복을 맞이했다. 귀국 후 부산에서 거주하였으며 2007년 11월 10일 그곳에서 세상을 떴다. 정부에서는 그의 공훈을 기리기 위하여 1963년 대통령 표창을, 1990년에 건국훈장 애족장을 수여하였다.

참고문헌

공훈전자사료관(http://e-gonghun.mpva.go.kr).
국가보훈처 독립유공자(공훈록)(www.mpva.go.kr/narasarang/gonghun_list.asp).
「애국지사 이길영 선생 별세」, 『부산일보』 2007년 11월 12일.
『아산인물록』, 온양문화원, 2009.

이일영

李鎰永, 1899~1950

1899년 5월 15일 태어났다. 이붕해(李鵬海), 이봉기(李鳳基), 이공삼 (李公三) 등의 이명을 사용했다. 이붕해라는 이름이 본명보다 더 많이 알려져 있다. 자는 공익(公益), 호는 송강(松崗). 본관은 덕수(德水). 충 무공 이순신의 12세손이다. 『아산인물록』에 따르면 신창면 황산리 (黃山里)에서 이민승(李敏承)의 아들로 태어났다. 기타 자료에서는 출 생지가 천안이라는 기록도 보인다. 한학을 배운 뒤 보통학교에서 신 학문을 공부했다.

1919년 3·1독립운동에 참가하여 천안에서 일경에 잡혔다가, 탈출 하여 만주로 망명하였다. 그 후 신흥무관학교를 7기로 졸업하고 청 산리전투를 비롯한 여러 전투에서 중대장으로 활약하였다. 이와 같 은 활동은 그와 같은 가계인 이세영(李世永), 이민화(李敏華) 등의 활동 과 연관 지어 살펴볼 필요가 있다.

청산리전투 후 일본군의 독립군 토벌을 피해 만주의 독립운동단체 들은 중·소 국경지대인 밀산(密山)에 모여 대한독립군단을 조직했다. 이때 대한독립군단(大韓獨立軍團)에 참가해 러시아지역 자유시(自由市,

알렉쎄호스크)로 넘어갔다. 그러나 자유시참변(自由市慘變)으로 인해 독립군이 목숨을 잃는 사건이 벌어지고 다시 만주로 돌아왔다.

1923년에는 고려혁명군 조직에 참가, 동북만(東北滿)·밀산·호림(虎林)지방에서 무장항일투쟁을 계속하였다. 고려혁명군은 앞서 대한독립군단 총사령이었던 김규식(金奎植)과 고평(高平)·이범석(李範奭) 등이 이끌었다. 정세상 무장독립투쟁 만으로는 한계를 느낀 만주지역 독립운동가들은 장기적인 운동기반을 만들기 위해 노력했다. 그리고 이는 3부의 성립으로 이어진다. 이일영은 1925년 김좌진(金佐鎭)을 중심으로 하여 신민부(新民府)가 조직되자 이에 참가하여 경비대장으로 활약하였다.

한편 1929년 7월에는 재만조선무정부주의자연맹(在滿朝鮮無政府主義者聯盟)에 참가하였다. 철저한 민족주의자에서 일단의 사상적 전환을 모색한 것이다. 그러나 그것은 민족주의를 벗어난 것이라고 보기엔 어려웠다. 연맹은 당면 강령에서 농민들의 의식 개혁과 생활 개혁을 통해 이상사회를 건설하고 그 이상사회를 근거지로 삼아서 민족해방운동을 지속한다. 그리고 공산주의자에 대해서는 적대적 입장을 드러냈지만 민족주의자와는 협력관계를 유지한다고 밝힌 바 있다.

이러한 기조에 따라 재만무정부주의자연맹은 신민부와 합작해 같은 해 8월 재만한족총연합회(在滿韓族總聯合會)를 결성했고 김좌진이 위원장으로 추대되었다. 이일영은 새로운 항일전을 도모하게 되자, 군사위원장으로 임명되어 활약하였다. 이 때 부인 최문환(崔文煥)도 부녀부장으로 활동했다. 그런데 이듬해인 1930년 1월 김좌진이 공산당원 김봉환(金奉煥, 일명 金一星)의 조정을 받은 박상실(朴尙實, 일명 朴尙

範. 金信俊)에 의하여 순국하는 사건이 발생했다. 군사위원장이던 그는 치안대(治安隊)를 조직하고 대장(隊長)이 되어 주범 김봉환을 체포, 처단했다. 이일영은 1932년 2월 한족연합회 주하(珠河)지방 집행위원장으로 활약하였다. 그리고 일제가 만주를 점령한 뒤에는 해방이 될 때까지 지하활동을 계속하였다고 한다. 이후 이일영은 1944년 9월 한국광복군 참모장에 임명되기도 했다.

8·15해방 이후에는 광복군의 최용덕(崔用德)·김학교(金學奎) 등과 함께 중국군 및 일본군에 소속되었던 조선인 장병을 흡수하여 훈련사업을 추진하는 한편 오광선(吳光鮮)과 함께 국내지대를 따로 설치하고 참모장에 취임하여 활약했다. 귀국 후 1946년 김구(金九)가 주도하는 한국독립당의 중앙감찰위원회 사찰부장·부위원장으로 활동했다. 정부수립 후에는 국군에 입대하여 1949년 제주도병사구(濟州道兵事區) 사령관을 역임하고 방위군(防衛軍) 옹진지단(甕津支團) 고문단장으로 재직하던 중 6·25전쟁이 발발한 3일 후인 6월 28일 전사했다. 정부에서는 1968년 건국훈장 국민장을 추서했다. 1981년 신창면 득산리 창학산 선영에 단(壇)을 설치하고 이듬해에 단비를 세웠다.

참고문헌

공훈전자사료관(http://e-gonghun.mpva.go.kr).
국가보훈처 독립유공자(공훈록)(www.mpva.go.kr/narasarang/gonghun_list.asp).
한국역대인물종합정보시스템(http://people.aks.ac.kr/index.aks).
「용의조선인명부」(인터넷 한국역사정보통합시스템)
이호룡, 『절대적 자유를 향한 반역의 역사』, 서해문집, 2008.
『아산인물록』, 온양문화원, 2009.

이세영

李世永, 1869~1938

고광(古狂) 이세영은 1869년 현재의 아산시 음봉면 신휴리에서 이순신 장군의 12대 손으로 태어났다. 그의 집안은 대대로 벼슬을 지낸 무반가문이었다. 생부 민하(敏夏)는 무과급제 후 현감을 지낸 분이고, 13살 때 3종숙 민철(敏哲)에게 입양됐다. 양부는 정3품 훈련원정과 수군절도사를 지낸 무관이었다. 어머니 평강

이세영

채씨가 호랑이 꿈을 꾸고 잉태했다는 고광은 어려서부터 강개한 성품에 재능이 뛰어났다. 어린 시절 고광은 전통 주자학을 공부했으나 고루하고 경직된 유학세계에 머무르지 않고, 21세 되던 해에 서울로 올라가 관립 신식교육기관인 육영공원(育英公園)에서 공부하며 근대문명에 눈뜨게 되었다.

고광은 1894년 청일전쟁을 계기로 국난극복을 위한 항일투쟁 전선에 본격적으로 투신했다. 그는 청일전쟁 발발 무렵 고향 아산을 떠나 의병운동의 기운이 더욱 왕성하던 정산군 관현리(현 청양군 장평

면)로 이사했다. 고광이 이사한 다음 해에는 참판 민종식이 정산으로 내려왔으며, 1900년에는 재야 항일의 거두 면암 최익현도 내려왔다. 이들은 서로 긴밀한 연계를 갖고 의병투쟁을 공동으로 전개할 계획을 구체적으로 추진하게 됐다. 1895년 김복한 의병장을 중심으로 홍주의병이 봉기했을 때, 고광은 참모장으로 이 의진에 참여했으나 곧 패산하고 말았다.

이후 재야투쟁의 한계를 절감한 그는 무반가문의 전통을 이어 정통 무관의 길로 나갔다. 군부주사로 출발한 고광은 육군무관학교를 졸업하고 참위(현 소위)로 임관한 뒤 정3품 정위(현 대위) 계급에 올라 친위대 지휘관을 거쳐 헌병대장 서리를 맡았다. 하지만 군부가 일본군의 철저한 간섭 하에 놓여 있었기 때문에 고광이 국권회복을 위해 실제로 할 수 있는 일은 없었다. 1904년 러일전쟁이 발발하게 되자, 고광은 미련 없이 서울 생활을 청산하고 정산으로 내려와 재기항쟁의 기회를 노렸다.

고굉이 낙향한 이듬해인 1905년 11월 일제의 강압에 의해 망국조약인 을사조약이 체결되자, 전 민족이 들고 일어나 여기에 항거했다. 고광은 민종식이 주도하던 홍주의병에 중군장으로 참여해 1906년 5월 홍주성에서 일본군과 치열한 공방전을 벌였다. 그러나 화력의 열세로 패산해 동료들과 함께 포로로 잡혀 서울로 압송되고 말았다. 1906년 11월 종신유배형을 받고 정운경, 전덕원, 황청일 등 저명한 의병장들과 함께 황주 철도로 일시 귀양을 갔다가 1908년 특사로 풀려났다.

항일전에서 쓰라린 패전을 경험한 고광은 한때 근대교육을 통한 인재 양성에 전력을 기울였다. 국운이 기울게 된 원인이 근대문명을 적극적으로 수용하지 못한 데 있다고 절감한 때문이었다. 이에 그는 1908년 정산에다 지역 유지들과 함께 성명학교(誠明學校)를 세워 신교육운동을 전개했다. 고광이 살던 집을 교사(校舍)로 사용했다고 한 것으로 보아, 그가 교육사업에 들인 정성과 열정을 짐작할 수 있다.

그러나 1910년 경술국치로 대한제국은 끝내 망하고 말았다. 그는 독립운동 무대를 옮길 결심으로 1913년 국외망명을 결행하여 서간도로 건너갔다. 망명 직후, 대한제국 정통 무관 출신이던 고광은 대표적인 독립군 양성기관이던 신흥무관학교 교장에 취임했다. 이회영, 이시영 형제 등이 서간도에 건립한 이 무관학교는 1919년 3·1운동 직후까지 상당수의 독립군 핵심 간부들을 양성했다.

고광은 일본군의 침공으로 간도 일대의 한인사회가 참화를 입은 1920년 경신대참변 후 독립운동전선 재건에도 앞장섰다. 그 결과 1922년 통군부(統軍府)가 결성되자 군사부장으로 여기에 참여했고, 이 조직이 통의부(統義府)로 확대 발전되었을 때도 참모부장에 피선돼 적극 활동했다. 그러나 통의부 내에서 이념과 노선의 차이로 알력이 생겨 급기야 보수적 인사들을 중심으로 의군부(義軍府)라는 별도의 단체가 결성되면서 간부들 사이에 갈등이 심화되기에 이르렀다. 박민영은 서간도 독립운동 진영에 알력이 노정되자 고광이 여기에 크게 실망해, 10년간 활동해온 서간도를 떠나 중국 관내지방으로 이동한 것으로 추정하고 있다.

1930년 북경에서 조성환 등과 함께 한족동맹회(韓族同盟會)라는 독립운동단체를 결성하였으나 크게 빛을 보지는 못했던 것 같다. 이어

1933년에는 중경(重慶)에서 신사회(新社會)라는 단체를 만들어 부위원장으로 활동했지만, 역시 뚜렷한 행보는 없었던 듯하다.

이 무렵 60대 중반의 노령으로 현역으로 활동하기보다 원로로서 후배들을 지원하는 입장에 섰던 것으로 짐작된다. 평생 독립운동에 투신했던 고광은 1938년 이역만리 사천성 성도(成都)에서 서거했으며, 현재 유해도 중국에 있는 것으로 알려졌다.

고광은 아산을 대표하는 항일독립운동가로 명실상부하다. '선조 충무공의 원수를 갚으려고' 항일전에 투신했다는 그의 말대로 고광은 이순신 장군의 직손이라는 신분과 가문의 위세를 독립운동에 승화시켜 40여 년간 항일전선을 누빈 혁혁한 독립투사였다.

참고문헌

권구훈, 「고광 이세영의 민족운동」, 『건대사학』 제9집, 1997.

김기승·천경석, 「이순신 후손의 항일독립운동」, 『제13회 이순신국제학술세미나 '이순신정신이 독립운동에 미친 영향' 자료집』, 2011.

박민영, 「독립기념관과 함께 하는 독립유공자 시리즈 ③ 고광 이세영 선생」, 『중앙일보』 2011년 4월 19일.

홍가륵

洪加勒, 1913~?

1913년 10월 19일 태어났다. 본적은 아산군 온양면 온천리 97이나, 태어난 곳은 본인이 술회하길 수원군 음덕면(陰德面) 남양리(南陽里)이다. 감리교 목사이자 민족운동가 홍승하(洪承河, 1863~1918)의 손자, 대를 이은 목사 홍형준(洪亨俊, 1888~1959)의 장남이다.

홍승하는 현재의 옹진군 영흥면 내동에서 태어났다. 그는 1874년부터 19세 되던 1882년까지 내동 사숙에서 한문을 공부하였고, 1900년경 서울에 올라갔다가 일본인 순사를 피해 당시 치외법권 지역인 정동에 있는 아펜젤러 목사(Henry Gerhard Appenzeller)의 집 담을 뛰어넘어 숨게 되었다. 홍승하는 이를 계기로 기독교를 접하게 되었다. 그는 1902년부터 고향의 남양교회(南陽教會)에서 목회활동을 시작했고 같은 해 12월 하와이 이민단장 및 선교사로 선택되어 아들을 데리고 하와이로 떠났다. 1903년 8월 교포의 지위향상·권익옹호·항일독립운동의 목적으로 윤병구(尹炳求)·문홍석(文鴻錫) 등과 신민회를 조직하고 회장에 취임하였다. 같은 해 11월에는 안정수·유병길 등 교인들과 한인선교회를 창설하여 하와이한인감리교회의 기반을 마련했다. 그러나 풍토에 적응하지 못하고 병을 얻어 1905년 홀로 귀국했다. 이후 목사 안수를 받고 충남지역 순회전도사로 교역하다가 1918년 수원에서 별세했다.

홍형준은 홍승하를 따라 하와이에 갔다가 귀국해 농사를 지었다. 이후 부친이 별세한 후 목사가 되었다. 1920년대에는 수원군 성호면(城湖面) 오산리(烏山里) 소재 오산예배당, 이천군 장호원예배당에 전임했다고 한다. 그리고 1930년대 중반 온양의 온천리 예배당을 맡았다. 어머니 김에스더(金愛西德, 1889년생) 역시 이 시기 교회에서 전도부인으로 봉직했다.

홍가륵의 집안은 조부 시절엔 재산가였으나, 전도사업 등으로 가산을 잃고 중학 시절엔 고학을 할 수밖에 없었다고 한다. 홍가륵의 학창시절은 아버지의 목회활동에 좌우될 수밖에 없었다. 그는 1927년 3월 오산공립보통학교를 졸업했고 같은 해 4월부터 서울에 있는 배재고보를 두어 해 다녔다. 그러나 집이 장호원으로 이사하는 바람에, 그리고 허리를 다쳐 요양차 학교를 쉬었다 한다. 그러다 조부의 친구인 전임 목사 정재관(鄭在寬)의 소개로 1932년 8~9월 무렵 서울에서 가정교사 생활을 하게 됐다. 정재관은 온양 읍내리 교회를 1913년부터 1919년까지 담임한 인연이 있었다. 그런데 가정교사로 있던 집이 타지로 떠나는 바람에 그는 실직했고, 그 길로 만주 봉천(奉天)으로 떠났다.

그는 배재고보를 다닐 즈음 독립정신에 눈을 떴다. 그 배경에는 어려서부터 익힌 '먼저 나라의 의를 구하라'는 『성경』의 말씀이 있었다. 그러나 홍가륵은 그의 조부·부친과는 다른 길을 걸었다. 그는 의열단(義烈團)을 만나게 되었다. 의열단은 1919년 만주 길림(吉林)에서 김원봉(金元鳳)을 주축으로 창립되어 중국 관내와 국내, 일본을 주무대로 활동하였다. 1920년대에는 강도 높은 암살 파괴활동으로 의열투쟁의 대명사처럼 여겨졌으며, 의열단의 '의열'은 "천하의 정의로운 일을 맹렬히 실행한다"는 공약 제1조의 문구에서 비롯되었다.

1933년 9월 6일 만주 봉천을 출발, 상해, 남경을 거쳐 9월 16일 강소성(江蘇省) 강녕현(江寧縣) 강녕진(江寧鎭)에 있는 조선혁명간부학교에 도착 즉시, 단장 김원봉을 면담하고 의열단에 가입한 다음 간부학교 2기생으로 입학하였다. 이곳에서 그는 6개월에 걸쳐 정치과목으로 철학, 유물사관, 변증법, 경제학, 중국혁명사, 삼민주의, 사회과학, 의열단사, 조선정세, 공산당 조직론, 세계정세 등을 공부하였다. 정치과목의 하나인 당 조직론에서는 당 조직 방법으로 먼저 노동자 농민 등 최하층 속에 파고들어 동지의 획득에 힘써 3인의 동지를 얻고 이를 기본조로 하여 순차로 상부조직 결성에 힘쓸 것을 교육받았다. 홍가륵을 포함한 2기생 53명은 1934년 4월 20일 졸업했다. 졸업 후 3일 뒤 홍가륵은 학교에 「입학후의 감상」, 「금후 조선혁명운동에 관한 의견」, 「농촌운동에 관한 의견」, 「조선농지령에 대한 비판」을 주제로 논문을 제출했다. 홍가륵은 이 시기 민족주의에서 벗어나 사회주의에 가까워지고 있었다. 그는 일제 경찰에 체포된 뒤 신문조서에서 일본제국주의 타도, 조선의 완전 독립, 프롤레타리아 정권의 수립, 공산주의 사회의 수립을 위한 교육을 받았으며 자신도 그 목적을 위해 활동했다고 밝혔다.

홍가륵은 동지 규합을 위해 국내로 잠입하였다가 1934년 5월 중순

동료의 자수로 온양에서 체포되어 징역 3년을 선고 받았다. 서대문형무소에서 옥고를 치르다 1936년 9월 11일 대전형무소로 이감되었다. 그리고 출옥 후 요통이 재발해 2년간 투병 생활을 했다고 한다.

해방 이후 행적은 분명하지 않다. 군관학교 재학 당시 김구(金九)와도 친분을 맺어 그를 도와 충북 진천지역에서 간부로 활동했다고 한다. 그러던 중 수감돼 서대문형무소를 거쳐, 청주형무소에 이감됐다가 6.25전쟁 발발 1주일 전에 청주형무소 근처 청원군 남성면 호정리에서 죄수들과 더불어 집단 처형되었다고 전해진다. 정부는 고인의 공훈을 기려 2009년에 건국훈장 애족장을 추서하였다.

참고문헌

국가보훈처 독립유공자(공훈록)(www.mpva.go.kr/narasarang/gonghun_list.asp).
「아산 온양면 耶蘇教會 산중에서 기도」, 『동아일보』 1924년 5월 17일.
박환, 「경기도 출신 잊혀진 혁명가 : 홍승하와 차봉구」, 『일제강점기 경기도인의
　　민족운동』, 순국선열의 날 70주년 기념 우리고장 독립운동 재조명 학술회의, 수
　　원대 동고학연구소·한국민족운동사학회, 2009.

박안라

朴안라, 1853~1922

1853년 10월 16일 태어났다. 본관은 밀양(密陽)이다. 생원 박준호의 장녀로 황해도 배천군에서 태어나 16세 때 충무공 이순신의 9세손 이도희(李道熙)와 결혼했다. 품성이 명민하고 문학과 역사에 능숙하며 사람들을 예의로 대하였다. 자녀 교육에도 법도가 있었고 다른 사람들의 어려움을 잘 도와주며 자신은 돌보지 않고 항상 검소하게 살았다.

박안라·이규풍·이규갑 등
일가족 독립운동을 기리기 위해
세운 〈충국순의비〉의 모습

이도희는 61세인 1902년에 작고했다. 이후 집안은 혼자 남은 박안라가 이끌어 갔다. 1905년 이후 나라가 멸망해가는 민족적 위기 상황에서 집안을 이끄는 책임을 온전히 떠맡게 된 것이다. 박안라는 1905년 이후 국권이 실추되자 이규풍(李奎豊)과 이규갑(李奎甲) 두 아들에게 매국노 처단 상소(斥和討賊)를 올리도록 하고 의병전쟁에 참여할 것을 지시하였다. 장남 이규풍은 두만강을 건너 러시아령으로 가서 안중근 등과 함께 의병활동을 전개하였으며, 차남 이규갑은 홍주의병에 참여하였다. 박안라는 두 아들이 집안일을 걱정할 때마다 따끔하게 훈계하여 독립운동을 계속하도록 하였다.

1910년 나라가 망하자 국외에 있던 장남 이규풍이 어머니의 안부가 걱정되어 집으로 돌아왔다. 이에 큰아들을 다음과 같이 꾸짖었다. "네가 귀신이냐 사람이냐? 만약 귀신이라면 그 자리에 있어도 좋지만 사람이라면 냉큼 물러가라. 나라를 위해 일하는 사람이 죽어서 돌아온다면 환영하겠지만, 살아서 어미를 만나러 오는 법이 어디 있느냐!" 이 말을 들은 이규풍은 밥 한 끼 먹지 못하고 그 길로 다시 국외로 가서 독립운동을 계속하였다.

둘째 아들 이규갑은 국망 이후 국내에 남아 있다가 1919년 3·1운동 후 임시정부를 조직하기 위한 비밀 활동을 하고 있었다. 이러한 중에 어머니에게 안부를 전하기 위해 사람을 보냈다가 어머니로부터 다음과 같은 꾸중을 들었다. "내가 너 같은 못난 자식을 둔 줄 몰랐었구나! 지금이 어느 때라고 나랏일을 하는 사람이 내 걱정을 하고 사람을 보냈느냐?" 이규갑은 이 말을 전해 듣고는 "어머님의 나라를 사랑하는 대의 앞에 몸 둘 바를 몰랐다"고 했다. 이후 그는 상해로 망명하여 대한민국임시정부 수립에 기여하게 되었다.

박안라 역시 국내외로 다니며 구국운동을 계속하다가 1922년에 러시아 블라디보스토크에서 순국했다. 영인면 월선리에 묘와 그의 행적을 기록한 오충비(박안라, 이규풍, 오세라, 이심숙(이애라), 이민호)가 있다.

참고문헌

김기승, 「다섯 명의 자손들을 독립운동가로 키운 박안라 여사」, 『온양신문』 2013년
    8월 12일.

『아산인물록』, 온양문화원, 2009.

이규풍

李奎豊, 1865~1932

망명 중 세상을 떠난 이규풍의 투쟁기록을 담은 『동아일보』(1931년 10월 8일) 기사

1865년 11월 2일 태어났다. 본적은 아산 탕정면 매곡리 75이다. 이규목(李奎穆)이라는 이명을 썼다. 본관은 덕수(德水)로 충무공 이순신의 10세손이다. 증조부 이사수(李思秀), 조부 이조빈(李肇彬), 부친 이도희(李道熙), 그리고 이규풍 본인까지 4대에 걸쳐 무과에 급제한 무반(武班)

명가 출신이다. 어머니는 박(朴)안라, 부인은 오(吳)세라이다.

일제강점기 한 신문기사에 따르면, 그는 구한국시대 궁중내직으로 있다가 을사조약 후에 벼슬을 사양하고 고향인 아산에 돌아와서 오래된 지기 권유상(權裕相)과 병오년(1906년) 10월에 본국을 떠나 러시아 연해주 연추(煙秋, 현 크라스키노)로 가서 독립운동에 가담했다. 그는 1908년 이범윤(李範允)·안중근(安重根) 등과 함께 300명의 의병부대를 편성하여 두만강 근처 노브키에프스키에 근거지를 두고 활동을 전개했다. 주로 국내 진공작전을 감행하여 함경북도 홍의동의 일

본군 부대, 이어 경흥의 일본군 정찰대를 격파하는 등 큰 전과를 거뒀지만 일본군의 기습으로 회령전투에서 패배한 뒤 의병부대를 해체하고 새로운 방법을 모색하게 되었다. 1909년 1월에는 안중근 등과 함께 12명의 단지동맹(斷指同盟)을 결성하고 국권회복의 의지를 더욱 다졌다. 블라디보스토크에서 독립군 기지로서 한국인들의 집단 거주지 신한촌(新韓村) 건설에 참여했다. 1910년 8월에 일제의 국권 강탈 소식이 전해지자 이범윤 등 많은 지도자들과 함께 성명회(聲明會)를 조직하고 최초로 합방 반대 선언서를 발표·배포하는 한편 결사대를 조직하여 일본인들을 공격하였다. 이로 인해 러시아 당국에 의해 지도부 42명이 체포되고 그를 포함해서 8명이 이르쿠츠크로 유형(流刑)을 당해 고초를 겪기도 했다.

위 기사는 잘 알려져 있지 않던 이규풍의 1910년대 활동 내역을 또 다음과 같이 소개하고 있다. 임자년(1912) 무렵에 권업회(勸業會) 결성에 참여했고 계축년(1913년)에는 '모스코' 신학교를 졸업했다고 한다. 또한 병진년(1916년)에는 중국 국경인 '울낙간'이란 곳에 무관 양성을 목적으로 학교를 설립하고 전 한국시대 령위관 안종환(安鍾煥) 등으로 교수케 하여 여러 청년을 배양하였다고 한다.

1919년 3·1운동 이후 4월 23일 서울에서 개최된 한성정부(漢城政府) 수립을 선포한 국민대회에서 박은식(朴殷植)·신채호(申采浩)·조성환(曹成煥) 등과 함께 평정관(評政官)으로 선출되었다. 그의 활동이 다시 두드러지게 나타난 것은 고려혁명당(高麗革命黨) 조직과 관련해서이다. 1926년 3월 만주 길림(吉林)에서 열린 민족혁신파 대표자대회에 노령지역의 대표로 참석하였다. 이는 독립군 탄압을 목적으로 한

미쓰야협정(三矢協定)이 체결된 이후 독립전선에 난관이 많아지자 정의부(正義府)를 중심으로 민족유일당 문제를 논의하기 위한 회의였다. 이 대회에서 정의부의 혁명원로인 양기탁(梁起鐸)을 위시하여 고활신(高豁信)·현정경(玄正卿)·곽종대(郭鍾大) 등과 천도교 혁신파인 김봉국(金鳳國)·이동락(李東洛)과 형평사(衡平社)의 이동구(李東求)·송헌(宋憲) 그리고 노령지역의 대표인 최소수(崔素水)·주진수(朱鎭秀) 등과 함께 고려혁명당을 조직하였다. 그는 오동진·고활신·김봉국·이청천(李靑天) 등과 함께 고려혁명당 위원으로 선출되어 활약하였다.

고려혁명당은 정의부와 밀접한 관계를 유지하면서 독립운동을 전개하였으나, 일본군의 기습으로 간부 14명이 체포되고, 또한 당 내부에 민족주의자와 공산주의자의 대립이 심화됨으로써 당 기능을 상실하고 말았다. 그후 길림성 소수분(小綏芬)에서 잠시 활동하다가 다시 노령으로 들어갔고 계속 항일운동을 전개하였다.

이규풍은 1932년 6월 1일 사망했다. 사망 장소는 위 기사에 따르면 중동선(中東線) 육참(六站)이라고 한다. 그의 아들 이민호(李敏浩), 손자 이길영(李吉永) 모두 독립전선에 투신해 3대에 걸친 독립운동가 집안이 되었다. 정부에서는 그의 공훈을 기리기 위하여 1977년에 건국포장을, 1990년에 건국훈장 애국장을 추서하였다.

참고문헌

공훈전자사료관(http://e-gonghun.mpva.go.kr).
국가보훈처 독립유공자(공훈록)(www.mpva.go.kr/narasarang/gonghun_list.asp).

한국역대인물종합정보시스템(http://people.aks.ac.kr/index.aks).

「북만에 망명중 이규풍씨 별세」, 『동아일보』 1931년 10월 8일.

김기승, 「다섯 명의 자손들을 독립운동가로 키운 박안라 여사」, 『온양신문』 2013년
　8월 12일.

『아산인물록』, 온양문화원, 2009.

오세라

吳세라, 1875~1939

1875년 12월 25일 태어났다. 본관은 해주(海州). 부사 오태근의 장
녀. 경기도 안성군 양성면 덕뫼에서 출생했다. 독립운동가 이규풍(李
奎豊)의 부인이다. 남편이 독립운동을 위해 연해주로 떠나고 1902년
시아버지 이도희(李道熙)가 별세한 후 홀로된 시어머니 박안라를 지
성으로 모셨다. 일제의 감시와 억압이 심해지자 1922년에 아들 이민
호(李敏浩)와 함께 가족이 모두 러시아령 연해주로 가서 남편의 독립
운동을 도왔다. 1932년에 남편이 숨지자 아들을 따라 중국 북경에
가서 항일 활동을 하다가 1939년 3월 9일 그곳에서 숨을 거두었다.
영인면 월선리에 남편·아들 등 가족과 함께 그의 행적을 기록한 충
국순의비(忠國殉義碑)와 묘가 있다.

참고문헌

『아산인물록』, 온양문화원, 2009.

이규갑

李奎甲, 1888~1970

　　1888년 11월 5일 태어났다. 본관은 덕수(德水). 자는 원서(元瑞), 호는 운호(雲湖). 충무공 이순신의 10세손으로 이도희(李道熙)와 박안라의 차남이며 이규풍(李奎豊)의 동생이다. 부인은 이애라(李愛羅)이며 고문 후유증으로 순국한 후 김이순(金理順, 이명 金애일라, 金앨라)과 재혼했다.

이규갑

　　이규갑이 7세가 되던 해인 1894년 청일전쟁(淸日戰爭)이 발발했다. 집에서 멀지 않은 아산만 앞바다에서 일어난 전쟁을 보고 그는 '마치 길가에 떨어진 고깃덩이를 놓고 두 마리의 개들이 서로 물고 뜯는 것 같은 광경이었다'고 회고했다. 조상으로부터 물려받은 애국정신, 어머니의 충정어린 교훈, 객지에 나가 독립운동에 여념이 없는 형님의 망명생활, 그리고 눈앞에 벌어진 청일전쟁의 비참함 등이 훗날 목사이면서 독립운동가로 사는 원인이 되었다고 한다.

　　1902년 부친 이도희가 별세하고, 앞으로 나라를 위해 크게 일하려면 고향에만 머물러서는 안 되겠다 생각해 상경(上京) 1906년 한성사범학교(漢城師範學校)를 졸업했다. 그러나 격동의 시대를 살면서 교육가로서만 머물 수는 없었고 국권의 위기를 목격하며 홍주의병에 참가했다고 한다. 홍주의병은 실패로 돌아가고 1909년 그도 다시 교육일선으로 돌아가 후배양성에 힘쓰게 되었다. 그러던 차에 1910년 일본 헌병대에 체포되어 감옥생활을 하다가 '한일합방' 특사로 출감되었다. 1911년에는 학교로 돌아가지 못하고 지하운동 비밀결사인 신조선당(新朝鮮黨)을 조직해 항일운동을 전개했다.

한편 어느 때부터인지 정확히 알 순 없지만 그는 기독교 신앙을 받아들였다. 한 신문기사에는 그가 기독교 가정에서 자랐다고 설명하기도 한다. 『한국감리교인물사전』에 기록된 바로는, 감리교 협성신학교(協成神學校)에 들어갔고 이후 일본 유학의 길을 떠나 와세다대학(早稻田大學) 정치경제과에서 공부하였다. 귀국 후에는 대표적인 기독교 교육기관인 공주 영명학교(永明學校) 교감으로 재직하였고, 지하운동에도 참여하는 한편 직산 예성학교를 설립하여 영세한 아동의 교육에 헌신하다가 비밀결사사건으로 일본 헌병에 검속되어 공주형무소에서 옥고를 치렀다. 1914년 출옥한 이규갑은 이화학당을 졸업하고 그 학교에서 교편을 잡고 있던 이애라와 결혼했다. 1917년에는 평양으로 가서 교직에 종사하던 중 신홍식(申洪植), 길선주(吉善宙), 안세환(安世煥) 등과 함께 독립운동 평양 대표로 선출되어 1919년 2월 상경해 기미년(己未年) 독립선언 거사 준비에 참여했다.

이규갑은 후일 회고에서 거사 후의 독립운동을 계속 이어가기 위해 이상재(李商在)와 본인은 3·1운동의 전면에서 물러났다고 밝혔다.

이규갑은 민족대표 33인이 피검된 후 "조선독립은 2천만의 요구"라는 항의서를 조선총독부에 직접 전달했다고 한다. 한편 같은 달 그는 인천 만국공원에서 열린 '13도 대표자회의'에 중앙대표로 참석해 한성정부 조직에 힘쓰고 평정관(評政官)에 선출되었다. 한성정부 수립 운동은 미주지역 이승만(李承晩)과 기호(畿湖) 세력 중심의 활동이었다. 이규갑도 기호지방, 기독교 감리교 등의 공통점을 가진 이들과 연계해 움직였던 것으로 사료된다.

이규갑은 상해로 망명해 대한민국임시정부 수립에 참여했다. 그는 경성독립단 본부 특파원으로 4월 10일 상해에 밀파되어 4월 13일 임시의정원 충청도의원으로 선출되었으며 5월 5일 상해한인청년단(上海韓人靑年團) 서무부장 및 비서부원을 역임했다. 같은 해 7월 8일 제5회 의정원의회에서 상임위원회 청년위원에 피선되었고 7월 19일 임시의정원 충청도의원으로 재선되어 국채통칙(國債通則)과 공채발행조례(公債發行條例)를 통과시키는 등 임시정부 발전에 진력했으며 이후 러시아 국경지대에서 독립군 양성, 사관학교 운영에 헌신하였다. 이는 형 이규풍의 활동에 동참하는 의미였다고 할 수 있다.

한편 이 시기 부인 이애라는 평양경찰서에 수감되어 있다가 풀려나와 남편의 부탁대로 국민대회 연락을 위한 임무를 맡았는데, 아현동 친척집으로 향하던 중 일본 헌병에 체포당하면서 백일 된 아이가 길바닥에 내동댕이쳐진 채 투옥돼 아이는 숨지고 말았다. 1921년 천안 양대(良垈)학교에서 교편을 잡다가 남편 이규갑을 찾아 만주로 떠났고 이후 함경도 웅기항에서 다시 체포되어 고문 끝에 사경에 이르러 석방, 결국 순국했다.

1922년 귀국한 이규갑은 미감리회에서 목사 안수를 받고 목회를 시작하여 이후 10여 년 간 블라디보스토크와 만주 그리고 국내를 오가면서 목회 및 교육과 독립운동에 헌신했다. 1924년에는 기독교 '시베리아' 선교처 목사로 선교와 육영사업에 헌신했다고 하며 1925년에는 김낙권(金洛權)의 장녀 김애일라와 재혼했다. 김애일라는 여학교에 다니던 당시 3·1운동 이후 고향인 충남 보령으로 귀향, 19세 소녀의 몸으로 서울에서 숨겨온 태극기와 독립선언문을 가지고 만세운동을 논의하다 고을 유지였던 아버지, 보통학교 훈도이던 윤창훈, 김갑제 등과 함께 투옥됐고 1921년 가출옥했다. 그리고 학교를 졸업하고 원산의 루씨고보에서 교편을 잡고 있던 24세 때, 이규갑을 만나 블라디보스토크에서 결혼했다.

이규갑은 1926년 국내로 돌아와 신간회(新幹會) 활동에 참여했다. 안재홍(安在鴻), 조병옥(趙炳玉), 홍명희(洪命熹), 허헌(許憲) 등이 조직한 신간회 경동지회(京東支會) 위원장에 취임하여 활약하던 중 여러 차례 일경에 체포돼 옥고를 겪었다. 1928년부터 1931년까지 돈암·월곡·우이동·창동교회 등에서 시무했고, 1933년에는 광희문교회, 1935년에는 동부연회에 소속되어 의정부교회 담임목사로 봉직했다. 일제 말인 1938년 기독교 탄압으로 검속당해 평양감옥에 수감되는 등 전후 30여 차례 검거되었다.

8·15해방 직후 그는 좌우합작으로 조직된 건국준비위원회 재무부장으로 취임하여 활동했으나, 내부의 좌우 갈등이 고조되면서 『아산인물록』은 그가 고향에 돌아와 머물렀다고 전한다. 그러나 이 기간에도 여러 사회활동이 눈에 띄는데, 1945년 12월 민족주의 정당의

일부가 합동한 신한민족당(新韓民族黨) 창당에 참가했다. 신한민족당은 1946년 4월 한국독립당(韓國獨立黨), 국민당(國民黨)과 3당 합당을 통해 한국독립당으로 통합됐다. 한편 교계 활동과 관련해서는 1946년 4월 5일 조선감리회유지위원회 위원장으로 선출되어 친일파 감리교회 지도자와 정면으로 대결, 변홍규(卞鴻圭) 등과 감리교회 재건운동에 앞장섰다.

1948년 대한민국 정부가 수립되고, 이승만 정부와 한국민주당(韓國民主黨)의 후신 민주국민당(民主國民黨) 간의 갈등은 고조되었고 특히 내각제 개헌 문제가 거론되면서 더욱 그러했다. 이에 이승만 정부를 지지하는 정당 결성 문제가 제기되었고 대한국민당(大韓國民黨)이 조직됐다. 이규갑은 윤치영(尹致暎) 등과 당 창건에 역할을 하고 당의 고문으로 참여했고, 이후 최고위원으로 선출됐다. 그는 1950년 5월 30일 제2대 국회의원 선거 아산 지역구에 출마 당선됐다. 그리고 국회 내에서 문교사회분과 위원장을 맡았다. 6·25전쟁이 터지자 대한결사단 단장을 맡는가 하면 1959년에는 대한기독교반공위원회 위원장 등을 역임한 뒤 1963년 5월 동지회 의장 및 민주공화당 고문으로 추대되었으며 국민외교협의회 이사장을 역임했다.

그의 활동 중에서 주목되는 것은 독립운동가들을 추존하기 위한 많은 사업에 이름을 올려놓고 있었던 점이다. 이규갑은 1949년 김구(金九)의 국민장(國民葬) 때 상무위원을 맡았고 경교장(京橋莊)에서 진행된 장의예배의 사회를 맡기도 했다. 또한 순국열사유가족 위원장, 충국열사기념사업회 회장, 광복선열추모회 회장, 민족정기수호회 회장 등을 맡았다. 또한 아산 영인면 월선리 응봉산(매봉) 줄기에 어머니와 형 등 집안의 독립운동과 관련해서 묘역을 정리하고 박정희(朴正熙)도 포함된 건비(建碑)위원회를 만들어 1964년에 충국순의비(忠國殉義碑) 건립을 주도하기도 했다.

이러한 일련의 활동들에 기초해 1962년 3월 1일 이규갑은 대한민국 정부로부터 건국공로훈장 국민장을 받았고 1969년 중앙여자중·고등학교가 주최한 '3·1운동 지도자 찬하회'에서 찬하 및 표창을 받았다. 그리고 이듬해인 1970년 3월 20일 사망했다. 그의 장례는 사회장(社會葬)으로 엄수되었고 아산군 영인면 월선리 선영에 안장되었다.

참고문헌

공훈전자사료관(http://e-gonghun.mpva.go.kr).

국가보훈처 독립유공자(공훈록)(www.mpva.go.kr/narasarang/gonghun_list.asp).

한국감리교인물사전(http://kmc.or.kr/head/head06_05.php).

한국역대인물종합정보시스템(http://people.aks.ac.kr/index.aks).

「金九옹 국민장 오는 5일에 집행 효창공원에 안장키로」, 『경향신문』 1949년 6월 29일.

「독립운동사에 잘못 있다-그날의 秘話를 말하는 이규갑옹」, 『경향신문』 1969년 3월 1일.

「독립정신에 一念 攢賀받는 志士들」, 『경향신문』 1969년 2월 26일.

「독립투사 이규갑옹 사회장 엄수」, 『동아일보』 1970년 3월 26일.

「인터뷰 3·1여성동지회 이사 金앨라 할머니」, 『동아일보』 1983년 3월 2일.

「정든 집 떠나기 전」, 『동아일보』 1949년 7월 6일.

정병준, 『우남 이승만 연구』, 역사비평사, 2005.

『아산인물록』, 온양문화원, 2009.

이애라

李愛羅, 1898~1922

　1894년 1월 7일, 서울에서 시종 이춘식의 셋째 딸로
태어났다. 이애일라(李愛日羅), 이심숙으로도 불렸다.
이화학당을 졸업하고 이화학당의 교사로 근무하던 중
독립운동가인 이규갑(李奎甲)을 만나 20세에 결혼을 했
다. 이후 공주 영명학교(永明學校)에서 근무했다.

이애라

　그 후 1917년 이규갑이 평양에서 활동하게 되면서
이애라도 정의여학교로 전근하게 되었다. 1919년 3·1운동이 일어나
자 그곳에서 만세시위에 가담해 평양경찰서에 구금되기도 했다. 이
미 이규갑은 직장을 그만두고 상경했고, 그도 남편을 따라 1남 2녀
중 젖먹이인 막내딸만 안고 서울로 올라와 운동을 뒷바라지 했다.
그는 비밀리에 임시정부를 수립하기 위한 국민대회(國民大會)를 소집
하는 데 참여해 활동했다. 그러던 어느 날, 이애라는 어린 딸아이를
업고 아현동 너머 친정 형님 집으로 가던 도중에 일본 헌병과 맞닥뜨
려 등에 업은 아기를 빼앗겼다. 그 아이는 길바닥에 내동댕이쳐 그
자리에서 죽었고, 이애라는 체포됐다. 아이는 아현성결교회 공동묘

지에 묻혔다고 한다.

남편이 상해로 간 4월 이후에 그는 임시정부를 뒷받침하기 위한 여성 조직인 애국부인회에 참가해 아산·공주·수원 등지의 교회를 다니면서 모금 활동을 벌였고 상해 임시정부와 연락을 맡는 등 중심적 역할을 감당했다. 1921년 천안 양대(良坮)여학교 교사로 재직 중 남편의 행방을 대라는 경찰의 압박이 심해지자 독립운동에 전념하기 위해 만주 망명을 결심한다.

이후 행적에 대해서는 몇 가지 진술이 엇갈린다. '독립유공자 공훈록', 『아산인물록』 등에서는 남편을 쫓아 만주 간도로 넘어갔다가 국내에 연락차 도문(圖們)을 거쳐 입국하다 함북 웅기(雄基)에서 체포되어 고문 끝에 순국했다고 하며, '네이버 캐스트', '한국감리교인물사전' 등에서는 망명 도중 같은 장소에서 피체된 것으로 설명하고 있다.

이애라가 세상을 떠난 것은 1922년 9월 4일, 23세 때였다. 정부에서는 그의 공훈을 기리기 위해 1962년 3월 1일에 건국훈장 독립장을 추서하였다. 영인면 월선리에 있는 충국순의비(忠國殉義碑)에 그의 행적이 기록되어 있다. 이애라는 독립운동이 남성만의 전유물이 아님을 보여주는 대표적인 인물이라 하겠다.

참고문헌

국가보훈처 독립유공자(공훈록)(www.mpva.go.kr/narasarang/gonghun_list.asp).
한국감리교인물사전(http://kmc.or.kr/head/head06_05.php).
「가족과 조국 위해 헌신, 20대 젊은 나이에 순국하다. 이애라」(인터넷 네이버 캐스트).
『아산인물록』, 온양문화원, 2009.

이민호

李敏浩, 1895~1944

1895년 4월 7일 태어났다. 본관은 덕수(德水), 본적은 탕정면 매곡리(梅谷里) 75이다. 이규풍(李奎豊)과 오(吳)세라의 장남이다. 일제 관헌이 기록한 '용의조선인명부'에 따르면 세주(世澍)라는 이명을 썼다.

3대에 이은 독립운동가 이규풍·이민호·이길영의 본적지(아산 탕정면 매곡리 75)

그는 경성의전(京城醫專)을 졸업하고 1919년 3·1운동 당시 황해도 일부 및 전라·충청도를 돌아다니며 청년들을 모아 독립만세운동의 계획을 추진·지휘하고 본부로 돌아오던 중, 일본 경찰에 체포되어 평양형무소에서 3년형의 옥고를 치르고 출옥하였다. 출옥 후 일제의 요시찰 인물로 지목되어 1922년 가족을 동반하고 연해주로 망명하여 구국운동을 전개하였으며, 다시 만주(滿洲)로 들어가 신민부(新民府) 부원으로 활동했다.

위 '용의조선인명부' 자료는 그가 1927년경부터 중동선(中東線) 아성현(阿城縣) 지방에서 병원을 경영했으나 불황에 빠졌고, 1930년에는 소련과 만주 국경지대인 흑룡강성(黑龍江城) 재재합이(齋齋哈爾, 치치하얼) 영안대가(永安大街)로 옮겨 병원을 개설하고 오직 의업에 전념하고 독립단체와의 연락을 끊고 있다고 전했다. 그러면서 겉으로는 전향을 가장하고 있으나 중국의 독립운동가들과 연락해 예상 밖의 일을 감행할 우려가 있어 주의중이라고 적고 있다. 이를 통해 볼 때 그가 만주에서 병원을 개업해 활동했고 이 시기 독립단체 활동을 표면적으로 드러내놓고 진행하지 않았음을 알 수 있다.

이민호는 아버지 이규풍이 1932년 사망하자 북경(北京)으로 가서 지하공작을 계속하였다. 이때 그가 거주했던 곳은 '소화사상통제사자료'에 따르면 선무문내외국회가(宣武門內外國會街) 20호로 그를 평가하길 '민족주의 소유자로서 소련 사정에 정통하며 재만(在滿) 당시에는 중국 공산당 혁명군에 참가하여 반만(反滿)항일운동을 감행'했다고 썼다.

정확히 어떤 시점, 어떤 사건인지 알 수 없지만 이민호는 장처명(張處明) 등과 함께 체포되었다. 일제의 악독한 고문으로 인해 사경에 이르게 되자 가석방되어 병원에 입원하였으나, 1944년 5월 29일 끝내 별세하고 말았다. 정부에서는 고인의 공훈을 기려 1968년 대통령 표창을, 1990년에 건국훈장 애족장을 추서하였다.

참고문헌

공훈전자사료관(http://e-gonghun.mpva.go.kr).
국가보훈처 독립유공자(공훈록)(www.mpva.go.kr/narasarang/gonghun_list.asp).
용의조선인명부, 소화사상통제사자료(인터넷 한국역사정보통합시스템).
『아산인물록』, 온양문화원, 2009.

박응구

朴應九, 1921~1989

1921년 4월 16일 태어났다. 본적은 선장면 신동리(新洞里) 145이다. 1939년 6월 일본 나가사키현(長崎縣) 이사하야시(諫早市)에 소재한 이사하야농학교(諫早農學校) 1학년에 재학하면서 선배인 이상만(李相晩)·박근철(朴根澈)·심재인(沈載仁) 등과 함께 민족정신을 고취하

박응구의 생가터(아산 선장면 신동리 145)

여 독립을 쟁취할 목적으로 '3인조 지하조직'을 결성했다. 독립운동 지침과 지하조직 강령을 작성하고 조직원을 33명으로 정하였다. 비밀결사 '재일학생단'의 조직 활동이었다.

그는 1940년 4월 신입생 입학 자축회가 개최되자 참석하여 신입생들을 대상으로 "우리 조선학생은 조선인의 문화향상과 동포를 위해 공부해야 한다. (중략) 또 일본인의 조선인에 대한 모멸은 그 원인이 조선문화가 열등한 데 있다. 그러나 만약 조선이 일본 식민지가 아니었다면 문화도 이와 같이 저열하지 않았을 것이고 오늘과 같은 차

별적 모욕도 받지 않았을 것이다. 따라서 무엇보다도 조선을 일본의 식민지에서 벗어나게 함이 가장 중요하다. 조선의 독립은 쉬운 일이 아니지만 조선인이 모름지기 조선인 정신을 견지하여 앙양함과 동시에 조선 독립을 목표로 서서히 시기가 도래하는 것을 기다려야 한다"고 말하고 신입생들의 찬동을 얻어 그 목적과 실행사항에 대해 협의를 하였다. 식민지정책과 한인에 대한 민족차별정책, 창씨개명을 통한 민족혼 말살정책 등 일제정책을 규탄하고 이에 대한 대책으로 일본인에 대한 적개심 함양과 유사시에 대비한 무술 연마와 지하운동 전개, 일본의 전쟁 수행에 불리한 유언비어를 유포하여 인심 교란과 전의를 상실시킬 것을 목적으로 활동했다.

이후 이상만은 귀국해 1941년 부산의 곡물검사소와 경북 예천출장소에 근무하면서 계속해서 동지들을 규합해 나갔다. 박근철도 1941년 미에(三重)고등농림학교에 진학해서 고향 후배에게 학병을 나가지 말라는 서신을 보내는 등 활동을 계속했다. 심재인은 1941년 이사하야농학교를 졸업하고 우츠노미야(宇都宮)고등농림학교에 진학한 이후에도 일본에서 동지를 규합하였으며 귀국한 동지들을 통해 국내에 조직 거점을 확보하는 등의 활동을 계속하였다. 이 시기 박응구도 우츠노미야고등농림학교에 진학해 학교를 다녔던 것으로 보인다.

사건은 이상만 등이 동지들과 모임을 하던 중 노출된 것이 발단이 되었다. 1942년 2월 예천경찰서에서 이들을 체포했고, 일본에 있던 그도 학업을 더 이상 진행하지 못하고 조선으로 송환되었고, 경북 예천·영주·안동경찰서와 대구형무소에서 2년여 동안 수감되어 모진 고문을 받았다. 1943년 5월 7일 대구지방법원에서 치안유지법 위반으로 징역 1년 6월을 선고받고 옥고를 치렀다. 이상만은 징역 3년 형을 언도받고 옥고를 치르던 중 1944년 옥중 순국했다. 박근철은 징역 3년형을 언도받고 1945년 3월 사면되어 가출옥했다. 심재인은 징역 4년형을 언도받고 8·15해방을 맞아 석방됐다.

　해방 이후 그는 전공 분야를 살렸다. 1955년에는 전남대학교, 광주농과대학 강사를 역임했다. 원예학(園藝學)에 조예가 깊었던 그는 기좌(技佐)로서 1956년 구(舊) 왕실재산사무총국 창경원장(昌慶苑長)으로 발령받았다. 1962년 한 신문기사에는 아산 국회의원 선거 출마 예상자로 거론되었으며 당시 직업을 원예가이자 숙명여대, 동덕여대 교수로 소개하고 있다. 이후 그는 국가재건최고회의 전문위원, 국회 농림위원회 전문위원 등을 역임했고 1980년에는 동천연구농원(東泉研究農園) 원장으로 소개돼 있다. 1981년에는 집권 여당인 민정당 중앙위원회 농수산분과위 위원으로 이름을 올렸다. 1989년 7월 22일 사망했다. 정부에서는 고인의 공훈을 기려 1995년에 건국포장을 추서하였다.

참고문헌

공훈전자사료관(http://e-gonghun.mpva.go.kr).
국가보훈처 독립유공자(공훈록)(www.mpva.go.kr/narasarang/gonghun_list.asp).
한국사데이터베이스(인터넷 한국역사정보통합시스템).
「민정, 중앙위 운영위원 확정」, 『매일경제』 1981년 2월 18일.
「백가쟁명 속 열기뿜는 개헌안 시비」, 『경향신문』 1980년 1월 19일.
「정치활동 허용 앞둔 지방표정(15) 忠南二部」, 『경향신문』 1962년 12월 24일.
『아산인물록』, 온양문화원, 2009.

남영희

南榮熙, 1905～1989

호는 간송. 1905년 12월 30일 음봉면 동천리 178에서 태어났다. 남영희는 중앙고등보통학교(현 서울 중앙고)에 입학했는데, 그가 고보 5학년이던 1926년 6·10만세운동이 대대적으로 전개되었다. 남영희는 이 대열에 참여했고, 그 스스로 이 운동이 가지는 민족사적 의미를 중요하게 생각했다. 때문에 후일 이 운동에 대한 국가적 사회적 관심이 커지길 바라며 기념일 제정을 주장하는 신문 기고를 하기도 했고 육십동지회(六十同志會) 회장을 맡기도 했다.

1927년 수원고등농림학교 농학과에 입학하였다. 그와 마찬가지로 6·10만세운동을 목격하며 민족의식을 고취한 수원고농 학생들은 이미 1926년부터 그 해 2학년이었던 김성원을 중심으로 뜻 맞는 이들끼리 단합하고 있었다. 그러다가 1927년 남영희 등이 입학하면서 외연을 확대했고 한국인 학생들끼리의 수양단을 조직해, 단장 김찬도(2학년), 지도위원 고재천(2학년), 남영희(1학년)의 진용으로 화랑도 수련운동을 전개했다. 이들은 한국인 학생들의 체위 향상과 정신 개조, 학력 증진 등을 목표로 했고 종래 타락한 생활을 청산하기 위해

남영희가 『동아일보』 1966년 6월 9일자에 쓴 6·10만세운동 회상기

술 담배 금지운동도 함께 했다.

한편 학생들은 민족운동의 중심은 농촌운동이 되어야 한다고 생각하고 재학 중에는 현실적으로 농촌계몽운동이 가능하리라 판단했다. 이 운동에는 김성원이 적극 참여했고, 농촌 야학 등을 시행했다.

이러한 활동을 병행하던 중 학생들은 제대로 된 결사체를 조직할 계획을 세웠다. 그것이 1927년 6월 만들어진 건아단(健兒團)이었다. 이들은 농민대중의 계발을 통한 새로운 조선 건설을 강령으로 삼고 단군 기원의 연호를 사용할 것을 주장했다. 건아단은 조기회(早起會)를 조직하여 모범적인 농업국이라고 할 수 있는 덴마크의 체조를 아침 일찍 일어나 함께 하는가 하면 틈날 때 마다 심신수련에 노력했다. 또한 조선농민사의 『조선농민』 잡지를 탐독하는가 하면 YMCA의 농촌문제 이론가 홍병선, 이대위 등을 초청해 강연을 듣기도 하였다. 이들은 야학운동에도 계속 매진했고, 당시 한국인 유학생들이 일본에서 조직한 조선농우연맹(朝鮮農友聯盟)의 수원지부로 활동했다.

1927년 7월, 수원고농 농과 2학년 김찬도 등은 강원도와 함경남도, 금강산 방면으로 수학여행을 떠나게 되었다. 이들은 이 여행에서 일본인 경영의 모범농장 등을 보고 많은 자극을 받았다. 자신들의 전문적 지식을 이용해 조선의 많은 미간지를 개간 이용하는 한편 다수의 대중을 모아 일대 결사를 일으켜야겠다는 의지를 다지게 된 것이다.

이들은 이러한 뜻을 모아 졸업 이후 농민운동에 몰두하겠다고 다짐하고 1928년 6월 하순 무렵 조선개척사라는 비밀조직을 결성했다. 남영희도 당시 이 모임에 참여하였다. 조선개척사는 일본이 외국과 전쟁을 벌이는 기회를 이용하여 중앙집권적 체제 아래 농민봉기를 전개, 조선의 독립을 달성할 계획을 세웠다. 그러나 이들은 일제의 감시를 피하기 위해 겉으로는 단체의 명칭을 흥농사(興農社. 또는 鷄林興農社)라고 내세웠으며, 수원고농 선배들과 전국 농학도들의 이상촌 건설 모임이라 가장했다.

조직이 발각된 것은 1928년 하반기였다. 가장 상급생이었던 김성원이 1928년 봄 졸업 이후 김해농업학교에 재직하고 있었는데, 학생들에게 독립사상을 고취했다는 이유로 체포되었고 경찰이 김성원의 주변을 조사하던 중에 흥농사 관계 서신이 발각된 것이다. 결국 9월 1일 수원경찰서에 모두 11명의 학생이 체포되었는데 남영희도 그 중 한 명이었다. 당시 그는 24세로, 농과 2학년에 재학 중이었다. 남영희는 결국 이 사건으로 수원고농을 퇴교 당하고, 예심 단계에서 18개월 동안이나 수감생활을 하다가 정식 기소되진 않고 1930년 2월 면소 판결을 받고 석방되었다.

남영희를 비롯한 수원고농의 건아단, 조선개척사 운동은 일제에 맞서 농민을 중심으로 독립투쟁을 전개하고자 했던 것으로, 이후 수원고농의 상록수 운동과 독서회 활동에도 많은 영향을 주었다. 넓게는 젊은 학생들의 민족독립에 대한 열망을 담은 것이자, 가깝게는 농민의 현실을 개선하기 위한 농촌계몽운동을 전개했다는 점에서 의의가 있다.

남영희는 사건 이후 해방 전에는 동양척식주식회사 평안남도 강서 농장 기수, 농업토목기술강습소 전임강사, 조선총독부 토지개량과 기수, 경기도 산업기사로 활동했고, 해방 이후에는 농무부 토지개량과 기술계장, 농지관리국 개량과장(技正) 등을 역임하고, 1953년 미국을 방문해 5개월간 수리사업을 시찰하고 돌아와 충청북도 농사원장(技監), 농림부 농정국 기감이 되었다. 이후 건국대 교수를 역임했다. 한편 1975~1976년에는 1957년 설립 이후부터 상임이사 등으로 줄곧 관계했던 한국농공학회(설립 당초 명칭은 대한농업토목기술협회)의 10대 회장을 역임했다.

그의 평생의 관심사는 농업 생산력 증대를 위한 관개배수, 수리시설의 확충, 토지개량, 간척을 위한 토목공사 등이었던 것으로 보인다. 남영희는 자신의 고향인 음봉면 학생들의 교육진흥을 위해 간송장학회를 설립, 장학금을 전달해왔고 1989년 세상을 뜬 이후에는 장남 남상만이 이사장을 맡아 선친의 뜻을 이어가고 있다. 음봉면사무소 앞마당에는 남영희의 뜻을 기리기 위해 1994년 공적비가 건립되었다.

간송 남영희에게는 1980년 대통령 표창이, 1990년 건국훈장 애족장이 추서되었다.

참고문헌

「간송 남영희 선생 장학사업 활발」, 『온양신문』 2006년 4월 10일.

공훈전사료관(http://e-gonghun.mpva.go.kr).

남영희, 「6·10만세 40주년 회상」, 『동아일보』1966년 6월 9일.

남영희, 「눈에 선한 6·10만세의 함성」, 『동아일보』1980년 6월 7일.

박환, 「1920년대 수원고등농림학교 학생비밀결사」, 『경기지역 3·1 독립운동사』, 선인, 2007.

『독립운동사 제9권 : 학생독립운동사』, 독립운동사편찬위원회, 1977.

성낙응

成樂膺, 1914~2001

1914년 5월 25일 태어났다. 본적은 도고면 시전리(柿田里) 481이다. 1932년 보성고보(普成高普)에 재학 중 조상환(趙相煥)·유동태(柳東泰)·서승석(徐升錫)·신대성(申大成) 등과 함께 비밀결사 반제국주의동맹반(反帝國主義同盟班)을 결성하였다. 반제국주의동맹반은 일

성낙응의 묘(국립 대전 현충원)

본제국주의를 타도하고 새로운 사회를 건설하기 위한 목적으로 결성된 독서회 형태의 학생비밀결사였다. 성낙응 등은 비밀리에 무산자정치 교육과정을 설립하여, 학생들은 물론 일반인까지 항일의식을 고취하다가 일경에 체포되어 1934년 10월 징역 1년 6월, 집행유예 4년을 받았다. 2001년 9월 7일 사망했다. 정부에서는 고인의 공훈을 기려 2005년에 대통령표창을 추서하였다.

참고문헌

공훈전자사료관(http://e-gonghun.mpva.go.kr).

국가보훈처 독립유공자(공훈록)(www.mpva.go.kr/narasarang/gonghun_list.asp).

『동아일보』 1934년 10월 7일.

임형선

林炯善, 1921~2005

1921년 5월 27일 태어났다. 본관은 평택(平澤). 본적은 도고면 화천리 379이고, 독립운동을 전개했던 1938년 당시 주소는 신창면 오목리 73이다. 그는 어린 시절을 고향에서 보내고 예산공립농업학교(禮山公立農業學校)에 입학해서 수학했다. 1938년 이 학교 재학시 한일 학생 차별 반대운동을 벌였고, 1940년 경기상업학교생 성백우(成百愚) 등과 만나 항일학생운동을 벌이기로 하였다. 그후 1940년 3월에

임형선

학교를 졸업하고 서울에 올라온 그는 성백우를 만나 민중계몽에 힘을 쏟기로 하였다. 애초 그는 목사가 되어 민중계몽에 앞장 설 생각이었으나 신학교 입학이 여의치 않자 1941년 4월에 일본 유학을 떠났고, 목적지는 일본 동양대학(東洋大學)이었다. 그러나 예과를 다니다 곧 자퇴했다.

독립을 위해 민중계몽운동을 벌이기로 결심한 그는 다시 귀향, 성백우 등과 핍박받는 농민을 구제하기 위한 농민운동을 벌였다. 그리

고 고향으로 돌아와 신창금융조합에 근무하던 중 체포되었다. 1941년 12월에 일본 경찰에 체포되었고 1943년 3월에 전주지방법원에서 소위 치안유지법 위반으로 징역 1년형을 언도받고 옥고를 치렀다.

1943년 말 석방돼 감옥을 나와 부모의 뜻에 따라 혼례를 마쳤다. 그런데 이 혼인을 일제 식민지배를 홍보하기 위한 수단으로 활용코자 했던 아산군 경찰서장이 도고신사(道高神社)에서 결혼식을 올리도록 강제했다. 이 역시 일제 식민지배의 한 단면이라고 할 수 있다. 그는 1944년 3월부터 12월 무렵까지 도고수리조합에서 근무했다. 이 때 소작료 책정은 논의 일부를 평을 떠서 그 부분의 수확량을 전체 면적에 따라 산출하는 것이었다(평뜨기, 平제法). 그런데 경작 상황이 좋은 부분을 뜰 것이냐, 그렇지 않느냐에 따라 소작료가 크게 좌우됐다. 임형선은 농민들과 협의해 농민들의 편에서 평뜨기를 했다고 술회한 바 있다. 그로 인해 지주에게 갈 몫 대략 1천 석 정도가 농민들에게 돌아갔다고 설명한다. 이 사건으로 그는 도고수리조합을 사직하고 서울로 옮겨 갔는데, 동대문경찰서에 체포돼 서대문형무소에서 해방을 맞이했다. 해방 직전 임형선이 기억하는 도고수리조합의 관할 면적은 2천 정보였고, 6개의 농구(農區)로 나뉘어져 있어 각 농구마다 농구장이 감독했다고 한다. 조합원 수는 1천 5~6백 명이었다. 이는 도고면과 선장면 전부에 해당했다.

1945년 해방 직후 아산의 건국준비위원장으로 이름을 올리나 실질적인 활동은 하지 않았다고 회고한 바 있다. 1946년부터는 감리교신학대학을 다녔다. 일제강점기부터 공주 영명학교(永明學校) 등과 인연을 맺으면서 감리교 선교사들과 친분이 쌓였고 감리교신학대학에도 입학할 수 있었다. 같은 시기 민주일보사(民主日報社)에 몸담으면서 중경 임시정부가 귀국한 이후 머무르고 있던 경교장(京橋莊)을 출입했다. 이때 장준하(張俊河) 등과 친교를 쌓았다.

3년간의 감리교신학대학 생활을 마치고 1949년 7월 29일 임관했다. 처음에는 군목(軍牧) 요원으로 입대했지만, 6·25전쟁이 터진 후 일선 전투에도 참여하고 육군본부 인사국에서 근무했다. 영어 능통자로 수송병과에서 근무하기도 했다. 8년이 지난 1958년 예편했고, 1962년 5·16군사쿠데타 발발 이후 군대 내 인연으로 천안군수(天安郡守)로 부임했다가 2년 반 만에 사직했다. 이후 목회를 시작해 12년간 계속했다. 1970년대 초 함석헌(咸錫憲) 장준하 등과 함께 덴마크 고등농업학교를 본떠 천안에 가내공업센터 등을 만들어 활동했다. 충청남도 광복회 회장을 역임하기도 했다. 정부는 1990년에 건국훈장 애국장을 수여했다. 그는 2005년 7월 30일 84세의 나이로 영면했다.

참고문헌

공훈전자사료관(http://e-gonghun.mpva.go.kr).
국가보훈처 독립유공자(공훈록)(www.mpva.go.kr/narasarang/gonghun_list.asp).
한국사데이터베이스(인터넷 한국역사정보통합시스템).
「〈부고〉애국지사 임형선 선생 별세」, 『경향신문』 2005년 8월 1일.
『독립운동사증언자료집』 1권, 국가보훈처, 2002.
『아산인물록』, 온양문화원, 2009.

한경석

韓慶錫, 1909~1951

한경석의 묘(국립 대전 현충원)

1909년 7월 2일 태어났다. 본적은 영인면 신화리(新化里) 373이다. 한경석은 1927년 10월 서울에서 고학당(苦學堂) 학생 정관진(丁寬鎭)의 권유로 조선학생혁명당(朝鮮學生革命黨)에 가입하고, 1929년 3월 조선학생전위동맹(朝鮮學生前衛同盟)으로 개칭된 이 조직의 중앙집행위원으로서 조직부장에 선임되었다. 1929년 5월 관훈동 29번지 자신의 집에서 중앙부원회를 개최해 각자 재학하는 학교에 독서회를 조직할 것을 결의했고, 6월 같은 장소에서 제3회 중앙부원회를 개최해 표어를 결정하였다. 9월에도 자신의 집에서 제4회 중앙부원회를 개최해 각자 규합한 동지들을 소개하였다. 11월에 봉익동(鳳翼洞) 112번지 김순희(金淳熙) 집에서 제5회 중앙부원회를 개최해 전라남도 광주에서 발발한 광주학생운동과 관련해 경성부 내의 조선인 중등학교 이상의 학생을 선동하기 위하여 정종근(鄭鍾根)에게 격문을 인쇄 살포할 것과 김태래(金泰來)에게 격문의 원고를 작성케 할 것을 결의하였다. 한경석은 1929년 12월 광주학생운동 동조시위에 참여하였다가 체포되어 1931년 5월 11일 경성복심법원에서 소위 치안유지법 위반으로 징역 5년(미결구류 200일 통산)을 받고 서대문형무소에서 옥고를 치르다, 대전형무소로 이감 중 조선민족독립만세 등을 고창하여 1933년 1월 25일 경성복심법원에서 보안법 위반으로 징역 6월이 추가되어 1935년 5월 1일 출옥하였다. 1951년 3월 7일 사망했다. 그의 활동은 아산 출신 고학당 설립자 이준열(李俊烈)과 궤를 같이 했던 것으로, 정부는 고인의 공훈을 기려 2008년에 건국훈장 애국장을 추서하였다.

참고문헌

공훈전자사료관(http://e-gonghun.mpva.go.kr).

국가보훈처 독립유공자(공훈록)(www.mpva.go.kr/narasarang/gonghun_list.asp).

남신동, 「최초의 사회주의학교, 경성고학당」, 『노동자, 자기 역사를 말하다』, 서해문집, 2005.

이준열

李俊烈, 1896~1982

이준열의 회고록인 『선각사
송강 이준열의 삶』 표지

이준열은 1896년 8월 12일 아산군 탕정면 갈산리에서 태어났다. 호는 송강(松崗), 본관은 고성(固城)이다. 그가 태어난 마을에는 10여 호 중 고성 이씨가 다섯 집 살고 있었고, 생활 수준은 현재 선문대학교와 삼성전자 사이에 있는 종산과 종답을 약 10만 평 가량 소유한 중농이었다 한다. 아버지 이종풍(李鍾豊)은 1862년 생으로 고성 이씨 갈산문중의 2대 독자였다. 큰 종가와 3종간인데 큰 종가에 오래 자손이 없어, 대를 잇기 위해 큰 종가로 출가했다. 당시 큰 종가는 전처는 사망하고 후처가 있었다. 큰집에서 후취 몸에서 아들을 낳게 되어도 양자를 되돌리지는 않겠다는 약속을 하며 입양을 요구하여 들어갔던 것이다. 큰집은 천 석 정도 추수를 하고 동리 동북리 산판에 아름드리나무가 가득할 정도로 막대한 재산을 소유하고 있었다. 그러나 그 후처가 아들을 낳고 이어 2남까지 생산하였고 남자가 별세하고 과부가 된 후 양자를 되돌리겠다고 제의하자, 부친은 이를 용납하지 못하고 끝내 서로 소송을 제기하게 되었다. 3~4년 간 분쟁을 이어가다 온양군수가 중재에 나서서 큰집에서 얼마쯤의 전답과 산판을 주기로 하여 화해하고, 안지무래(내금리)를 떠나 여술(여사리)로 이주했다. 송강이 네 살 때의 일이다.

이종풍은 슬하에 2남 2녀를 두었다. 큰 누님은 이준열보다 열다섯 살 연상으로 윤태선과 결혼하였다. 윤태선은 한학에 조예가 깊었다. 형 상열은 1886년 생이며, 바로 위 누님은 아산시 도고면 화천리에 사는 임달선에게 시집을 갔다. 임달선은 한시와 학문에 조예가 깊었다. 부친은 결심한 바 있어 사랑채를 신축하고 글방을 세워 본인은 물론 자제들에게 문장 공부에 힘쓰게 하였다. 어머니는 창원 황씨로 증조인 황기천(黃基天)은 규장각 대제학을 지냈다. 조부는 정언을 역임하였고, 아버지는 빈한한 선비로 지냈다. 모친의 할아버지 문하에는 많은 사람들이 모여들어 학문을 닦았고 매형 윤태선도 이분 밑에서 학문을 배웠다. 열 살 연상인 형 이상열(李常烈)은 서울에서 관립 공업전습소(官立工業傳習所)를 마치고 집으로 돌아와 한동안 사업에 진력했다. 그는 고향집 마당에 도곡기를 제작하는 철공서를 설치했고, 물품은 장날마다 근방 시장에 내다 팔았다. 어느 날 아산군수 원은상(元殷常)이 도곡기를 주문하자 다시 사업을 확장할 목적으로 갈산리로 가는 길의 둑 아래 5두락을 팔았고, 여러 사람을 고용해 도곡기를 제작했는데 원 군수가 직장을 옮기고 또 정식 계약을 맺지 않아 판매를 하지 못하는 바람에 큰 손실을 입었다. 그럼에도 불구하고 온양시장 부근 좌랑리에 비교적 큰 규모의 공장을 신설, 이전하고 백미는 집에서 공급해 공인 4~5인에게 식사를 제공하면서 도곡기 생산을 계속했다. 그러나 천안읍 윤광주의 아들 윤병익의 보증 하에 중국인 고리채를 얻어 작업을 계속하다 차압까지 당했고, 고향 앞 곡교천변 황무지 수만 평과 전답 수십 마지기를 주고 빚을 청산했다. 한편 이상열은 1920년대에 고향 아산에 소학교가 없음을 안타깝게 생각해 안교일 내외를 통해 학교 설립에 나섰다. 그가 직접 소학교 교장으로 재직하면서 전심전력을 다 했다 한다.

이준열은 7세 무렵부터 큰 매형 윤태선에게 천자문을 배우기 시작했고, 이후 『동몽선습』과 『통감』 15권을 통독했다. 그의 재능을 알아본 부친과 형은 그에게 신학문을 가르치기로 하고 윤치오의 내종인 학무국장 이주상의 집에 학교를 부설하자, 11세 되던 해 가을에 온양보통학교에 입학했다. 다음 해인 1908년 3월까지 공부하고 온양보통학교 보습과 졸업생 20여명과 함께 상급학교로 진학하고자 집단 상경했다. 그리고 그는 입학시험을 통해 관립 한성고등학교(이후 경성고등보통학교로 개명)에 진학하게 되었다. 집안 살림이 넉넉지 못해 철도국의 전신교환생 모집에 응시·합격해 학자금을 보충하려 했지만, 부모의 반대로 학업에만 매진해 1914년 경성고보 제10회 졸업생이 되었다.

이준열은 경성고보 재학 중 대한제국 관리를 역임한 이용태(李容泰, 1854~1922)의 집에 머문 적이 있다. 이용태는 국망의 때에 고향 안성으로 낙향하면서 송강에게 자신과 함께 내려가 한학을 공부하자고 제의했다. 이준열은 형 상열과 함께 아산 출신 원응상(元應常)을 찾아가 상의를 했는데, 그는 개화한 신학문을 계속할 것을 권했다 한다. 결국 이준열은 1916년 경성공업전문학교(이후 경성공업고등학교) 응용화학과에 응시해 합격했다.

1919년 3·1운동이 발발하고, 이준열은 경성공업전문학교의 동맹 휴학 위원장으로 피선되었다. 이미 한국인 학생들의 모임인 공우회 (工友會) 회장을 역임한 그였다. 그는 서울에서 각 학교 학생들을 연결하는 역할을 맡는가 하면, 충남 각지로 돌아다니며 3·1운동을 확산시키려 노력했다. 3·1운동의 열기는 점차 사그라졌고, 그는 독립운동을 위해 중국으로 갈 뜻을 굳혔다. 그러나 직접 중국으로 넘어가지 못한 채, 상해임시정부의 군자금 조달을 목적으로 한 '삼남지방 재정 연락관'이라는 사령장을 받았다. 이러한 활동과 함께 그는 신의주의 왕자제지회사(王字製紙會社) 기술자로 와달라는 연락을 받고 그곳에 부임했다. 그런데 신의주 정차장 지하도에 어느날 밤 폭탄이 투하되는 사건이 일어났다. 이와 관련해 일제 경찰은 이준열과 동료 직원들이 폭탄 제조와 연관이 있을 것이라고 추정, 무작정 그들을 구금·고문했다. 십여 일 후 석방돼 그는 서울에서 우편으로 회사에 사임서를 제출했고, 이후 독립운동을 모색하기 위해 중국, 일본에서의 활동을 모색했다. 그러나 이 역시 실패로 돌아가고 일본 경찰들에게 오히려 요시찰 인물로 주목을 받게 되었다.

이준열은 1923년 고학당(苦學堂) 설립을 추진했다. 고학당은 식민지 교육 현실에서 상대적 박탈감과 소외감을 겪었던 무산청년들에게 극적인 탈출구가 되었다. 그러나 역시 가장 큰 문제는 재정이었다. 이후 '금광왕'이 되는 이종만(李鍾萬)이 참여하고, 야시장을 열어 수익사업을 하는 등 여러 가지 노력을 했다. 그러나 재정난은 더욱 극심해갔고 일제의 탄압으로 인해 결국 고학당은 1931년 문을 닫게 되었다.

이 시기 이준열은 사회주의 사상에 가까워지고 정치운동에 있어서도 적극성을 드러냈다. 그는 1926년 9월 서울파 공산주의 세력의 조직인 '고려공산동맹'에 가입했다. 1927년 2월에는 자신의 집에서 고학당 학우회를 이끌고 있던 정관진, 김태래, 이학종 등과 함께 비밀회동을 열어 항일학생운동을 주도하기 위해 조선학생혁명당을 조직했다. 이는 1929년 3월 조선학생전위동맹으로 명칭을 변경했다. 1928년 5월에는 조선공산당(춘경원당) 중앙위원으로 보선되었다. 또한 1929년 1월 조공 중앙위원회를 재결성하고 책임비서가 되었다. 3월 서울에서 이민용, 정헌태, 방한민과 함께 조공을 해체하고 조공재조직준비위원회를 결성하여 책임비서가 되었다.

한편 이준열은 민족협동전선운동에도 열의를 보이며 1927년 신간회 경성지회에 소속돼 활동했고, 1929년 5월 서울 동대문 중심의 신간회 경동지회 발기인이 되었다. 그러나 그는 6월경 일본경찰에 체포되고 말았다. 그리고 1931년 6월 경성지법에서 징역 7년을 선고받았다.

이준열은 서대문과 대전형무소에서 약 7년 동안의 수감생활을 마치고 1936년 12월 출옥했다. 이 시절에 대해 그의 아들인 이기준(李基俊)은 다음과 같이 회고한 바 있다. "아버지가 서대문과 대전감옥에서 8년이 넘도록 옥고를 치르는 동안 우리 집안은 말로 표현할 수 없는 고통에 시달렸다. 식구들은 뿔뿔이 헤어졌고 어머니는 공장에서 밤늦도록 일했다. 그러나 정작 아버지는 '당연히 할 일을 했다'며

국가 포상도 거부했다. 우리 집안에는 '감옥 이전' 세대와 '감옥 이후' 세대가 있다. 일본 식민지 시절, 아버지께서 8년간 옥고를 치르기 이전에 태어난 형님과 두 누님, 그리고 그 후에 태어난 나를 구분하는 말이다."

이준열은 평생의 동지 이종만과 손을 잡고 대동사업체의 설립에 참여했다. 대동사업체는 대동광업㈜, 대동광산조합, 대동농촌사, 대동출판사 등으로 구성되었고, 총독부에 의해 폐교된 숭실전문학교를 잇는 대동공업전문학교를 설립했다. 이준열은 대동광업㈜의 전무, 대동출판사의 대표를 역임했다. 대동사업체는 일제 말기 민족경제자립운동의 구심점 역할을 한 사회사업 기관이었다.

1945년 해방이 되고 이준열은 조선공업기술연맹 초대 이사장, 조선전재기술자협회 고문, 조선광업회 위원장을 역임하고 1946년에는 건국공업박람회 회장, 1947년에는 조선문화협회 위원장, 1948년에는 남조선전력대책위원회 대표위원, 1949년에는 조선발명장려회 위원장을 맡았다. 그의 활동은 공업입국(工業立國)의 뜻을 실현하는 데 맞춰졌다.

6·25전쟁 이후, 그의 활동 기반은 거의 사라졌다. 공업입국을 꿈꾸며 함께 하고자 했던 단체와 사람들도 모두 흩어졌다. 게다가 사회는 혼란을 거듭했고 이준열이 설 자리는 없었다. 그는 1982년 2월 27일, 87세를 일기로 영면했고 그의 묘는 고향인 아산시 탕정면 갈산리 선영에 자리 잡고 있다.

참고문헌

강만길·성대경 엮음, 『한국사회주의운동인명사전』, 창작과비평사, 1996.

남신동, 「최초의 사회주의학교, 경성고학당」, 『노동자, 자기 역사를 말하다』, 서해 문집, 2005.

이기준, 「[나의 삶, 나의 아버지]아버지의 독립운동과 나의 두꺼비 축구단」, 『신동 아』 통권532호, 2004년 1월호.

이준열 글, 이달호 편저, 『선각자 송강 이준열의 삶』, 혜안, 2012.

이종희

李鍾嬉, 1912~?

1912년 인주면 문방리에서 태어났다. 함께 사회주의운동을 전개한 이종국(李鍾國)의 누나다. 부잣집 출신으로 동덕여자고등보통학교로 진학해 재학 중 교사 이관술(李觀述)의 지도 아래 사회주의 독서회 활동에 참가했다. 이관술은 경성콤그룹 활동과 해방 직후 남로당의 제2인자로 불렸던 대표적인 사회주의자이다. 동덕여고보 3학년 때 박진홍(朴鎭洪), 이순금(李順今), 이효정(李孝貞) 등과 함께 광주학생운동에 동조해 시험을 거부하는 백지동맹을 주도하기도 했다. 이종희는 1931년 '경성학생알에스(RS)협의회 사건'으로 검거되어 1932년 2월 송국되었다. RS는 Red Society의 약어로 학생협회를 가리킨다.

이후 그는 중앙고무 동수제사공장 노동자가 되어 활동했다. 1933년 8월 이후에는, 1920년대 후반 해체된 조선공산당(朝鮮共産黨)을 재

이종희·이종국 남매의 검거
소식을 다룬 『동아일보』
(1937년 6월 22일) 기사

건하고자 혁명적 노동운동·농민운동을 지도했던 이재유(李載裕) 그룹의 용산지역 하부 조직에서 활동했다. 이 무렵 별표고무공장 파업 때 파업투쟁위원회를 만들어 파업을 주도했다. 섬유·화학 부문을 중심으로 활동하며 9월 서울고무, 종연방직의 노동자 파업에도 관여했다.

1936년 6월 이후 만주 신경(新京)에서 이평산(李平山), 동생 이종국 등과 함께 사회주의운동을 모색했다. 기사에 따르면 이평산을 그의 애인이라고 적고 있다. 무슨 연유로 만주로 나가 활동했는지 알 수 없지만, 이들은 1937년 3월 내몽고(內蒙古) 지방에서 검거되어 서울로 압송되었다. 그리고 1938년 8월 징역 10월 집행유예 4년을 언도받았다.

해방 이후 행적은 잘 알려져 있지 않다. 월북을 후회해 다시 돌아오려는 의사를 전달했지만 결국 월남에 실패했다는 증언이 남아 있다 한다.

참고문헌

「이재유 지도의 방계 = 적색노조사건 탄로」, 『동아일보』 1937년 6월 22일.
「李平山 등 재건운동 최고 1년 반 언도」, 『동아일보』 1938년 8월 3일.
강만길·성대경 엮음, 『한국사회주의운동인명사전』, 창작과비평사, 1996.
김경일, 『이재유 연구』, 창작과비평사, 1993.
안재성, 「경성트로이카의 마지막 생존자들」(인터넷 리얼리스트 100).

이종국

李鍾國, 1914~?

1914년 인주면 문방리 부유한 집안에서 태어났다. 이종희(李鍾嬉)의 두 살 터울 동생이다. 이민화(李敏化), 박동보(朴東補), 김경복(金慶復) 등의 이명을 썼다. 사회주의운동에 참가한 것은 이종희의 영향 때문이었던 것으로 추측된다. 경신고등보통학교에 다니던 중 이관술(李觀述)의 지도 아래 활동을 시작했다. 이종국은 당시 이 학교 운동선수였다. 이재유는 이후 체포돼 심문조서에서 '부잣집 아들로서 사상 방면의 교양이 없다'고 판단했다 한다. 그리하여 이재유는 그의 역할을 누나 이종희 등과의 연락선으로 한정했다. 그러나 이재유 그룹에서 중요한 역할을 수행한 변우식(邊雨植), 서구원(徐球源) 등을 끌어들이는 데 주된 역할을 했다. 1936년 미도파백화점, 화신백화점 내에 조직된 경성재건그룹 산하 야체이까(소조직)에 배속되었다. 6월 무렵부터 만주 신경(新京)에서 이평산(李平山), 이종희 등과 함께 사회주의운동을 모색했다. 1937년 3월 내몽고지방에서 일본경찰에 검거되어 1938년 8월 경성지법에서 징역 1년, 집행유예 4년을 선고받았다.

참고문헌 ───────

「이재유 지도의 방계=적색노조사건 탄로」, 『동아일보』 1937년 6월 22일.

「李平山 등 재건운동 최고 1년 반 언도」, 『동아일보』 1938년 8월 3일.

강만길·성대경 엮음, 『한국사회주의운동인명사전』, 창작과비평사, 1996.

김경일, 『이재유 연구』, 창작과비평사, 1993.

이주상

李胄相, 1915~?

1915년 충남 아산에서 태어나 어려서 한
문을 배웠다. 1935년 이후 서울, 함흥에서
노동을 하면서 생활했다. 1939년 7월 청
량리소학교 신축공사장 인부로 일하던 중
김삼룡(金三龍)을 만나 경성콤그룹에 참가
했다. 김삼룡의 아내가 충남 아산 출신(이
승렬)이고 이주상이 김삼룡의 처숙부라는
기록이 있어, 두 사람의 관계는 주의 깊게

1947년 8월 15일 남로당의 정책에 따라
평택지역위원장인 이주상이 폭동을 일으킨
것에 대해 기소 결정이 났다는
『동아일보』(1948년 2월 18일) 보도

살펴볼 대목이다. 경성콤그룹은 1939년 조직된 사회주의 단체로, 조
선공산당 재건운동을 전개한 비밀조직이었다. 중심인물은 박헌영(朴
憲永), 이현상(李鉉相), 이관술(李觀述), 정태식(鄭泰植), 김삼룡 등이었
다. 이후 이주상은 부천 일흥사(日興社), 조선계기회사에서 경성콤그
룹 기관지『코뮤니스트』를 배포하며 적색노동조합을 조직하기 위해
노력했다. 10월 경성좌익노동조합준비위원회 결성에 참여하여 금속
부를 담당했다. 1941년 5월「우리는 왜 가난한가」라는 글을 작성해

노동자들에게 배부했다. 9월경 일본경찰에 검거되어 1943년 10월 경성지법에서 치안유지법 위반으로 공판에 부쳐졌다.

1945년 8월 조선공산당재건준비위원회 결성에 참여하였으며 9월 건국준비위원회를 모태로 결성된 조선인민공화국의 노동부장으로 선정되었다. 1946년 11월 남조선노동당 중앙위원으로 선출되어 조직부에 소속되었다. 1947년 9월 평택에서 남로당원과 경찰이 폭동을 모의했다는 사건이 발생해 당시 남로당 평택위원장을 맡고 있던 그는 서울지방검찰청에서 심문을 받았고, 1948년 2월 기소됐다가 같은 해 12월 면소됐다.

1950년 6월 조선노동당 충남도당 위원장으로 선정되어 서해안을 통해 남하했다. 6·25전쟁이 일어나자 위원장직을 인계하고 의용군 충남 대전 여단장이 되었다. 1951년 중앙당 간부부 부부장(副部長)이 되었다.

참고문헌

「8·15사건, 사면법 제1조 적용으로 免訴처분」, 『서울신문』 1948년 12월 30일.
「평택폭동사건 이주상 등 기소」, 『동아일보』 1948년 2월 18일.
강만길·성대경 엮음, 『한국사회주의운동인명사전』, 창작과비평사, 1996.
안재성, 「전설적인 조직의 귀재' 김상룡」, 『월간좌파』 제5호, 2013년 9월호.
이정박헌영전집편집위원회, 『이정박헌영전집』 제2권, 역사비평사, 2004.

제5장

지역 내 유지, 아산 출신 유력자

이종옥, 유기영, 남봉희, 이성우,

권인채, 윤치소, 윤명선, 허균

이종옥

李種玉, 1887~1941

본관은 덕수(德水). 충무공 이순
신의 13대 종손이다. 자는 성진(聲
振), 호는 백암(白巖). '묘비문'에 따
르면 24세 때 조국이 강점되자 몇
해 후인 1914년 중국으로 건너가
신흥무관학교(新興武官學校)에 입학
했다. 그러나 부득이 신의주(新義
州)에서 일본 관헌에게 체포되어

이종옥이 포함된 독립군 결사대의 항일투쟁과 옥고를
겪은 사실을 다룬 『신한민보』(1919년 6월 21일) 기사

서울로 압송되었고 약 1년의 옥고를 치른 후에 석방되었다. 그 후
육영사업에 뜻을 두고 1923년 백암교회(白岩教會) 예배당을 빌려 백암
강습소를 열고 스스로 후원회장이 되어 홍일선(洪一善) 등을 교사로
하여 약 70명을 모집하여 초등교육을 시켰으나 4년 후에 운영난으로
폐지되었다. 백암은 막대한 사재(私財)와 종중(宗中) 재산을 독립군 양
성자금으로 희사하였고 자신도 독립운동에 헌신했다고 한다.

이종옥의 독립운동에 대한 기록은 몇몇 다른 자료에도 전한다. 『백암교회 100년사』는 이종옥이 만주 군관학교를 졸업했고 백암교회 초창기에 큰 역할을 했던 김상철 장로와 함께 독립군 자금을 제공했다고 적고 있다. 한 신문기사는 "조선(祖先)의 봉사와 집안 일체를 가족에 맡기고 표연히 만주로 떠나 사관학교를 마치고 기미년(1919년) 이후 고국에 돌아오자 철창생활을 여러 차례를 겪었다. 그는 남다른 천품과 자비심을 가지고 일찍이 학창시대로부터 이역에서 고학하는 동무의 학자 보조와 살 수 없는 수많은 친족들을 위하야 힘 미치는 데까지 구조하여 오기를 계속 하였으며 그에 따라서 어려운 살림에 고리부채는 나날이 번식하여 그 이자에 이자는 태산같이 늘어가고 있을 뿐이었다"고 썼다.

그러나 세상인심은 또 각박하기도 해 그를 아편중독자라 몰아붙이는 목소리도 있었다. 이에 대해 한 논자는 "일찍이 박람회(博覽會)인지 공진회(共進會)인지 공의 유물을 출품하라 또 모 박물관에 갖다 두라는 등 ×력(완력－인용자)으로 혹은 금력(金力)으로 유혹한 바 있으되 씨는 '불요다언(不要多言)'이라는 선조(先祖) 유지(遺志)의 주의(主義) 일관(一貫)"으로 이를 거절했건만 "누가 씨를 '모히'(아편－인용자) 중독자라 고집하는 자 잇스랴!"고 탄식했다.

뜻있는 지출이었지만 가세가 점차 기울어 간 건 분명했다. 1930년 이종옥은 한 신문과의 인터뷰에서 "예전에는 산지기도 있어 연 3회의 벌초도 하고 때로는 이 영웅의 분묘 앞에서 조선 국기(國技)인 씨름회도 열어 그 근처 인민을 위안하기도 하고 봉사(奉祀)에 넉넉하였으나 지금에 와서는 사우(祠宇)부터 쇠락해 처참할 뿐이며 묘소에는 위토(位土) 한 마지기가 없으며 산지기도 없어 돌아간 조상의 영혼을 대할 낯이 없다"고 말했다.

결국 1931년, 이충무공 위토의 경매 위기가 현실화 됐다. 이는 곧 민족적 자긍심을 잃을 수 없다는 전국적인 모금운동으로 이어졌다. 조선인 언론 기관을 중심으로 이충무공유적보존회(李忠武公遺蹟保存會)가 결성되고 현충사(顯忠祠)의 재정비가 이루어졌다. 이는 일제 강점 상황에서 전개된 대표적인 민족문화 수호운동이었다.

'묘비문'은 이종옥이 충무공의 후예답게 일생을 조국에 바치고 1941년 음력 1월 12일 향년 55세로 별세해 백암리에 장사지냈다가 22년 후인 계묘년(1963년) 2월에 충무공 묘역 동쪽 계좌(癸坐)로 이장했다고 적고 있다.

〈부기〉 2014년 8월 15일 민족문제연구소는 이종옥과 그의 아들 이응렬의 항일투쟁 기록을 발굴·조사한 결과를 발표했다. 민족문제연구소는 이종옥이 1914년 신흥무관학교를 졸업하고 1919년 독립군 결사대의 일원으로서 활약했으며, 1920년 체포 후 고향 아산으로 돌아와 자택에 덕의학교를 세워 민족교육을 실시했음을 밝혔다. 또한 이응렬 역시 일제말기에 '내선일체는 절대 불가능하다'는 반일언동을 한 혐의로 고초를 겪었음을 확인하고 있다. 이와 관련한 자세한 사항은 민족문제연구소 회보 『민족사랑』 2014년 9월호(통권 216호)에 상세히 소개돼 있다. 책의 편집·교열 과정에서 내용을 확인하게 되어 본문에 반영하지 못하고 이상과 같이 부기하는 바이다.

참고문헌

白巖 德水李公種玉之墓 비문.

「퇴락한 충무공 분묘, 嗣孫 이종옥씨 한숨겨운 말」, 『조선일보』 1930년 9월 8일.

김도형, 「1930년대 '이충무공 유적 보존운동'의 전개와 그 성격」, 『이순신연구논총』 15, 2011.

박윤석, 「李忠武公墓 參拜記」, 『삼천리』 제16호, 1931. 6, 73~74쪽.

於 백암리 고택 朴尹錫 記, 「이충무공 故土 參拜記(2)」, 『동아일보』 1931년 5월 21일.

『백암교회 100년사』, 백암교회, 2001.

유기영

柳冀暎, 1874~1938

1874년에 태어났다. 아산군 영인면 아산리에 주
된 활동기반을 두고 있었다. 일찍이 개화한 인물로
추정되며 1906년 일신학교(日新學校)를 설치했다.
1908년 1월 22일에는 일신학교 학비(學費)가 모자라
서 특별히 허가를 받아 아산군 소재 역둔토(驛屯土)
마름을 일신학교에 속하게 하여 교비를 보조케 했
는데, 근래 탁지부(度支部) 관할 이후로 허사가 되어
학교 운영을 멈추게 된 바, 탁지부에 알려 전례대로

유기영

속하게 하여 폐교가 되지 않게 해 주시기 바란다는 내용의 편지를
보낸 바 있다.

일제 강점 이후에도 대외 활동을 활발히 전개했다. 1919~1920년
에 아산군 참사(參事)로 활동했고, 1920년 실시된 지방자치제에 의해
아산에 할당된 민선 충남도평의원으로 임명됐다. 1930년에는 관선
도평의원에 임명되었고 1933년 민선 도회의원에, 1937년 민선 도회
의원이 되었다. 살아있는 동안 충남도평의원·도회의원을 한 차례도

빠지지 않고 맡았다.

이와 함께 군 내 주요 직책에도 이름을 올려놓고 있다. 1927~1929 년에는 아산금융조합의 조합장을 맡았다. 아산금융조합은 1909년 설립돼 온양면 온천리에 사무소를 두고 있었다. 1930년 12월 11일에 는 영인금융조합이 영인면·둔포면·음봉면·염치면 등을 대상지역 으로 해서 창립되자 초대 조합장에 당선됐다. 경제활동에 있어서는 1927년 예산에 설립된 충남제사(忠南製絲)의 이사였으며 1934년 온양 온천 자동차부를 소유하고 있었다.

이러한 바탕에서 군 내 다양한 활동에도 활발히 참여했는데, 1923 년에는 민립대학 아산지방부를 조직해 지방부장을 역임했다. 1928 년『동아일보』아산지국이 설치되고 아산지국의 고문(顧問)으로 취 임했다. 지국장은 임경재(任暻宰), 고문은 강두영(姜斗永), 이규식(李奎 軾), 권인채(權仁采) 등이었다. 1932년 5월 1일에는 아산공립보통학교 (牙山公立普通學校)의 아산보교후원회 총회를 개최했는데 이 자리에서 회장으로 당선됐다. 이러한 권한에 바탕을 두고 1934년 1월에는 인 주면 연해선(沿海線) 일대가 제방(堤防)의 불충분으로 매년 조수(潮水) 의 침해를 당하여, 수차례 진정했으나 들어주지 않아 그가 면민대표 로 선정돼 도 당국에 진정하는 역할을 맡았다.

이렇듯 지역에서 무시 못 할 여러 가지 활동을 전개했던 유기영은 1938년 사망했다. 당대 신문에 그의 죽음으로 인해 공석이 된 충남 도회의원 보궐선거를 개최한다는 기사가 실린 바 있다. 보궐선거에 는 9인이 출마의사를 밝히고 선거전에 뛰어들었다 한다. 온양수리조 합장 이성우(李聖雨), 아산금융조합 평의원 이정국(李鼎國), 온양주조

주식회사 사장 유석주(柳錫冑), 영인금융조합장 이상훈(李相薰), 운송업 남봉희(南鳳熙), 온양온천번영회장 요시다(吉田治平), 농업 이장한(李章漢)·이필의(李弼儀)·이범수(李範秀) 등이 그들이었다.

참고문헌

서울대학교 규장각한국학연구원(http://e-kyujanggak.snu.ac.kr).

「농부빈사」, 『동아일보』 1927년 4월 28일.

「둔포에 新線路」, 『동아일보』 1934년 5월 24일.

「민대 지방부 아산에도 조직」, 『동아일보』 1923년 4월 28일.

「민대기성실행」, 『동아일보』 1923년 4월 29일.

「아산군지방부 민립대학기성회」, 『조선일보』 1923년 4월 28일.

「아산보교 보호자회총회」, 『동아일보』 1932년 5월 6일.

「아산지국 설치」, 『동아일보』 1928년 6월 13일.

「제방수축을 道 당국에 진정」, 『동아일보』 1934년 1월 24일.

「조선은행회사조합요록」(인터넷 한국역사정보통합시스템).

「지방제도 개정 후에 최초의 민선 도의원」, 『동아일보』 1933년 5월 12일.

「충남도의보결선거 아산군서 9인 출마」, 『동아일보』 1938년 8월 10일.

동선희, 『일제하 조선인 도평의회·도회의원 연구』, 한국학중앙연구원 박사학위논문, 2006.

남봉희

南鳳熙, ?~?

생몰년은 확인하지 못했다. 일제하 아산군 음봉면을 거점으로 활동했다. 일제하 아산의 지주이자 주요 인사였던 윤치호(尹致昊)로부터 지역의 유력가라는 평가를 받은 바 있다. 남봉희는 1919년부터 1923년까지, 1928년부터 1932년까지 두 차례 음봉면장을 역임했다. 1923년부터 1927년 사이 면장직을 수행하지 못한 데에는 이유가 있었다. 1923년의 한 신문기사를 보면 면민 2백여 명이 면민대회를 열고 "면장 남봉희는 재직 여러 해에 인민의 피를 빨아 자기 배를 채울 뿐 아니라 일반 인민의 발전 기관이요 생명인 교육기관을 방해하여 1920년에는 군청의 지도와 면민 일동의 협력으로 학교를 세우려고 많은 금액을 모았으나 나중에는 자기가 기부한 7백 원을 내기가 싫어 여러 가지로 반대운동을 한 결과 세우려던 학교는 다른 면으로 가게 되었으며 그 다음에는 그곳 삼거리에 강습소를 설립하게 되어 그도 150원의 금액을 기부하기로 하였으나 역시 돈을 내지 아니하고 그 금액을 모두 일반 인민에게 증수하였다"면서 도청·군청·경찰서 등에 다음과 같이 잘못을 정리해 진정서를 제출한 바 있다. "1. 면의 소유답으로 있는 1천7백18평에 대하여 소작료 5원을 매년 징수하여 가지고, 2원50전만 면지에 편입한 일 1. 면 식산계금 40원을 사기한 일 1. 면 유종무우(有種牡牛)에 대하여 1921~22년도 치를 시장에 팔지 아니하고 자기가 한 필에 50원에 사서 150원에 팔아먹은 일 1. 그곳에 동천리 삼거리 산정리 길가에 있는 나무를 자기 마음대로 베어 자기 전답을, 동둑을 막은 일." 기사에 따르면 남봉희의 권세가 워낙 높고, 그가 독선적으로 행정 운영을 했다는 평가가 가능하다. 그렇지만 같은 신문에 약 2주 간격을 두고 남봉희가 직접 해당 기사는 사실이 아니라는 일종의 반론을 게재하고 있다. 구체적인 사료가 이것밖에 없는 상황에서 결론을 내리긴 어렵지만, 이 사건 이후 새로운 면장이 취임했다는 것을 통해 보면 음봉면을 뒤흔든 제법 시끄러운 문제였던 것 같다.

남봉희는 1927년 음봉공립보통학교 설립운동에 주력한 후, 1928년 면장으로 다시 복귀했다. 면민들은 김정식(金正植) 면장에 대해 호감을 가지고 있었고 그의 유임을 원하는 운동까지 벌이며 충남도와 아산군 당국에 진정서까지 제출했는데, 군 당국에서는 남봉희를 재차 임명했다. 음봉면 내에서 남봉희의 지명도를 보여주는 사례가 아닌가 싶다.

음봉면장 재직 시절의 활동과 관련해서는, 1932년에 "부인의 근로정신을 함양하기 위하여 수년 전부터 각 리에 면작계를 조직하고 2정보 이상 공동작포를 설치하여 직접 리에 있는 부녀자로 작업노동을 실시하여오던 바 …… 성적이 퍽 우량하다 하며 벌써 생산물품 매각대금으로 저축이 적지 않은 동리가 있다 하며 그리고 간간이 산업강화회를 개최하여 산업에 대한 지식을 보급시키고 면작품평회를 개최하여 사업을 적극적으로 장려하여 모범이 될 만하다"고 총독부 기관지『매일신보』가 전하고 있다. 이 기사에는 면작을 적극적으로 선전하기 위한 일종의 모범사례로 이용하고자 한 의도가 반영되었다. 그러나 통치자의 궁극적인 목적은 농민생활의 안정이 아니라 안정적인 원료 공급을 통한 제사업자(製絲業者)의 축적에 있다고 할 것이다. 이렇듯 당국의 행정업무에 호응하는 것 외에도 면장 재직 당시인 1929년 음봉면 내 빈민과 궁민층의 호세(戶稅)를 대납해주는 등 지역 유력자로서의 역할에 충실하기도 했다.

면장직을 수행한 이후인 1938년에는 아산군 음봉면의 면협의원으로 선출되기도 했다. 당시 면협의원은 홍재한(洪在漢), 남봉희, 이은영(李殷永), 김현승(金顯昇), 이규형(李奎烱), 김승배(金承培), 정남수(鄭南秀), 이대영(李大永), 박승헌(朴勝憲), 심용진(沈龍鎭) 등이었다. 나아가 그는 같은 해 충남도의회 보결선거에 참여했고, 1939년 음봉면에서 아산군 학교평의원으로 당선되었다.

그는 일본인이 주축이 돼 1929년에 설립한 농업 관계 회사 성환권농(成歡勸農)에 감사로 참가하는가 하면, 아산 인사들이 중심이 되어 인주면 공세리에 세운 충남권업주식회사(忠南勸業株式會社) 설립과 운영에도 깊이 관여했다. 보결선거 입후보 당시 소개된 그의 직업은 운송업이었다. 이러한 경제활동에 기초해 남봉희는 1940년 온양온천 상공회 정기총회에서 부회장으로 선출되기도 했다. 한편 그는 1923년 민립대학지방부 감사위원으로, 음봉면 실행위원으로 이름을 올려놓은 바 있었다. 이 역시 지방 유력자로서 활동의 일환이었다고 할 수 있겠다.

참고문헌

「당선된 면협의원」, 『동아일보』 1935년 5월 29일.

「민대 지방부 아산에도 조직」, 『동아일보』 1923년 4월 28일.

「민대기성실행」, 『동아일보』 1923년 4월 29일.

「부정면장 탄핵 아산 음봉면 면민대회의 진정」, 『동아일보』 1923년 4월 3일.

「牙山郡 陰峯面 婦人棉作楔 狀況 南面長 指導로 成績 佳良」, 『매일신보』 1932년
　9월 14일.

「아산군지방부 민립대학기성회」, 『조선일보』 1923년 4월 28일.

「온양상공회 定總會」, 『동아일보』 1940년 4월 21일.

「음봉면장 미거」, 『조선일보』 1928년 4월 6일.

「음봉면장 유임운동 진정서 제출」, 『중외일보』 1928년 2월 18일.

「충남권업주식회사 발기」, 『동아일보』 1930년 1월 15일.

「충남도의보결선거 아산군서 9인 출마」, 『동아일보』 1938년 8월 10일.

「취소신청」, 『동아일보』 1923년 4월 15일.

「특지와 동정-아산 남씨」, 『동아일보』 1929년 6월 1일.

『동아일보』 1938년 8월 25일.

『매일신보』 1939년 7월 21일.

『윤치호일기』(인터넷 한국역사정보통합시스템).

이성우

李聖雨, ?~?

생몰년은 확인하지 못했다. 1935년 현재 주소는 선장면 궁평리 10번지로 되어 있다. 직업은 곡물상(穀物商)이다. 그는 온양수리조합(溫陽水利組合)의 제2·3·4대 조합장을 역임했다. 재임기간은 1930~1941년이었다. 수리조합은 1906년 제정된 수리조합 조례에 따라 관개(灌漑)시설의 개선을 목적으로 설치된 조합이나, 조합비의 농민 전가 등으로 많은 문제를 야기하기도 했다. 온양수리조합은 1926년 설립돼 온양, 신창, 선장 등을 포괄하는 지역을 담당하였다. 초대 조합장은 이기준(李起駿)이었다.

이와 같은 온양수리조합 활동 외에도 그는 선장면을 중심으로 활발한 활동을 전개했다. 우선 1923년 민립대학기성회 아산지방부 집행위원이자 선장면 실행위원으로 선출됐다. 1928년 4월 29일 개최된 선장청년회(仙掌靑年會) 창립총회에서 고문으로 선출됐다. 기타 임원은 회장 이태우(李泰雨), 부회장 유수영(劉壽永), 체육부장 한갑수(韓甲洙), 간사 김경희(金庚熙) 외 14인, 고문 서정완(徐廷完), 서기 김동석(金東錫), 회계 최상현(崔象鉉), 재무부장 박정규, 경제부장 황명현(黃明

顯), 지방부장 황인섭(黃仁燮) 등이었다. 또한 1929년에는 경남철도주식회사에서 도고면 신언리에 선장역을 설치한 후 선장시장이 쇠퇴하자 주동이 되어 선장번영회(仙掌繁榮會)를 창립했다. 선출된 임원은 회장 이태우, 부회장 황인섭, 이사 김태성(金邰成), 회계 조용환(曹龍煥), 서기 최창만(崔昌萬) 등이었다. 1932년에는 온양수리조합장의 자격으로 인근 여섯 면 면장을 대표해 이성우가 곡교천 범람을 막기 위한 하천 정리를 시행해달라는 진정서를 도청·총독부에 제출했고 총독의 이곳 순시 때 재차 진정했다고 한다.

1935년에는 아산군 내 선장면 면협의회원으로 선출됐다. 당시 함께 선출된 이들은 일본인 도가시 슈타로(富樫周太郞), 유치소(俞致昭), 이일래(李馹來), 서정태(徐廷泰), 심혁무(沈爀舞), 박병철(朴炳喆), 한징석(韓徵錫), 김재교(金在敎), 김덕인(金德仁) 등이다. 한편 이 해 이성우는 좋지 않은 사건에도 연루되었다. 1935년 아산곡물검사소의 기수(技手)에게 가마니 검사의 편의를 봐달라고 요청하고 뇌물을 줬다는 이유로 공주지방법원(公州地方法院)에서 재판을 받았고 이 사건 연루자에게 최고 징역 8개월과 대다수에게는 벌금형이 내려지자 검사가 불복, 경성복심법원(京城覆審法院)에 공소했던 것이다. 또한 1938년에는 유기영(柳冀暎)이 별세해 공석이 된 충남도회의원 보궐선거에 출마, 지역 주요 유력자로서 면모를 과시했다.

해방 이후 행적은 잘 알려져 있지 않으나 그의 아들 이상익이 해방 직후 지주-소작관계에 대해 남긴 증언이 있다. "1945년에는 지주들이 소작료를 제대로 거두지 못했다. 서울 사는 지주들이 소작료를 받으러 왔는데 농민들이 몽둥이로 쫓아버렸으며 그 기세에 눌려 한

지역에 사는 지주들도 소작료를 제대로 받지 못했다. 우리 집 경우에는 일제 때 30만평의 땅이 있어 추수를 1,500석까지 했는데 해방 직후 1945년에는 주는 대로 받을 수밖에 없어서 100석밖에 못 받았다. 친한 사람이나 돼야 소작료를 주었는데 그것도 수확량 10섬에 겨우 두 섬 이내였다. 1946년 이후에도 제대로 못 받아서 겨우 4, 5백석 가량을 거두었을 정도였다. 3·1제도 안된 상태였을 것이다. 건국준비위원회의 좌익들이 우리 부친(李聖雨)을 숙청대상이라고 규정하는 말을 듣고서는 소작료 징수를 강력하게 독려할 수 없었으며, 소작지도 미리 판 것이 별로 없었다." 이상익은 1952년 선장면의회 부의장을 역임했다.

참고문헌

「당선된 면협의원」, 『동아일보』 1935년 5월 29일.

「민대기성실행」, 『동아일보』 1923년 4월 29일.

「아산곡물검사소의 수뢰피고 복심에」, 『조선중앙일보』 1935년 8월 14일.

「아산군지방부 민립대학기성회」, 『조선일보』 1923년 4월 28일.

「충남도의보결선거 아산군서 9인 출마」, 『동아일보』 1938년 8월 10일.

온양시지편찬위원회, 『온양시지』, 1989.

장상환, 「농지개혁과정에 관한 실증적 연구」, 『해방전후사의 인식』 2, 한길사, 1985.

『동아일보』 1929년 5월 29일.

『동아일보』 1932년 2월 28일.

『조선일보』 1928년 5월 5일.

권인채

權仁采, ?~?

생몰년은 확인하지 못했다. 아산군 도고면과 선장면을 중심으로 지역적 기반을 두텁게 형성했다. 제일 먼저 확인할 수 있는 공식활동 기록은 1912년 신창공립보통학교 학무위원이다. 이 학교는 1915년 차지권 양도 허가가 나 사립 신민학교(新民學校)를 인수했다. 권인채와 함께 학무위원이었던 이들은 오영선(吳英善), 이동배(李東培), 성낙윤(成樂允), 오인영(吳鱗泳) 등이다.

선장면장·도고면장으로 오랜 시간 재직했다. 1919년 처음으로 선장면장에 임명되어 1922년까지 재직했고 연이어 1923년부터 1928년까지 도고면장을 역임했다. 이후 1931년 다시 선장면장으로 복귀했고 1937년까지 직을 수행했다. 1920~1930년대 아산군 면 행정의 중심에 서 있었음을 알 수 있다. 1924년에는 도고면장 재직 중에 민선 충남도평의원 명단에 이름을 올렸다.

1927년에는 선장금융조합 조합장이 되었다. 선장금융조합은 1919년 9월 13일 면사무소 소재지인 군덕리에 위치했다. 금융조합은 금융업무 외에도 산업조합 간의 연합 회합 및 지방 산업 방침에 순응하는 조합 업무의 효과를 높이는 것을 목적으로 삼았고 농사의 개량 및 부업 장려 등에 관한 협의까지 하였다. '조선은행회사조합요록'에 따르면 1933년까지 대표의 지위에 있었다.

1928년부터 도고수리조합 조합장을 역임했다. 1939년 조사에서도 그 자리를 계속 유지하고 있는 것으로 파악됐다. 도고수리조합은 권인채가 창립준비위원회를 준비하면서까지 의욕적으로 추진했던 것이고 준비위원 대표 서정완(徐廷完)과 일본인 마쓰나가(松永平一郎)가 1926년도 당국에 진정을 넣는 등 노력해 1928년 7월 22일 선장역에서 충청남도 농무과장, 아산군 과장, 지주 대표, 조합 평의원, 기타 관계인들이 참석한 가운데 기공식을 거행했다. 그러나 도고수리조합은 이후 일본인 이사의 전횡과 수세(水稅)·조합비 징수 등으로 갈등을 일으키기도 했다.

한편 1923년에는 민립대학기성회 아산지방부 감사위원 명단에 이름을 올렸다. 또한 1928년『동아일보』아산지국 고문으로 임명되었고, 1930년에 설립된 도고공립보통학교의 인가와 설치에도 영향력을 행사했다. 공보기성회(公普期成會) 회장을 맡아 활동했다.

이렇듯 권인채는 면 행정, 금융조합·수리조합 등 일제하 농업행정의 영역에서까지 주된 역할을 하였다. 아산군 도고저수지 제방에는 권인채의 '송덕비'가 세워졌다. 비문 내용을 원문 그대로 옮기면 다음과 같다. "晦齋權公仁采頌德碑 鑿地灌水名曰道高憂國誠深爲民嘉惠不勞春早終見秋登蒙利萬人頌聲如雷 檀紀 四二八六年 三月 三十日 道高水利組合員 一同."

참고문헌

「아산군지방부 민립대학기성회」, 『조선일보』 1923년 4월 28일.

「아산지국 설치」, 『동아일보』 1928년 6월 13일.

「조선은행회사조합요록」(인터넷 한국역사정보통합시스템).

「조선총독부 및 소속관서 직원록」(인터넷 한국역사정보통합시스템).

동선희, 『일제하 조선인 도평의회·도회의원 연구』, 한국학중앙연구원 박사학위논
　　문, 2006.

아산군지 편찬위원회, 『아산군지』, 1983.

『동아일보』 1926년 10월 6일.

『동아일보』 1927년 10월 1일.

『동아일보』 1928년 7월 26일.

『조선일보』 1927년 6월 29일.

『조선일보』 1929년 12월 21일.

『조선일보』 1929년 2월 4일.

『조선일보』 1931년 2월 13일.

『조선총독부관보』 제450호, 明治45년 2월 29일(인터넷 한국역사정보통합시스템).

윤치소

尹致昭, 1871~1944

윤치소 내외

1871년 8월 25일 충남 아산에서 태어났다. 본적은 둔포면 신항리 142번지로 되어 있다. 자는 자경(子敬), 아호는 동야(東野)다. 윤영렬(尹英烈)의 8남 4녀 중 둘째로, 윤치오(尹致旿)가 형이고 윤치영(尹致暎)이 동생이다. 윤보선(尹潽善)이 그의 장남이다.

1894년 11월 동학농민군을 진압하기 위해 조직된 순무영 본진 별군관을, 1896년 6월 휘릉(徽陵) 참봉을 지냈다. 1898년 3월 사촌형 윤치호(尹致昊)와 함께 『경성신문』을 창간했다. 1901년 10월 중추원 의관에 올랐다. 1905년 7월 광장주식회사 감사역을 맡았다. 1907년 6월 태극학회 찬성금 모집 발기인으로, 1909년 대한협회 회원으로 활동했다.

윤치소는 형제들 중에서 "재산을 늘리는 데 소질이 있었다"는 평을 들을 정도로 활발한 경제활동을 했다. 1908년 이후 경성에 거주하면서도 계속 향리의 답을 매득했다. 또한 대부업에도 활발했다. 1909년 대한천일은행의 감사역을 지냈고, 이 무렵 평북 영변에서 자본금 20만원으로 일본인과 공동농업경영을 한다는 기사가 『황성신문』에 실린 바 있다. 1910년 3월 국민경제회 이사로, 1911년 3월 농담회(農談會) 찬성원으로 활동했다. 1911년 5월 조선상업은행 감사, 6월 분원자기주식회사 감사, 11월 경성직뉴(京城織紐)주식회사 사장, 1912년 12월 광업(廣業)주식회사 전무취체역을 지냈다. 1912년 12월 출판사 겸 서점인 동양서원을, 1913년 2월 양화점 혁신점(革新店)을 경영했다. 1915년 8월 조선총독부 시정5년기념 조선물산공진회의 경성협찬회 정회원을 지냈다. 1915년 12월 8일에는 충남 공주군 외주면 43만 3천여 평에 대해 금광권(金鑛權)을 허가받았다. 1917년 11월 18일에는 경성의 안동교회 장로 직분에 임명받았다. 1919년 3월을 전후해 경성직뉴주식회사 감사역을 지냈다.

이처럼 1910년대까지는 직접 회사를 설립한다든지 경영에 참여하는 형태로 경제활동을 전개했다. 그러나 1920년대에 들어서는 오로지 농업 경영과 토지 매입에만 주력했다. 토지 소유지는 고향인 아산에만 그치지 않고 인근 지역인 천안·예산·당진과 경기도 진위·양주 등으로도 확대됐다. 윤치소의 농업 경영은 농장 형태의 방식이었는데 농감을 두고 관리하는 게 일반적이었다. 따라서 해마다 2월이면 소작인을 관리하고 실제적으로 소작지 경영을 주도하는 농감들을 소집해 당년 농사개량과 농업 지도에 관한 회의를 개최하기도 했다. 인원이 많을 때는 농감의 수가 50명에 달했다. 윤치소는 현지 지주를 농감에 임명하기도 했는데 아산에 거주하는 이재룡(李載龍)을 마름의 총감독으로 임명하고 농장 관리를 위탁한 게 그러한 경우였다.

한편 이러한 경제활동과 함께 정치적 행보도 이어갔다. 1920년 2월 경성고아구제회 이사로, 6월 조선교육회 이사로 활동했다. 같은 해 12월 경성부 학교평의원에 선출되었다. 1924년 4월 조선총독의 자문기구인 중추원의 주임관 대우 참의에 임명되어 1927년 4월 정7위에 서위되었다. 1937년 8월 경성 종로경찰서에 국방헌금으로 2000원을, 9월에는 애국기 경기호(京畿號) 건조비용으로 1000원을 헌납했다. 1938년 4월 조선예수교 장로교도 애국기 헌납기성회 부회장을, 5월 '황국신민의 십자군'을 기치로 내건 조선기독교연합회 평의원을 지냈다. 같은 해 8월 경성부 정회(町會)역원회 준비위원을 지냈다. 1938년 흥업구락부 사건에 연루되었지만 기소유예로 석방되었다. 1940년 4월 해평윤씨종친회 문장(門長)에 선출되었다. 1941년 9월 흥아보국단과 임전대책협력회를 통합해 전쟁협력을 위한 전시 민간단체로 주선임전보국단이 조직될 때 경성지역에서 발기인으로 참여했다. 같은 해 11월 조선예수교 장로교도 애국기 헌납기성회 서기를 지냈다. 1944년 2월 20일 사망했다.

참고문헌

오미일, 「근대 한국인 대지주층의 자본축적 경로와 그 양상-윤치소 일가의 기업투자와 농업 경영」, 『한국사학보』제47호, 2012.
친일반민족행위진상규명위원회, 『친일반민족행위진상규명 보고서IV-11』, 2009.
친일인명사전 편찬위원회, 『친일인명사전』, 민족문제연구소, 2009.

윤명선

尹明善, 1900~1946

    1900년 9월 1일 충남 아산에서 태어났다. 본적은 둔포면 신항리 142번지로 되어 있다. 중추원 찬의를 지낸 윤치오(尹致旿)의 차남이며, 중추원 참의를 지낸 충남의 대부호 김갑순(金甲淳)의 큰사위다. 1929년 3월 도쿄제국대학 법학부 정치과를 졸업한 뒤 귀국하여 1930년부터 1932년까지 조선총독부 토지개량부 수리과 속으로 근무했다. 이후 만주로 이주해 1934년 3월 국무원 총무청 주계처(主計處) 속관에 임명되었다. 1934년 3월 만주국 정부에서 건국공로장과 건국대전기념장(建國大典記念章)을 받았다. 1935년 무렵 만주국 국무원 주계처 사무관 겸 대륙과학원 총무과장을 지냈다. 대륙과학원은 1935년 만주국의 과학기술 개발을 위해 설립된 국무원 산하의 종합연구기구이다. 농산 축산 임산 화학 전기 등 17개 분야를 연구했으며 일본인 원장 아래 400여 명의 직원이 근무했다. 이 무렵 만주국 럭비축구협회 이사, 신경조선인민회(新京朝鮮人民會) 평의원을 맡고 있었다. 1935년 9월 황제방일기념장을, 1937년 5월 훈7위 주국장(柱國章)을 받았다.

1938년 총무처 통계처 이사관(천임관 2등)으로 승진하여 통계처 통제과장을 맡았다. 1940년 직제개편으로 총무처 통계처 통계과장이 되었다. 1940년 5월 총무청고등문관 고시위원회 임시위원, 임시국세조사사무국 서무국장을 겸직했다. 1940년 1월 협화회 신경(新京) 거주 조선인 분회인 수도계림분회(首都鷄林分會)에서 참여(參與)로 활동했다. 수도계림분회는 이범익·최남선·박석윤 등을 고문으로 두고 신경 국무원에서 재직하고 있는 중견 관료와 조선인 유지들로 구성되었으며 국방헌금 및 위문대(慰問袋) 헌납, 직업보도(職業輔導), 이민안내 등의 사업을 벌였다.

1940년 8월에는 조선에서 추진되고 있는 8년제 의무교육제와 징병제 실시에 호응하여 만주국 협화회 수도계림분회가 재만 조선인 교육사업을 위해 설치한 조선인교육후원회에서 신경지역 위원으로 활동했다. 10월 6일에 계림분회 임원전체회의가 개최되어 계림분회의 진용을 전면적으로 강화할 때 참여에 유임되었다. 또한 10월 30일 수노계림분회 주도로 동만주 일대에서 항전히고 있던 항일유격대들을 후원하기 위해 동남지구특별공작후원회를 결성하자 간사로 뽑혔다. 고문에는 이범석·최남선·유홍순이 선임되었고 윤상필, 박석윤, 김흥두가 총무를 맡았다. 이날 결성식에서 만주 전지역에 50개소의 지부를 건설하고 올 11월까지 후원금 10만원을 모금하기로 결정했다. 이날에 통과된 동남지구특별공작후원회 규칙에서 동 회의 목적을 "동남지구특별공작에 대해 물심양면으로 협력하여 명령한 도의국가(道義國家) 완성에 공헌하는 것"이라 규정하고 '공작요령'으로서 "1. 귀순권고(전단, 방송) 2. 일만군경에 대한 위문 3. 위문자에 대한 보도(輔導) 4. 주민에 대한 안정(安靖)"을 내걸었다.

1941년 7월 국세조사기념장을 받았다. 1942년 전매총국 이사관으로 전근하여 주정과장(酒精科長)을 지냈고 같은해 9월에는 천임관 1등으로 승서(陞敍)했다. 1944년 12월 간도성(間島省) 민생청장(간임관 2등)에 부임했다. 1942년 8월 18일자『만선일보』에 기고한「국가 목표섰으니 거리낌 없이 나갈 뿐」이라는 글에서 "우리에게는 오랜 역사가 있는 것이고 또 나라를 위하여 싸운다는 신성한 기백이 선조로부터 우리들의 피 속에 흐르고 있는 것이다. 전장에 나가서 나라를 위하여 싸운다는 정신이 우리들의 머릿속에도 있다. 단지 과거의 그릇된 사상에 지배되어 병사가 되어 전장에 나가는 것을 좋지 못하게 여긴 시대도 있었지만 우리들의 본성은 절대로 그렇지 않다고 나는 생각한다. 더구나 금일같이 국가의 목적이 확립되어 우리들의 나갈 목표가 확실히 정해진 이때 아무 거리낌도 없이 전장에 나아가 나라를 위하여 싸우는 마음은 자연 우리들의 피를 끓게 하는 것이다"라며 일제침략전쟁에 적극 동참할 것을 역설했다. 1946년 2월 20일 서울에서 사망했다.

참고문헌

친일인명사전 편찬위원회, 『친일인명사전』, 민족문제연구소, 2009.
친일반민족행위진상규명위원회, 『친일반민족행위진상규명 보고서Ⅳ-11』, 2009.

허균

許均, 1891~?

1891년에 태어났다. 충남 아산 출신이다. 본적은 강원도 인제다. 1912년 4월 조선총독부 농림학교를 졸업했다. 1913년 3월 충청북도 영동공립보통학교 부훈도에 임명되어 근무하다가 같은 해 10월 교유로 승진해 청주공립농업학교 교유에 임명되어 1919년 2월까지 재직했다. 퇴직 후 아산으로 귀향하여 육영사업에 종사했다. 1924년 무렵 김연국(金演局)이 이끄는 재동(齋洞) 시천교(侍天敎)의 주요 간부로 활동했다. 1934년 가을 동학을 종지로 하는 시천교·제우교(濟愚敎)·청림교(靑林敎)가 시천교로 통합되면서 그해 10월 삼파 통합의 진의를 지방 교인에게 알리고 새로운 발전을 도모하기 위해 각 도에 순회위원을 파견했을 때 전라도 순회위원을 맡았다. 1935년 9월 시천교 임원 개선 시 감찰과장에 임명되었다. 이외 아산금융조합 감사, 아산군농회 의원, 아산군 배방면 면협의회원, 충청남도 농사위원 등을 지냈다. 1938년 11월 일진회 회장이었던 이용구(李容九)의 아들 이석규(李碩奎)가 일본 우익단체인 흑룡회의 후원을 받아 '내선일체와 충량한 황국신민화'를 기치로 내걸고 결성한 대동일진회의 감사장(監事長)에 선출되었다. 같은 달 대동일진회 산하기관인 동학원(東學院)의 임원선거 전형위원을 맡았다.

참고문헌

친일인명사전 편찬위원회, 『친일인명사전』, 민족문제연구소, 2009.

제3부

현대의 정치인과 경제인

현대사는 이번 작업을 하면서 새삼스럽게 앞으로 연구가 많이 필요하겠다는 생각을 했습니다. 구체적인 사건과 주제를 선정하기 쉽지 않았습니다. 뿐만 아니라 앞서 일제강점기에 다루었던 인물들이 대부분 이 시기까지도 활동이 연결되는 바람에 현대사 파트가 빈약해진 게 아닌가 약간 염려되기도 합니다. 어쨌든 중요한 게 지역 내 정치인이고 또한 정치·경제 계통의 출향인물이라는 생각에 첫째, 아산의 역대 국회의원의 일대기를 정리해봤습니다. 둘째, 아산 출신 주요 정치인과 행정관료, 경제인의 활동상도 포함시켜 봤습니다.

1948년 제헌국회의원 선거 당시부터 파란이 일어났습니다. 30대의 서용길이 명문가 출신이자 대표적 보수야당인 한민당의 윤보선을 이겼던 것이지요. 그것은 당시 아산 지역민의 심성을 읽는 데 중요한 사건일 겁니다. 아산은 『아산군지』(1983), 『온양시지』(1989) 등에 묘사되어 있듯이 해방 직후 좌우익의 격돌이 빠른 시간부터 일어났습니다. 그리고 그것은 6·25전쟁 때까지 계속해서 전개됐습니다. 그 한 가운데 놓인 선거에서 민족자주를 강조하며 한민당을 탈당한 기독교인 무소속 서용길이 당선됐다는 것은 여러모로 생각해볼 점이 많은 사건입니다. 정확한 답을 구할 수 없기에 가능한 서용길의 일대기를 자세히 추출해보았습니다. 2대 홍순철에 대한 항목도 처음 시도된 것 같습니다. 3대 이규갑은 이미 일제강점기 파트에서 현대사까지 비교적 상세히 다루었습니다. 그 외 아산 지역구 단독으로 후보를 선출한 경우, 그리고 당선자가 세상을 뜬 경우로 한정해 이민우, 성기선, 이영진 등에 대해 서술했습니다.

다음 아산 출신 정치인·행정관료로 윤보선을 필두로 최재유, 강필선, 윤영선, 김홍식, 맹은재, 문희석, 김용래, 이한창 등을 다뤘습니다. 이 중 최재유에 대해서는 덧붙일 말이 있습니다. 그가 백암교회를 세운 최봉현 전도사의 아들이라는 점입니다. 근대 이후 아산지역에 기독교 감리교의 영향이 짙다는 점을 여러 대목에서 확인하게 됩니다.

여러 경제인이 있겠지만 이명래, 이선규, 양준호 등 세 사람을 골랐습니다. 의도하지 않았던 바인데 세 사람 모두 제약업에 종사했다는 공통점이 있습니다. 기실 이명래는 근대적 제약회사를 경영했다기보다는 한의사로서의 풍모가 더 강했지만 이 항목에 넣게 되었습니다. 아마도 대자본이 아닌 경우 기술집약적으로 경영할 수 있었기 때문이 아닐까 생각해 봅니다. 이명래는 아산 출신 공예가 이순석의 형입니다. 이순석 항목과 함께 읽어보시면 그의 집안 내력을 좀 더 자세히 알 수 있습니다. 이선규는 해방 전후로 온양인쇄소를 운영했던 이성규의 사촌동생입니다. 자서전이 남아 있어 많은 참고가 됐습니다. 아산 내 지역 상황이 그나마 많이 소개돼 있어 일독을 권합니다.

제1장

아산의 역대 국회의원

서용길, 홍순철, 이민우,

성기선, 이영진

서용길

徐容吉, 1912~1992

1912년 8월 6일 충남 아산에서 태어났다. 호
는 일창(一滄). 온양공립보통학교를 졸업하고
서울의 배재고등보통학교로 진학했다. 그는 일
찍이 기독교 신앙을 갖게 되었다. 13세 때 탕정
면에서 백암교회(白岩敎會)까지 나와 설교를 들
었으며 이사야 41장 10절의 "두려워 말라 내가
너희와 함께 있으리라"는 말씀에 감동과 희망

서용길

을 받았다 한다. 감리교 선교사가 세운 배재고보로의 진학도 이와
연관된 선택이었을 것으로 생각된다. 배재고보에 진학중인 1932년
여름에는 동아일보사가 주최하는 제2회 학생계몽운동 대원으로 참
가했고, 제3회 발대식 때 전체 대원 앞에서 답사를 했다.

1936년 연희전문학교(延喜專門學校) 문과에 진학했다. 입학 직전으로
예상되는 2월에는 서울 천연동(天然洞)에 있는 석교교회(石橋敎會) 유년
부 주일학교 부장을 맡으며 비행사 김동업(金東業)을 후원하는 성금을
모아 신문사에 전달하기도 했다. 이후 교토제국대학(京都帝國大學)에서

경제학을 전공했다. 학업을 끝까지 마치지 못한 것으로 보이며 귀국 후 조선화약총포주식회사(朝鮮火藥銃砲株式會社)에 근무했다고 한다.

해방 이후 모교인 배재중학교에서 영어교사로 교편을 잡다가 서울대 상과대학에서 경제정책을 가르쳤고, 성균관대에서 경제학사(經濟學史)를 강의했다. 서용길의 정치활동은 1945년 창당된 한국민주당(韓國民主黨)으로부터 시작됐다. 그러나 1946년 10월 당내 진보세력이 당의 보수적·지주적(地主的) 경향에 반대하며 탈당했는데 서용길도 그 일원이었다. 서용길은 1948년 5·10총선에 고향인 아산군에서 무소속으로 출마해 윤보선(尹潽善) 후보와 경쟁해 승리했다. 우리 나이로 37세에 제헌국회의원으로 선출된 것이다.

서용길은 1948년 9월 제정된 '반민족행위처벌법' 규정에 의거해 구성된 반민족행위특별조사위원회(반민특위) 산하의 특별검찰관으로 선출됐다. 이와 함께 주목되는 것은 같은 해 10월에 국회의원 47명과 함께 한 '외군 철퇴 요청에 관한 긴급 동의안' 제출 등이었다. 친일 청산과 외국군대 철수 주장은 결국 친일파들의 저항에 부딪히게 되는데 이는 '국회프락치 사건'을 통한 소장파 의원의 체포와 반민특위의 파괴로 이어지게 됐다. 이 과정에서 서용길은 보안법 위반 혐의로 헌병에 피체되기에 이르렀다.

서용길은 「제헌국회 푸락치사건의 진상」이라는 글에서 '국회프락치 사건'을 "대한민국 국회에 북한 공산당의 프락치가 있다고 하여 이승만 정권의 비위를 건드리는 국회의원들을 모조리 체포 투옥한 날조된 사건"이라고 규정했다. "나는 진심으로 고백하지만 공산주의와는 거리가 먼 기독교인이었으며…… 한국으로부터 외국군대의 철수를 주장한

한 사람이었다. 그 제안은 북한의 비밀지령이 아니었고 독립의 원칙을 주장하는 젊은 의원들에 의한 것이었다. UN결의가 한국군 조직 후 90일 이내에 외국군을 철수하여야 한다는 것이었다"고 술회했다.

6·25전쟁이 발발하고 그는 형무소에서 나왔으며 공산주의자들에 의해 곤란을 당하지 않기 위해 고양군 시골집에 몸을 숨겼다고 한다. 그리고 서울 수복 이후 일부러 검찰청을 다시 찾아가 법에 따라 처리해줄 것을 요청했다. 그러나 당시 검찰청장은 재수감 않는다고 말했고 그때야 시민증을 발부받았다. 그런데 11월 초순경 경찰은 그를 다시 체포했고 12월 중순에 서대문형무소에 수감, 1951년 1월에는 부산형무소로 이감됐다. 그리고 검찰이 25년형을 구형했음에도 법정은 그에게 무죄를 선언했다.

그는 1952년 국회의원 보궐선거 부산 무구(戊區) 지역구에 입후보하는 것을 시작으로 아산에서 계속해서 1988년까지 국회의원 선거에 출마했다. 그러나 그는 계속되는 감시의 꼬리를 떼어내기 어려운 상태에 있었다. 이후 민정당(民政黨)·민중당(民衆黨)·민주당(民主黨)·신민당(新民黨) 등 야당의 재편과정을 따라 그도 여러 번 소속을 옮기면서 활동했지만 생활고는 가중돼 1960년대 후반에는 '제헌동지들의 도움으로 단칸 셋방에서 네 식구의 생활을 의지하고 있는 형편'이었다.

한편 그는 민족통일촉진회(民族統一促進會)라는 단체의 고문을 맡아 민족정신을 바로 세우고, 사회가 나아갈 길을 찾고, 통일방안 등을 모색하는 것을 말년까지 게을리 하지 않았다. 이 과정에서 몇 편의 짧은 글을 쓰기도 했는데 "제헌헌법은 권력구조가 대통령 중심제와 내각책임제를 절충한 법이다. 그러므로 차제에 제헌헌법을 살리는 것이 역사적 의의 있는 일"이라고 하면서 그 의미를 후대에 계승할 것을 제안했고, 과거 오스트리아가 열강의 간섭에도 불구하고 중립화(中立化) 통일을 이루었음을 상기하면서 남북한이 진지한 남북대화를 통해 통일의 길로 나아갈 것을 요구하였다. 서용길은 1992년 6월 18일 사망했다. 장지는 충남 아산 선영에 마련되었다.

참고문헌

대한민국헌정회 홈페이지(http://www.rokps.or.kr/).

「18의원 다시 주둔 요청 결의 반대성명을 지지」, 『자유신문』 1948년 11월 23일.

「각교 합격자 발표」, 『동아일보』 1936년 4월 3일.

「계몽대원 昨夜 動員式」, 『동아일보』 1933년 7월 14일.

「국회의원에 검거선풍」, 『경향신문』 1949년 6월 23일.

「기록적 난립 부산 戊區 23명」, 『자유신문』 1952년 1월 14일.

「대한민국인사록」·「역대 국회의원 총람」·「국회20년 (부록) 역대 국회의원 약력」 (인터넷 한국역사정보통합시스템).

「산파의 긍지 속에」, 『경향신문』 1968년 7월 17일.

「성치활동 허용 앞둔 지방표정(15) 忠南二部」, 『경향신문』 1962년 12월 24일.

「제2회 브나로드(1) 계몽대원 참가씨명」, 『동아일보』 1932년 7월 3일.

「제헌의원 서용길옹」, 『동아일보』 1992년 6월 19일.

「특별재판검찰관 선출」, 『동아일보』 1948년 12월 1일.

「한민당원 又復 대거 탈당」, 『자유신문』 1946년 10월 22일.

서용길, 「대한민국 건국헌법을 되살리자」, 『민족통일』 1987년 2월호.

서용길, 「오스트리아의 중립화통일과 한반도」, 『민족통일』 1989년 4월호.

서용길, 「제헌국회 프락치 사건의 진상」, 『민족통일』 1989년 1월호·2월호.

아산군지 편찬위원회, 『아산군지』, 1983.

『백암교회 100년사』, 백암교회, 2001.

『조선중앙일보』 1936년 2월 19일.

홍순철

洪淳徹, 1894~1974

1894년 7월 26일 경북 대구에서 태어났다. 서울에서 경성고등보통학교 교원양성소를 졸업했다. 이후 조선공립보통학교 훈도, 사립 대구 교남학교 교장 등을 역임했다. 언제부터 아산에 살기 시작했는지는 알려져 있지 않다. 그러나 『온양시지』에 따르면 해방정국에서 탕정면 모종리에 거주했으며 온양요업이라는 회사를 운영했다.

홍순철

해방직후 홍순철은 우익진영의 중심인물 중 하나로 자치회(自治會), 치안유지회, 기동대 등의 조직에 근거해 아산군청의 인민위원회와 온양경찰서의 좌익들을 쫓아내고 행정과 치안을 장악하는 데 일익을 담당했다. 1945년 10월 미군이 온양에 진주하고 이승만(李承晚) 역시 독립촉성중앙협의회 결성을 발표하면서 기존 우익세력의 구심체는 아산군협의회로 옮겨갔고 홍순철은 회장을 맡았다. 대한민국헌정회의 회원 정보에 따르면 그는 같은 시기 이 조직의 충남도 부위원장이 되었고 신탁통치 반대 국민총동원 아산군 위원장을 역임했다.

한편 미군정은 1946년 10월 '남조선과도입법의원'의 설치를 군정
법령으로 공포하여 그들의 세력근거지를 마련하였다. 좌우대립이
격렬해지고 있던 시점에서 입법의원을 통한 중간파의 육성이 그 목
적이었다. 이러한 상황에서 입법의원 구성을 위한 선거가 실시되었
다. 관선의원 외에 각도의 민선의원 배정은 1944년 인구를 기초로
하여, 서울 3명, 경기 6명, 충남 5명, 충북 3명 등 45명으로 정했다.
당시 충남지역 민선의원은 홍순철·류정호(柳鼎浩)·이원생(李源生)·류
영근(柳英根)·김창근(金昌根) 등 모두 대한독립촉성국민회 소속원이
선출되었다.

홍순철은 1948년 제헌국회의원 선거에 독촉국민회 소속으로 출마
했으나 낙방했다. 1950년 3월 31일에는 국민회(國民會) 아산지부 정
기총회를 개최하고 위원장에 홍순철, 부위원장에 이성규(李成珪)·원
용태(元容泰)가 선출됐다. 1952년에는 충남도회 선거가 실시되었고
아산에서는 위 세 사람이 뽑혔다. 1954년 제3대 국회의원 선거에서
홍순철은 자유당 공천을 빌고 당선됐다. 이때를 전후해 홍순철은 자
유당 충남도당 부위원장도 역임했다.

국회 입성 후 활동은 그다지 활발하지 못했던 것으로 보인다. 한
자료는 그를 평가하길, "인간적으로 원만한 인품 소유, 열심히 의사
당에 출석하면서 당명(黨命)에 충실했으나 그저 노의원(老議員)으로
존대를 받았을 뿐"이라고 적고 있다. 그는 1974년 3월 7일 사망했다.

참고문헌

「대한민국건국십년지」·「국회 20년 (부록) 역대 국회의원 약력」·「역대 국회의원 총람」(인터넷 한국역사정보통합시스템).

대한민국헌정회 홈페이지(http://www.rokps.or.kr/).

「입법의원 각 도 대의원 선출」, 『서울신문』 1946년 11월 3일.

「입후보자명부 충청남도」, 『동아일보』 1948년 4월 20일.

「국민회 아산지부 정기총회 개최」, 『동아일보』 1950년 4월 4일.

「도회의원 당선자」(3), 『경향신문』 1952년 5월 15일.

온양시지 편찬위원회, 『온양시지』, 1989.

『충청남도지 10 : 현대』, 충청남도, 2008.

이민우

李敏祐, 1905~1982

이민우

1905년 10월 2일 태어났다. 음봉면 월랑리 출신이다. 서울 보성고등보통학교를 졸업하고 니혼대학(日本大學) 경제과를 중퇴했다. 1950년에 서울수산시장주식회사 전무취체역에 이어 서울제빙주식회사 사장을 지냈다. 그해에 서울상공회의소 위원과 대한상공회의소 특별위원을 역임하기도 했다. 1952년 (사)한국도매시장협회 회장과 서울지방법원 인사조정위원, 1954년에 동양제빙냉장(주) 사장, 1955년 흥산증권(주) 사장, 1955년 (사)대한증권협회 감사, 1957년 한국연합증권금융(주) 감사역, 1958년 (사)한국냉동협회 회장 등을 거쳤다.

정계에 입문해 자유당 중앙위원이 되었다. 홍순철(洪淳徹)과 공천을 다투면서 온양지방에 사원을 파견해 물량공세가 이어져 난 데 없는 호경기가 나타났다고 한 신문이 보도하고 있다. 자유당 아산군당 위원장을 거쳐 1958년 제4대 민의원 선거에 출마해 당선됐다. 선거 이후 낙선자인 성기선(成耆善)과 선거자금과 관련된 치열한 법정 공방이 이어졌다. 1960년 7월 28일까지 재임했다. 이후 흥국건업㈜의 대표이사를 지냈다. 1963년에는 국민의당 아산지구당 조직책이 되었고 1963년 제6대 국회의원 선거에 출마·낙선했다. 국민의당은 5·16군부 쿠데타 세력의 민정 참여에 대항하기 위해 조직되었으나 1년 만에 민주당에 흡수됐다. 1967년 다시 민주공화당 후보로 아산군에서 출마해 4년 임기의 제7대 국회의원으로 선출됐다. "충청도의 전형적인 양반가의 후예로 얌전한 선비형의 의원"이라는 평가를 받았다. 1971년 제8대 국회의원 선거에도 공천 신청을 했지만 김세배(金世培)에게 밀려 탈락했다. 이듬해에 한성프리웨브㈜의 대표이사가 되었다. 1982년 10월 10일 사망했다.

참고문헌

「대한민국건국십년지」·「대한연감 4288년판」·「역대 국회의원 총람」·「국회 20년 (부록) 역대 국회의원 약력」(인터넷 한국역사정보통합시스템).

대한민국헌정회 홈페이지(http://www.rokps.or.kr/).

「기자석」, 『경향신문』 1957년 12월 26일.

「기자석」, 『경향신문』 1958년 9월 27일.

「국민의당 각 지구 조직책 명단」, 『동아일보』 1963년 8월 17일.

「총선입후보등록자 명단」, 『경향신문』 1963년 11월 4일.

「공화당 공천신청자 명단」, 『동아일보』 1971년 1월 12일.

『아산인물록』, 온양문화원, 2008.

성기선

成耆善, 1919~2002

성기선

1919년 9월 2일 태어났다. 본관은 창녕(昌寧)으로 성균관 박사를 역임한 성낙현(成樂賢)의 손자이다. 신창면 행목리 253번지에서 3남매 중 둘째로 태어난 외아들이며 신창공립보통학교를 졸업했다. 정치에 뜻을 두고 아산군 대한청년단(大韓靑年團) 아산군당 위원장을 역임했다. 1950년의 2대 국회의원 선거와 1954년의 3대 국회의원 선거에 아산군 지역구에서 무소속으로 출마했으나 낙방했다. 민주당(民主黨)이 창당하고 곧바로 아산군당 위원장에 피선되었으며 이후 민주당 중앙위원을 역임했다. 4대 선거에서 민주당 소속으로 출마했지만 낙선했다. 1960년 4·19혁명 이후 치러진 5대 선거에서 민주당의 약진 가운데 마침내 국회의원으로 당선됐다. 국회 재정분과 소속으로 활동을 시작했다. 그러나 이듬해인 1961년 5·16군사쿠데타가 일어나 국회가 해산됨에 따라 불과 9개월 18일 만에 물러나야 했다. 1963년 11월의 제6대 국회의원 선거에 다시 민주당 후보로 출마했으

나 낙선했다. 이후 정치에서 은퇴하고 지역에서 활동했다. 2002년
8월 24일 사망했다. 그의 묘는 도고면 농은리 문중 선산에 있다.

참고문헌

대한민국헌정회 홈페이지(http://www.rokps.or.kr/).
「국회 20년 (부록) 역대 국회의원 약력」·「역대 국회의원 총람」(인터넷 한국역사정
　보통합시스템).
『아산인물록』, 온양문화원, 2008.

이영진

李寧鎭, 1908~?

이영진

　　충남 서산군 태안면 남문리 출신이며 1908년 8월 7일 태어났다. 정확한 시기는 알 수 없지만 일제강점기 당시부터 아산에 거주했다. 1929년 4월 1일에 일본 홋카이도제국대학(北海島帝代) 농학부 농과에 특별생으로 입학해 1933년 3월 31일에 졸업했다. 귀국 후 수농원(壽農園), 온양 온천주식회사 삼환농장(三還農場) 사장을 역임했다. 1938년 당시 주식회사 수농원(온양 용화동 3구 소재)에 성구코트를 설치하고 설화산 정구구락부를 창설했다고 한다.

　　해방 직후에는 아산의 우익세력에서 중요한 위치를 점했다. 1945년 8월 17일 온양읍내의 유지들을 중심으로 행정공백을 최소화 하고 치안을 유지하기 위해 '아산군 자치회'를 설치했다. 이영진이 회장을 맡았다. 자치회는 산하에 치안유지대를 만들어 물리력도 갖추었다. 이후 자치회 구성원들은 그의 집에서 종종 모였고 10월 이후 독립촉성회 아산군협의회 조직을 위한 회의를 갖기도 했다. 이듬해인 1946

년 5월 22일, 온양농예중학교(현 아산중학교)를 세우고 이사장에 취임했다. 1948년 8월 15일 정부 수립 이후 1951년 말까지 초대 충청남도 도지사를 역임했다. 1952년부터 재단법인 제은학원, 아산중학교 이사장직을 1970년까지 수행했다. 1953~1955년에는 당시 매출액 기준 국내 10대 기업에 속하는 비료공장 북삼화학공사(北三化學公社)의 이사장을 맡기도 했다.

1963년에는 민주공화당 충남 제11(아산군) 지구당 위원장으로 정치활동을 시작했다. 그 해 11월에 치러진 제6대 국회의원 선거에서 민정당 강필선, 민주당 성기선, 자유민주당 서용길, 국민의당 이민우 등을 누르고 당선되었으며 민주공화당 중앙상임위원이 되었다.

그 뒤 농어촌개발공사(현 농수산물유통공사)가 일본 산토리사와 합작으로 1968년 설립한 한국산토리주식회사 사장을 3년간 역임했다. 이즈음에 그는 온양을 떠나 서울에서 거주했다. 이 회사는 1973년 7월에 해태그룹에 인수되었다. 이후 그의 행적은 잘 알려져 있지 않다.

참고문헌

대한민국헌정회 홈페이지(http://www.rokps.or.kr/).
온양시지 편찬위원회, 『온양시지』, 1989.
『아산인물록』, 온양문화원, 2009.
『충청남도지 9 : 일제강점기』, 충청남도, 2008.

제2장

아산 출신 정치인, 행정관료, 경제인

윤보선, 최재유, 강필선, 윤영선,

김홍식, 맹은재, 문희석, 김용래,

이한창, 이명래, 이선규, 양준호

윤보선

尹潽善, 1807~1990

윤보선이 1897년 태어난 곳은 둔포면 신
항리이다. 해평 윤씨가는 음봉면 동천리에
처음으로 터전을 잡았으나, 곧이어 이곳으
로 이거했다. 윤보선이 태어난 곳은 둔포 신
항리가 맞지만, 음봉 동천리 역시 윤보선이
생전에 꽃과 나무를 가꾼 곳이자 뿐만 아니
라 해평 윤씨가와 깊은 관계가 있는 곳이다.
한 때 두 마을은 '대통령마을'이라는 표제를
놓고 불편한 관계도 보였지만, 두 곳 모두

윤보선

역사성을 갖고 있다. 역사적 인물인 윤보선에 대한 올바른 기억과
전승을 함께 만들어갈 필요가 있다.

윤보선은 10세 때 서울로 이사했고 이후 영국 에든버러대학(고고학
전공)을 졸업하였다. 윤보선은 영국 유학을 떠나기 전 상해 임시정부
의 정치 자금을 조달하고 임시정부의 최연소 의정원 의원에 선출되
기도 했다. 그러나 일제강점기의 대부분은 막대한 경제력을 바탕으

로 학문 연구와 유럽 여행을 하고, 1932년 귀국 이후에도 독립운동의 뜻이 가로막히자 서울과 아산에 머물고 함경남도 안변군에 있는 집안의 별장에 거주하는 등 비교적 풍족한 은둔 생활을 했다.

해방 이후 그는 정계에 투신했다. 한국민주당에 참여하고 미 군정청 농상국 고문에 취임하였다. 여기서 특기할 점은 그가 한민당에 몸을 담고 있었음에도 이승만 대통령과 우호적인 관계를 맺고 있었다는 점이다. 한민당이 해방 직후 이승만과 뜻을 함께 하다가 정부 수립 이후에는 이승만의 관계가 악화되는 것을 고려하면 더욱 그렇다.

그는 제헌의회 선거에서 고향인 아산 지역구에 출마했으나 낙선하고 정부 수립 이후 초대 서울시장에 발탁되었으며, 1949년 상공부장관이 되었다. 그러나 이즈음 이승만과의 관계가 악화되었다. 이승만이 주무장관의 영역을 침범하고 윤보선 역시 이승만의 지시를 따르지 않았다. 1950년 장관직을 사임하고 잠시 대한적십자사 총재로 재직한 그는 1954년 제3대 국회의원 선거에 출마(종로 갑구)해 당선됐다. 한민당의 뒤를 이은 민주국민당의 후보였다. 이 선거에서 입지를 잡은 그는 이후 진행된 민주당 창당 과정에서 구파의 주축 인물이 되었다. 특히 대표적 구파 지도자 신익희, 조병옥이 1956년, 1960년 대통령 선거 직전 사망하자 더욱 그러했다.

4·19혁명이 일어나고 그는 대통령으로 당선됐다. 이 시기 내각책임제 개헌이 진행됐고 그 결과 대통령 윤보선, 국무총리 장면(민주당 신파)이라는 구도가 성립됐다. 이는 민주당 내 구파와 신파의 정치적 타협의 결과이기도 했다. 신파는 결국 정국의 주도권을 잡았고 윤보선은 대통령이지만 정치적 실권이 없었다. 이러한 갈등은 결국 구파

가 1961년 2월 신민당을 결성하기에 이르렀다.

1961년 5월 5·16군사쿠데타가 일어나자 그는 1962년 대통령을 사임했다. 이 과정에는 여러 가지 이야기가 전해지고 있다. 일설에는 그가 장면 정권을 뒤집기 위해 쿠데타를 지지했다는 이야기도 있다. 어쨌든 쿠데타 세력이 즉각 그를 대통령 자리에서 내쫓지 않고 한동안 유임시켰던 것은 분명했다.

1963년 군부세력에 협력하지 않는 구파 정치인을 모아 민정당을 창당해 그 해 대통령선거에 출마했으나 박정희 후보에게 패배했다. 1965년 박정희 정부가 굴욕적인 국교 정상화인 한일협정을 추진하자 이에 반대하는 운동을 펼쳤고 이를 바탕으로 분열 중이던 야당은 세력을 모았다. 그리고 신민당을 창당, 1967년 대통령 후보로 나섰다. 그러나 박정희 대통령이 경제개발 계획 등을 제시하면서 선전했고, 윤보선은 큰 표 차이로 낙선했다.

70이 넘은 나이에 그는 새로운 도전을 시작했다. 신민당을 뛰쳐나와 국민당을 조직했다. 국민당은 4·19 직후 혁신계 정치인이었던 박기출을 대통령 후보로 영입하며 "민주운동, 민족운동, 양심운동"이라는 슬로건을 내걸었지만, 당내 내분은 가속화됐고 박정희 정부는 '10월유신'을 선포하기에 이르렀다.

이후 윤보선은 반독재 민주화투쟁에 참여했다. 1971년 대통령 선거에서 대립했던 신민당의 김대중 후보와 손을 잡고 민주회복국민협의회 등에서 '3·1구국선언' 등을 발표했다. 또한 1979년에는 함석헌, 김대중과 함께 민주통일전국연합회를 조직했고, 박정희 정부는 결국 YH사건, 부마항쟁, 10·26사건 등으로 끝을 맞이했다. 12·12사태를 통해 신군부가 등장했지만, 윤보선의 정치 활동은 여기까지였다. 그 역시 이미 80을 넘긴 나이였고, 신군부와는 대립을 겪지 않았다.

윤보선은 한일협정 반대 운동, 1970년대 유신체제에 반대하는 반독재 민주화 운동을 통해 야당의, 재야의 원로 정치 지도자로서 활동했다. 그러나 그는 야당의 분열 과정에서 권력 투쟁의 한 중심에 서기도 했고 이러한 상황들이 4·19와 5·16 직후 시기에서 볼 수 있듯이 때로는 지조에 어긋나는 애매한 판단으로 나타났던 적도 없지 않다. 그럼에도 불구하고 대지주의 집안에서 태어나 더욱 더 편한 삶을 살 수도 있었음에도, 비정상적인 정치 운영의 시기에 스스로 정상적인 민주적 정치 일정을 만들기 위해 민주 회복에 매진함으로써, 그가 남긴 회고록의 제목대로 '외로운 선택의 나날'을 보냈고, '구국의 가시밭길'을 걸었다.

참고문헌

박태균, 「꺾이지 않는, 그러나 시류에 흔들린 야당의 지도자」, 『한국사 인물 열전』 3, 돌베개, 2003.
음봉면향토지편찬위원회, 『음봉면 향토지』, 2012.

최 재 유

崔在裕, 1906~1993

최재유는 1906년 음력 8월 19일 인천 내리(內里)에서 부친 최병현(崔炳鉉)과 모친 김승량(金勝良)의 2남 3녀 중 차남으로 태어났다. 아산에서 태어나지 않았으나 아산과의 인연은 깊다. 『한국의학인물사』에 따르면 그는 3세 때 아산으로 이주했다. 그리고 조부가 세운 소학교와 교회에 다녔다고 한다. 이 이주와 관한 실마리는 『백암교회 100년사』에서 확인할 수 있었다. 백암교회는 1901년 인천 내리교회에서 아산으로 내려와 선교를 시작한 최

최재유

봉현에 의해 설립되었다. 그러면서 최봉현에 대한 짧은 기록이 『내리교회 90년사』에 수록돼 있다고 소개하는데 "1908년 최봉현 전도사가 온양으로 반이(搬移)했다"는 내용이다. 이 책은 이 내용을 1901년에 아산에 와 선교활동을 하다가, 다시 인천으로 돌아가 1908년 이삿짐을 싸서 돌아온 것이라고 이해하고 있다. 그리고 최봉현의 장남이 최재유라고 적고 있다. 이름이 양쪽에 다르게 적혀 있고, 또한 『한국

의학인물사』에서 조부라고 밝히고 있어 잘못을 바로 잡을 필요가 있지만, 최재유가 바로 백암교회의 설립자의 아들이다. 따라서 그가 다닌 소학교는 영신학교이다. 그는 소학교 4년 과정을 마친 뒤 온양에 있던 보통학교(6년 과정)에 편입하여 졸업했다.

학업을 위해 서울로 올라와 아펜젤러 선교사가 세운 배재고등보통학교에 입학해 1922년 졸업했다. 그리고 세브란스의학전문학교에 입학한 후 2학년 때인 1925년 3월 25일 지순봉(池順鳳)과 결혼했고, 장티푸스에 걸려 고생하는 바람에 입학 동기들보다 1년 늦은 1929년 세브란스의전을 졸업했다.

최재유는 1929년 4월부터 1931년 말까지 피부비뇨기과학교실 조수를 지낸 후 1932년에 강사가 되었다. 마침 세브란스의전 당국은 안·이비인후과를 안과와 비인후과로 분리하면서 그에게 안과의 책임을 맡도록 했다. 그는 1933년 4월에 안과 강사가 되었다.

이듬해 2월 최재유는 병리학 교수 윤일선의 주선으로 세브란스의전 교비(校費) 연구생으로 제정 지원을 받아 교토제국대학 안과학교실에서 연구를 하게 되었다. 그는 모리(盛新之助) 교수의 지도를 받아 1935년에「백내장생원인(白內障生原因)」이라는 논문을 학회에 발표하고, 1936년 일본 문부성의 자연과학 부문 장학금을 받았다. 한국 유학생으로는 처음이었다. 그는 백내장 관련 연구에 더욱 박차를 가해 1937년「나프탈린 백내장에 있어서의 환원(還元) 구르타치온 및 비타민C 아스콜빈산에 관하여」를 주논문으로 하여 교토제대 의학박사학위를 받았다.

최재유는 1938년 2월 세브란스의전의 조교수로, 이듬해 2월 교수로 승진했다. 그는 일제강점기 말에 세브란스병원의 행정을 맡았다. 1940년 6월 4일 세브란스병원 부원장에 임명되었고, 1942년 9~10월에는 병원장 대행을 맡기도 했다. 일제강점기 말 총독부는 이화여자전문학교에 간호부양성소를 개설하라고 요구했다. 이때 최재유는 이화여전 교장 김활란과 함께 행림원(杏林院)이라는 양성소를 개설하고 소장을 맡아 세브란스의전 업무와 병행했다.

최재유는 해방 직후 세브란스병원장에 임명되어 1947년까지 봉직하며 병원 재건에 힘썼다. 1945년 9월 18일 조선의학연구회(위원장 윤일선)가 결성되었을 때 위원으로 참여했다. 1948년 6월에는 이화여대 김활란 총장의 초빙을 받아 행림원 초대 원장으로 부임했다. 당시 행림원은 의학부·약학부·간호학부를 총괄하고 있었다. 그는 세브란스의과대학 안과 교수 자격을 유지한 채 1951년 보건부 차관에 취임할 때까지 행림원 원장을 겸임했다. 1949년에는 대한의학협회 상임이사, 대한안과학회 부회장에, 1952년에는 대한안과학회 회장에 선출됐다.

최재유는 1952년 2월 5일 제3대 보건부 장관에 취임했다. 재임 중 그는 국립의료원 개원에 중요한 역할을 했다. 또한 공중보건요원 육성을 위해 공중보건원을 설립했고, 결핵 퇴치를 목적으로 중앙결핵원을 서울 중구보건소 내에 설치했다. 1955년 2월, 보건부와 사회부가 통합되면서 그는 초대 보건사회부 장관에 임명되었다. 그리고 1956년 5월 26일, 사임했다. 그는 그해 대한적십자사 부총재에 임명되었고, 이화여대 부총장 겸 의과대학 학장으로 부임해 이화 의대의 성장에 힘을 기울였다. 또한 1957년 초 미국 국무부의 초청을 받아 미국을 시찰하던 중 이화재단에서 주식을 소유하고 있던 대한문교서적주식회사(현재의 국정교과서주식회사) 사장으로 임명되었다.

그러던 중 최재유를 신임하던 이승만 대통령이 그를 다시 불러들였다. 그는 1957년 11월 28일, 제6대 문교부 장관에 취임했다. 그리고 1960년 장관 재임 중 3·15 부정선거에 간여한 혐의로 징역 3년 6월을 선고받아 투옥되었다. 나중에 그는 부정선거에 소극적으로 협조했다는 것이 인정되어 약 2년 만에 출감했다.

노년기에 접어든 최재유는 정계와는 거리를 두고 교육사업에 주력했다. 출감 후 매우 쇠약해진 그는 김활란의 주선으로 미국 의학교육계를 시찰한 뒤 이화재단을 돕기 위해 설립된 이수화학의 사장과 회장을 연이어 맡았다. 또한 1964년부터 연세재단의 이사가 되었으며, 1967~72년 재단 이사장으로 활동했다. 1970년 최재유는 고려대학교에서 명예박사학위를 받았으며 1983년부터 10년간 인덕학원 이사장을 맡아 인재 양성에 힘을 기울였다. 1993년 5월 27일 세상을 떠났다.

참고문헌

이홍기, 「최재유」, 서울대학교 한국의학인물사 편찬위원회, 『한국의학인물사』, 태학사, 2008.

『백암교회 100년사』, 백암교회, 2001.

강필선

姜弼善, 1918~1990

1918년 1월 26일 배방면 신흥리의 빈곤한 집안에
서 태어났다. 본관은 진주(晉州), 호는 의당(義堂)이다.
13세 되던 해에 부모를 따라 만주로 이주했다. 1937
년에 만주 중앙경찰학교를 졸업하고 같은 해에 다시
일본 내무성 경찰강습소 본과에 들어가 이듬해 졸업
한 뒤 만주로 가서 만주 중앙경찰학교 조교수와 학
감(學監)으로 근무했다. 1940년 23세 때 만주 고등고

강필선

시 행정과에 합격하기도 했다. 1945년 8월 15일 일제가 패망하자 만
주 길림성의 장백현(長白縣) 한인회 민선회장을 맡았다가 12월에 귀
국했다.

귀국 후 잠시 고향에서 농사를 짓다가 온양에서 동방산업을 설립
했고 온양극장과 온양정미소 등을 세워 경영했다. 경제 활동 외에도
지역 인사들과 함께 온양문화원을 설립해서 초대원장(1957~1958)을
지냈다. 한편 정치 활동도 시작해서 1961년 5·16군사쿠데타 이후 재
건운동 아산군 촉진회장을 맡았고 이후 김병로(金炳魯), 윤보선(尹潽

善)이 주도하는 민정당에 들어가 아산지구당 위원장과 충남도당 부위원장이 되었다. 이어 민중당을 거쳐 1967년에 신민당으로 재편된 뒤 역시 신민당 아산지구당 위원장 겸 충남도당 부위원장을 역임하면서 대한곡물협회 충남회장을 지내기도 했다.

1971년에 신민당 비례대표로 제8대 국회의원이 되었으나 1972년 10월 유신헌법 선포로 국회가 해산되었고, 이후 신민당 지도위원과 대한곡물협회 상임고문이 되었다. 다시 민주통일당 정치위원 겸 당기위원장을 역임한 뒤 전두환의 이른바 구정치인 활동금지 조치로 정계에서 은퇴하게 되었다. 이후 1982년에 현재의 문화원 맞은편에 의당복지회관을 지어 기부체납했다. 1990년 9월 22일 세상을 뜬 후 후손들이 의당장학재단을 설립해 지역 장학사업을 시작한 뒤 지금까지 이어지고 있다. 묘는 고향인 배방면 공수1리 안모산에 있다.

참고문헌

대한민국헌정회 홈페이지(http://www.rokps.or.kr/).
남창룡, 『만주제국 조선인』, 도서출판 신세림, 2000.
『아산인물록』, 온양문화원, 2009.

윤영선

尹永善, 1896~1988

1896년 12월 24일 서울에서 태어났다. 본관은 해평(海平). 호는 오당(梧堂)이다. 윤치호(尹致昊)의 장남이고 어머니는 중국인 마애방(馬愛芳)이다. 아버지가 개성에 세운 한영서원을 졸업하고 1914년 미국으로 건너가 중학교부터 공부해 1922년에 오하이오주립대 농과를 나왔다. 윤영

윤영선

선은 귀국 후 개성을 중심으로 활동했다. 1923년 1월 일본 경찰에게 목장사업을 인가해 달라는 신청서를 제출했다. 그러나 일본 경찰은 이 핑계, 저 핑계를 대며 인가를 내주지 않았다. 윤치호는 그의 일기에서 그들이 일본인 목장을 보호하기 위해서라고 파악했다. 윤영선은 1923년 9월 개성에서 개최된 조선부업품공진회에 밀납(蜜蠟)을 출품해 3등을 수상하기도 했다. 그는 1924년 개성중앙교회 엡윗청년회 회장이 되는가 하면 1929년 조직된 개성체육회 총무로 선임되기도 했다. 1934년에는 제일송도보통학교의 교장으로 취임하였고 1935년에는 개성 유지들을 중심으로 조직된 고려시보사(高麗時

報社) 상담역으로 임명됐다. 한편 그는 1945년 고려제약(高麗製藥)을 창설하여 사장에 취임했다. 그리고 1948년 10월에는 개성에 약학대학을 창립하기 위해 고려시보사 설립에도 함께 했던 김정호(金正浩), 공성학(孔聖學) 등과 함께 토지 5만평을 내놓기로 했다고 보도됐다.

1950년 1월 그는 제3대 농림부 장관으로 임명됐다. 농림부 장관에 취임할 당시 농지개혁법이 국회를 통과하였기 때문에 지주로부터 농지를 수매하고 그 토지를 농민 소작인에게 분배하는 일을 담당했다. 그러나 그의 임기는 그해 11월 22일까지로 매우 짧았다. 퇴임 후, 4H클럽 활동에 힘쓰며 중앙위원을 거쳐 중앙위원회 회장·고문으로 일했으며 1954년에는 고려보험(현 쌍용화재해상보험) 사장을 역임했다. 이후 서울로터리클럽 회장, YMCA 총무, 대한적십자사 총재 비서실장과 학교법인 송도학원 이사장 등을 지냈다. 국민훈장모란장을 받았으며 1988년 2월 6일 사망했다. 묘는 아산시 둔포면 석곡리 해평 윤씨 묘역에 있다.

참고문헌

「개성약학대학 창립, 김, 윤, 공 三씨의 특지로」, 『동아일보』 1948년 10월 17일.
「개성의 부공수상자」, 『동아일보』 1923년 10월 29일.
「개성제일송보 윤영선씨가 경영」, 『동아일보』 1934년 3월 7일.
「개성체육회 십사일에 조직」, 『동아일보』 1929년 7월 17일.
「고려시보사 주식회사 창립」, 『동아일보』 1935년 7월 6일.
「미국에서 귀래한 2인의 수재」, 『동아일보』 1922년 8월 2일.
「엡윗청년조직」, 『동아일보』 1924년 5월 29일.
김상태 편역, 『윤치호 일기』, 역사비평사, 2001.
『아산인물록』, 온양문화원, 2009.

김홍식

金弘植, 1909~1974

1909년 3월 1일 충남 아산에서 태어났다. 본관은 김해이다. 경성제일고등보통학교를 졸업한 후, 1927년 4월 경성법학전문학교에 입학하여 1930년 3월 졸업했다. 1932년 9월 조선변호사시험에 합격했으며, 1934년 11월 일본 고등문관시험 사법과에, 1935년 10월 행정과에 합격했다. 이후 행정관료로 관직생활을 시작하여 1936년 평안남도 강서군 속을 거쳐 1937년 평안남도 평양부 내무과 속으로 사회계장을 지냈다. 1939년 7월 군수로 승진해 평안남도 양덕군수에 임명되었으며, 재직 시 황민화운동을 주도하며 친일 잡지『내선일체』를 발간하는 내선일체실천사 평안남도지사의 고문을 지냈다. 1941년 3월부터 평안남도 개천군수를, 1943년 3월부터 해방될 때까지 경기도 부천군수를 지냈다.

해방 후, 1945년 10월부터 1946년 1월까지 경기도 광공부장을 지냈다. 1946년 2월 경기도 인천에서 변호사를 개업했다. 인천에서 변호사로 활동하면서 인천신문사를 인수하여 경영하는 한편, 정당에 투신하여 국민회(國民會) 인천시 지부장, 민국당(民國黨) 최고위원 등을 역임했다. 1956년 5월 제3대 민의원 선거에 충남 아산에서 무소속으로 출마했다가 낙선했다. 이후 행정 관료로 복귀하여 1956년 사정위원회 사정위원, 1958년 법령정리위원회 위원 등을 거쳐 1960년 5월부터 10월까지 충청남도지사를 지냈으며, 1961년 12월 법제처 차장 등을 지냈다. 1963년 12월 무임소장관, 1964년 7월 체신부장관을 거쳐 1965년 5월 퇴직했다. 관계에서 물러난 후, 1965년 7월부터 1969년 4월까지 서울신문사 이사를 지냈으며, 1969년 2월 서울에서 변호사를 개업했다. 이 시기 민주공화당 서울시당 사무국장, 중앙위원 등을 역임했다. 1974년 2월 21일 사망했다.

참고문헌

친일인명사전 편찬위원회, 『친일인명사전』, 민족문제연구소, 2009.
『아산인물록』, 온양문화원, 2009.

맹은재

孟殷在, 1935~1984

1935년 4월 20일 배방면 중리 440번지에서 태어
났다. 본관은 신창(新昌). 온양초등학교와 온양중학
교, 온양고등학교를 졸업한 뒤 동국대학교 법정대
학 정치학과에 진학했으며 재학 중인 1960년에 전
국 대학생 모의국회의 의장을 맡기도 했다. 1961년
에 졸업하고 1977년에 동국대학교 행정대학원을 졸
업했다.

맹은제

아산을 떠나 주로 인천에서 거주했다. 1972년의 유신헌법에 의거
하여 구성된 제1, 2대 통일주체국민회의 대의원(1972~1978)이 되었
다. 그 기간 중이던 1974년에 온양고등학교 총동창회장을 맡기도 했
다. 1976년에 새마을금고 인천시협의회장, 1977년 주안감리교회 장
로로서 전국YMCA 이사를 역임했다.

1981년 제11대 국회의원 선거에 인천시 제1선거구(중구·남구)에서 민
주정의당 후보로 출마해 당선됐다. 재임 중에 민주정의당의 정책위원
회 부의장과 국책 연구위원을 맡았고 국회에서는 예산결산특별위원으

로 활동했다. 임기 중인 1984년 12월 6일 사망했다.

참고문헌

대한민국헌정회 홈페이지(http://www.rokps.or.kr/).

『아산인물록』, 온양문화원, 2009.

문희석

文熙奭, 1922~1977

아산 출신으로 일본 도지샤대(同志社大)와
서울대를 졸업하고 1949년부터 중앙대 조교
수를 역임했다. 이 무렵 '우리 교육계의 쇄신
과 문화의 창조발전을 도모하고자 청년 교육
가들로 조직된' 교육쇄신회(敎育刷新會)라는 단
체를 조직해 회장으로 취임했다. 6·25전쟁

문희석

중 군(軍)에 들어간 것으로 추정되며 1952년에 해병대 작전국장,
1956년 해병학교 교수부장(중령) 등을 거쳤다. 1958년부터 국방대학
원 교수로 재임했다.

1961년 5·16 군사쿠데타 이후 국가재건최고회의 군정 기간 중 당
시 해병 대령이었던 문희석은 제10대 문교부 장관(1961.5.20~1962.1.8)
에 발탁되었다. 40세로서 역대 최연소였고 당시에는 '군복 장관'이
라고 하였다. 퇴임 후 군으로 돌아와 해병대 제2훈련단장을 맡았다.
1963년 2월 5일 준장(准將)으로 예편했고 곧바로 공화당(共和黨) 중앙
상임위원으로 선출됐다. 이후 1964년 국방부 전사편찬위원회(戰史編

纂委員會) 위원장, 1965년 한국전략연구회 회장 등을 맡으며 안보·군사평론가로서 활동했다.

1968년에는 「한국 삼군(三軍) 사관생도의 사회관」이라는 제목으로 부산대에서 박사학위를 받았다. 같은 해 건국대 총장으로 부임했고, 1972년 향군회 자문위원을 역임했다. 1974년부터 한국교직원공제회 제3·4대 이사장을 맡았다. 이사장 재임 중인 1977년 10월 10일 사망했다. 국립묘지에 안장됐다.

참고문헌

「교육쇄신회 발회식」, 『동아일보』 1949년 4월 25일.
「당기위원 선출 공화당 오늘 하오에」, 『동아일보』 1963년 2월 28일.
「문희석 준장 예편」, 『경향신문』 1963년 2월 6일.
「전 문교 문희석씨 釜大서 박사학위」, 『동아일보』 1968년 9월 7일.
「前 文敎 문희석 박사」, 『매일경제』 1977년 10월 11일.
『아산인물록』, 온양문화원, 2009.

아산 출신 정치인, 행정관료, 경제인

김용래

金庸來, 1934~2009

아산 배방면 휴대리에서 1934년 3월 15 일 태어났다. 경기고등학교를 거쳐 1957 년에 서울대 법학대학을 졸업하고 1960 년에 서울대 대학원에서 행정법 석사학위 를 취득했다. 재학 중인 1955년에 제7회 고등고시 행정과에 합격했다. 내무부 기 획감사과장으로 공직을 시작해 농림부 공

김용래

무원을 거쳐 총무처 기획관리실장, 중앙공무원교육원장, 대통령 정 무2수석, 제8대 총무처 차관, 제21대 경기도지사 등을 지냈다. 1988 년 서울올림픽 당시 제21대 서울특별시장을 역임했다. 이후 제11대 총무처 장관을 지냈다. 1997년에 덕성여대 총장이 되었고, 2006년에 충청향우회중앙회 총재, 2008년에 '새물결국민운동' 중앙회장, 2008 년 재단법인 한국학중앙연구원 제2대 이사장에 취임했다.

아산시 명예시장에 위촉되었던 그는 2007년에 개인 소장 도서 1만 여 권을 아산시립도서관에 기증했다. 1985년에 인하대 대학원에서

행정학 명예박사학위를 받았으며 정조근정훈장, 올림픽 훈장 은장, 교황청 강복장 등을 수상했다. 2009년 2월 20일 사망했고 묘소는 배방면 휴대리 선영에 있다.

참고문헌

『아산인물록』, 온양문화원, 2009.

이한창

李漢昌, 1893~1980

이한창

　1893년 5월 23일 충남 아산에서 태어났다. 1914년 조선총독부 농림학교를 졸업했다. 1917년 3월 온양공립간이농업학교 훈도로 임용되어 1918년 3월까지 재직했다. 1923년 4월 전라남도 내무부 권업과 속에 임명되었으며, 1925년 내무부 산업과 속을, 1934년 9월 전라남도 장성군 속(서무주임)을 지냈다.

　1935년 6월 군수로 승진해 완도군수로 부임했다. 1939년 3월 구례군수로 옮겨 근무하다 1943년 2월 퇴직했다. 재직 중이던 1937년 7월부터 1940년 4월까지 중일전쟁과 관련한 군용물자 조달, 군대와 유가족 후원, 국방사상 보급, 저축 장려 등의 전시 업무를 적극 수행한 공로가 인정되어 『지나사변공적조서』에 이름이 올랐다. 또 군수로 재직하면서 구례산업조합 조합장을 맡았다. 1943년 3월 훈6등 서보장을 받았다.

　해방 후 함평수리조합 이사, 전라남도 농림국장, 광주농과대학기성회 회장, 전남어업조합연합회 이사장을 역임했다. 1950년 4월 중앙선거위원회 전라남도 선거위원에 위촉되었다. 1952년 구례군에서 치러진 제2대 민의원 보궐선거에서 자유당 소속으로 출마해 당선했으며, 국회 상공위원회 위원을 지냈다. 제7·8대 대한중앙수산회 회장을 역임했다. 1980년 6월 20일 사망했다. 장지는 아산군 탕정면 갈산리 선영이다.

참고문헌

친일인명사전 편찬위원회, 『친일인명사전』, 민족문제연구소, 2009.
『동아일보』 1980년 6월 21일.

이명래

李明來, 1890~1962

1890년 6월 20일 이병무(李秉武)의 9남매 중 장남으로 서울 남산동에서 태어났다. 본관은 광주(廣州). 아산 출신 공예가 이순석(李順石)이 그의 막내 동생이다. 천주교 집안이었던 그의 가족이 명동성당 부근에서 살다 아산 인주면 공세리성당 부근으로 이사했다. 인천 항구에 서 배를 타고 서울에서 아산으로 이주를 했는

이명래

데 도중에 풍랑을 만나 부친이 애써 모았던 돈(엽전) 궤짝은 바닷물 속에 가라앉고 목숨만 건져 공세리에 정착했다. 공세리성당에는 프 랑스 신부인 성일론(成一論, 에밀 드비즈 피에르)이 있었는데 그는 자연과 학에 관해 해박한 지식을 가졌으며 한의학에 대해서도 상당한 지식 을 지니고 있었다. 당시 선교사들은 포교활동을 위해 간단한 의술 등을 배워왔는데 그도 예외가 아니어서 한쪽은 한문, 한쪽은 라틴어 로 된 한방의서를 지니고 헐벗고 병든 조선인들을 치료하며 선교활 동을 했다. 이명래 고약은 바로 소년 이명래가 성신부를 만나면서

탄생했다.

이명래는 학교도 다니지 못한 채 성신부 밑에서 심부름도 하고 약 조제법과 치료법 등을 배우면서 자랐다. 성신부의 한방의술은 꽤 뛰어나 많은 환자들이 몰렸는데 환자 중에는 각종 부스럼 환자들이 많았다고 한다. 남달리 기억력이 뛰어나고 외곬으로 파고드는 성격을 지닌 이명래는 성신부로부터 물려받은 한방의서를 원전으로 삼아 종기치료 고약을 만들어 거지들을 대상으로 임상실험을 했다. 날이 갈수록 만든 고약의 치료 효과가 뛰어나자 충청도 사람들뿐 아니라 타도에서도 이명래 고약을 찾는 사람들이 몰려들었다.

충청도에서 명성을 얻은 이명래는 3·1운동 뒤인 1920년 자신이 태어난 서울로 다시 올라와 청파동에서 잠시 살다가 서울역 뒤편의 중림동 허름한 집에서 고약을 만들어 환자들을 치료하기 시작했다. 몇년이 지나자 그의 집에는 각종 종기·외상 환자들이 줄을 이어 새벽부터 진을 치고 진료를 기다렸다. 막내딸 이용재의 회고에 따르면 거의 매일 3백~4백 명의 환자들이 새벽부터 몰려들어 찾아온 순서대로 번호표를 나눠주고 집 안팎에 앉아 있게 한 뒤 번호를 불러 진찰을 하고 고약을 팔았다는 것이다. 요한이란 세례명을 가진 이명래는 독실한 천주교 신자여서 반드시 새벽 5시께 미사를 보고 난 뒤 치료를 시작했으며 처음에는 오후 4시까지 환자를 보다 나중에는 위궤양으로 낮 12시까지만 환자를 진료하고 오후에는 고약만 팔았다고 한다.

이명래 고약의 명성은 조선인들뿐 아니라 일본인들에게까지 널리 알려졌다. 1930년대 말 또는 1940년 초반 이명래 고약집에 사사키란 일본 육군대좌(대령)가 이명래 고약의 명성을 듣고 목덜미에 커다랗게

난 발지를 치료하기 위해 찾아왔다. "큰 발지가 생기면 관을 짜두라" 고 할 정도로 일본 사람들에게는 죽을 병으로 알려져 있는 발지가 치료받은 지 며칠 만에 낫자 대단히 기뻐한 사사키는 군인이라 돈이 없어 선물은 못하겠지만 총독부 기관지 『경성일보』에 이명래 고약집에 관한 글을 기고하겠다고 약속했다. 사사키는 이 신문 기고문에서 "나는 이명래 고약집에서 세 번 놀랐다. 첫째는 매우 불결하고, 둘째 는 치료비가 대단히 싸며, 셋째는 너무 잘 낫는다"고 적었다고 한다.

프랑스 신부로부터 임상지식과 경험만 물려받았을 뿐 체계적인 한 의학 공부를 하지 못한 이명래는 일제시대 때 줄곧 의생(한의사) 면허 증은 물론 약종상 면허도 없이 환자를 진료하고 고약을 팔았다고 한 다. 다시 말해 무면허 불법 의료인이 서울에서 최고의 명의로 이름 을 날리고 떼돈을 벌었던 셈이다. 당시 위생 감시업무는 일본 경찰 이 맡았는데 경찰이 자주 이것을 문제 삼아 그의 제자가 벌금을 내거 나 무마조로 뒷돈을 집어줬다고 한다. 이명래는 일본인들로부터는 의생 면허를 결코 받지 않겠다며 해방 때까지 버텼고 해방 뒤 미군정 시절 비로소 의생면허증을 받았다.

이명래는 사별한 첫 부인과의 사이에 딸 하나를 두었고 역시 천주 교 집안인 둘째 부인 박말다와의 사이에서도 딸만 둘을 두었다. 아 들도 둘을 낳았으나 모두 어려서 죽는 바람에 그는 사위에게 가업을 물려준다. 그는 생전에 큰 사위와 둘째 사위를 보았는데 1936년 보 성전문 법과를 졸업한 이광진을 둘째 사위로 맞아 중림동 고약집 부 근에 살림을 차려주면서 고약 제조법까지 물려주었다. 막내 사위는 고려대 총장을 역임한 현민 유진오다.

1950년 6월 20일 6·25전쟁 발발 5일 전에 회갑을 맞은 이명래는 가족 친지 등 2백여 명이 모인 가운데 성대한 회갑연을 치렀다. 이명래 가족은 6·25전쟁이 터지자 미처 피난가지 못하고 서울에서 머물렀다. 불행히도 이명래는 9·28 서울 탈환 때 아군이 한강 건너서 쏘아대는 포탄이 둘째 사위 집에 직격으로 떨어지는 바람에 잠깐 외출을 한 사위 이광진을 제외한 둘째 딸과 2남 2녀 외손자 외손녀를 모두 잃었다. 게다가 인민군들이 후퇴하면서 20여 칸짜리 이명래 고약집에 불을 질러 그와 관련된 사진·자료 등 모든 것이 불타버렸다. 이 때문에 이명래와 관련된 자료나 사진 등 사료가치가 있는 것은 현재 거의 남아 있지 않고 한국에 생존해 있는 둘째 사위와 셋째 딸이 가지고 있는 희미한 기억만이 이명래의 명성과 과거를 말해주는 전부이다.

이명래는 이듬해 1·4후퇴 때 첫째 딸 가족과 홀로 남은 둘째 사위 등과 함께 평택 서정리로 피난을 갔다. 이명래는 젊었을 때부터 술을 좋아해 고약으로 명성을 날리면서 환자를 돌보던 때도 거의 매일 술을 마셨다. 서정리에서도 그는 친구들과 어울려 술을 즐겨 마셨는데 1952년 1월 6일 추운 겨울 저녁 마을에서 술이 취해 집에 들어와 부인에게 "목덜미에 버러지가 자꾸 기어 올라간다"고 말한 뒤 잠이 들었다. 이것이 그의 마지막 밤이었다. 그는 다음날 아침 10시께 '피' '피'라는 외마디 소리와 함께 뇌일혈로 숨을 거두고 말았다.

참고문헌

「발굴 현대사 인물 30. 이명래」, 『한겨레신문』 1990년 6월 29일.

아산 출신 정치인, 행정관료, 경제인

이선규

李善珪, 1924~2008

1924년 8월 21일, 아산군 둔포면 봉재리에서
아버지 이호직(1892~1963)과 어머니 조사라(1896
~1992)의 둘째 아들로 태어났다. 본관은 한산.
이호직은 이승필(李承弼, 1849~1910)의 6형제 중
막내로 마을의 이장일을 보았다. 그 때문에 집
에 면서기들의 출입이 잦았다. 어머니는 일찍
천주교에 귀의했고, 공세리성당에 출석했다.
형제는 형 중규(仲珪), 누나 임분(壬分), 남동생
석규(錫珪) 우규(禹珪), 여동생 을규(乙珪) 경규(庚
珪)가 있다.

이선규

마을 앞에 집안 소유의 전답이 많았고 대부분이 일등 논이었다고
한다. 상머슴과 중머슴이 있었고, 소 두 마리, 돼지 대여섯 마리, 닭
수십 마리, 거기다가 개까지 길렀다. 농사는 주로 논농사를 지었지
만 밭농사도 했다. 목화밭은 아주 커 학교 운동장만 했고, 9월쯤 목
화를 따는데 동네 사람들이 품앗이로 일을 했다. 가을에 추수를 하

면 쌀이나 밀, 콩 따위를 둔포장에 내다 팔았다. 둔포장은 오일장으로, 둔포 사람들은 물론 이웃면인 성환면, 평택읍 사람들도 모여들었다. 그 무렵 둔포지역에 대한 소묘가 회고록에 소개돼 있다. 둔포에는 중국 산동성에서 온 상인들이 몇 집 있었다. 잡화상, 호떡 장사, 우동 장사도 있었다 한다.

집안에 글방을 차려, 공부하러 오는 학생이 대략 삼십 명쯤 됐다. 이선규도 여기서 공부했다. 글방 선생님은 한학 뿐 아니라 일본어도 가르쳤다. 일본군의 만주 침략이 전개되던 1931년 글방 친구들 20명 남짓과 함께 둔포공립보통학교 이학년으로 진학했다. 학교 편입 면접 때 일본인 교장 앞에서 일본 군가를 부른 일화도 소개돼 있다. 학교 재학 당시 소풍은 백석포로 갔다고 한다.

열 살 위의 형이 결혼하자마자 난치병을 앓으며 병구완에 돈을 많이 쓰고, 아버지가 노름에 빠지며 가세가 크게 기울었다. 1940년 돈을 벌겠다며 외삼촌이 있는 서울로 떠났다. 외삼촌은 신촌에서 남창당 약방을 운영했고, 외시촌형 조규철(趙圭喆)이 하던 것처럼 약 도매상-주로 미야베라는 사람이 운용하던 궁부약국(宮部藥局)-에서 약을 떼어 와 자전거에 싣고 이곳저곳 약방에 파는 일을 시작했다. 1942년까지 3년을 일해 돈 오백원을 저축했고, 다시 고향으로 내려가 빚을 갚았다.

사촌형 이성규(李成珪)는 온양에서 인쇄소를 경영하고 있었다. 그의 청으로 이선규는 서울로 올라가지 않고 인쇄소에서 일을 하게 되었다. 인쇄소 업무는 면사무소, 주재소, 군청, 경찰서, 학교 등 관청의 인쇄물 제작 요청을 받는 것이 대부분이었다. 이 시기 그의 집안은 둔포에서 온양으로 이사를 했다. 해방이 되고 6·25전쟁 이후까지 온양인쇄소에서 일했다.

1955년, 외가가 1946년 개성에서 설립한 고려은단주식회사를 이끌던 외사촌형 조규철의 부름으로 서울에 갔다. 그리고 부도가 난 고려은단의 정상화를 위해 노력했다. 고려은단을 이끌던 조규철 사장과 갈등 끝에 회사를 떠났고, 1957년 동성제약을 인수했다. 머리 염색약으로 시장에서 주목을 받았고, 배탈 설사약 '정로환'으로 경영상 수익을 거두었다.

사회사업에도 관심을 보여 별세하기 전 약 20년 동안 소년·소녀 가장에게 장학금을 지원해왔고, 1998년에는 이선규 약학상을 제정해 기업 이윤의 사회 환원에도 노력한 바 있다. 2008년 84세의 나이로 세상을 떴고, 고향인 봉재리 선산에 잠들었다.

참고문헌

이선규, 『가난아 비켜라 내가 간다』, 도서출판 명상, 1998.

양준호

梁濬鎬, 1926~2004

양준호

　　1926년 1월 11일 천안 읍내리에서 태어났고 얼마 뒤 공주로 이사했다. 1932년에 공주공립보통학교에 입학해서 홍성·강경을 거쳐 아산 송악면의 송남공립보통학교를 졸업했다. 공주중학교·경성약학전문학교를 졸업한 뒤 공주도립병원 약제과에 들어갔다. 1947년에 공주여자사범학교 교사가 되었고 이듬해부터는 공주사범대학 화학과의 강사를 겸직하기도 했다.

　　1950년 1월에 온양에서 경남약국을 열었는데 6·25전쟁이 일어나자 가족이 송악 강당골 등지로 피난한 사이에 약국은 모두 불타버렸다. 1952년 5월에 제2국민병으로 논산훈련소에 들어갔다가 폐결핵으로 인해 3개월 만에 제대했다. 1953년 경남제약소를 설립한 뒤 1957년 7월에 경남제약을 온양읍 온천리 86번지에 공식 창립했다. 이후 1976년에 온천리 73번지 일대에 새로 공장을 세우고 법인을 설립, 경남제약주식회사로 성장하면서 전국 각지에 대리점을 개설하게 되었다. 그 후 온양 도심 확대에 따라 1992년에 신창면 읍내리 학성산 기슭에 공장을 세워 이전하면서 동생 양인호에게 대표이사직을 물려주고 일선에서 은퇴했다. 지역사회의 문화예술 분야에도 관심을 갖고 1974년에 일요화가회를 만들어 평생동안 거의 매년 전시회를 개최하기도 했다. 1984년에는 민간 주도의 지역사회 기관단체장 모임인 충무회(忠武會)를 설립하고 14년 간 회장을 맡았다. 1987년부터 7년 동안 천안상공회의소 회장을 역임했다. 1992년에는 대한주부클럽의 '훌륭한 아버지상'을 수상했고 1997년에는 한국수필신인상을 받았다. 경남제약은 2003년 9월 녹십자 상아제약에 합병되었고, 그는 2004년 3월 18일 사망했다. 부인 박진규(朴辰圭)와의 사이에 1남 4녀를 두었으며 묘소는 천안공원묘지에 있다. 2004년 7월에 재단법인 양준호장학회(이사장 양미을)가 설립되어 지역인재 육성에 힘쓰고 있다.

참고문헌

『아산인물록』, 온양문화원, 2009.

제4부

근현대 문화·예술인의 발자취

　서두에도 밝혔듯이 문화·예술인의 활동은 일부러 한 곳에 몰았습니다. 시대를 막론하고 그 의미를 더 되새겨보자는 취지가 될 겁니다.

　만공은 대표적인 선승(禪僧)이자 송악의 봉곡사에 몸담았던 바 있습니다. 일제 식민지배를 강하게 질타한 바 있지요. 에밀 드비즈 신부는 공세리성당을 건축했을 뿐만 아니라 문화·예술에 깊은 조예가 있어 이명래·이순석 형제에게 깊은 영향을 주었습니다. 뿐만 아니라 아래 소개할 한창우 가문과도 깊은 관계가 있습니다. 정규하는 아산에서 태어나 강원도에서 신부로 활동했습니다. 한국 근대 천주교사에 이름이 높은 사제입니다. 아산과 관련해서는 처음 소개하는 것으로 생각됩니다. 이 세 사람은 대표적인 종교인이라 할 수 있습니다. 기독교인, 천도교인이 없다고 섭섭해 하지 않으셨으면 합니다. 이미 아산에 미친 기독교, 천도교의 영향도 서두에 많이 등장했다고 생각합니다.

　문학인으로는 이기영과 조명암이 있습니다. 두 사람은 공교롭게도 모두 월북했습니다. 오랫동안 금기시되어 왔지만 이제는 두 사람의 활동의 공과를 지역사회에서 평가하는 것도 가능할 것입니다. 박치갑과 임경재는 교사입니다. 박치갑은 해방직후 기득권을 놓지 않으려는 일본인들에 의해 학살당했습니다. 해방정국의 혼란상을 보여주는 안타까운 사건이라고 할 수 있겠습니다. 임경재는 휘문고보 교장을 지냈던 이로 1920년대 중반 이후 온양으로 거처를 옮겨 생활했고, 해방직후 아산의 교육재건을 위해 힘썼던 인물입니다. 두 사람이 아산 출신은 아니더라도 아산과 맺은 인연은 만만치 않습니다.

한창우는 천주교 집안에서 태어나 이후 경향신문사를 이끈 언론인입니다. 한창우 항목도 그의 추모집 그리고 그의 가계 조사에 기초해 썼습니다. 비교적 읽을 만한 새로운 내용이 담겼을 것이라 생각합니다. 성인기 역시 조선일보사를 중심으로 활동했고 이후 정치에 뛰어들었지만 그의 평생이 담긴 직업은 언론인이라고 평할 수 있습니다.

이항녕, 이남덕은 아산 출신의 학자입니다. 이항녕은 일제강점기 군수로 재직하고 해방 이후 과거를 참회한 인물로 잘 알려져 있습니다. 법학자로서, 또한 홍익대 총장을 역임하며 교육자로서의 삶을 살았습니다. 이남덕은 남편 김성칠 때문에 더 유명하지만, 그 자신 한국어의 어원을 밝히고자 고투했던 국어학자입니다. 2012년 생을 마감해 이 책에 담기게 됐다는 것이 안타깝습니다. 이 두 사람의 공통점은 식민지시기 최고학부인 경성제대를 졸업했지만, 조선인으로서 투철한 민족정신을 끝까지 지켜냈다는 점일 겁니다.

마지막은 미술계 인사입니다. 필자가 과문한 탓인지 음악계 인사는 확인하지 못했는데 저명한 미술인은 많았습니다. 서예가이자 전각자 고봉주, 서양화가 이마동·이종무, 공예가 이순석, 동양화가 김화경 등이 그들입니다. 이들에게 어린 시절, 또는 노년의 아산 체류는 어떠한 식으로든 영향을 끼쳤을 겁니다. 앞으로 많은 지역민들에 의해 이러한 부분들이 조명된다면 더 좋겠습니다.

만공, 에밀 피에르 드비즈,

정규하, 이기영, 조명암,

박치갑, 임경재, 한창우,

성인기, 이항녕, 이남덕,

고봉주, 이마동, 이종무,

이순석, 김화경

만공

滿空, 1871~1946

만공은 1871년 3월 7일 전라북도 태인군 태인 읍 상일리에서 태어났다. 여산 송씨이고 속가 의 이름은 도암, 법명은 월면, 법호는 만공이 다. 아산과 관련해서는 송악면 유곡리 봉곡사 에서 수행하며 큰 깨달음을 얻은 인연이 있다.

만공

만공은 열세 살 되던 해(1883년) 겨울, 절에 서 설을 쇠면서 불상과 승려를 보고 온 뒤부 터 간절하게 출가할 마음이 생겼다. 어느 날 밤에 집을 나와 전주 봉서사로 가서 며칠 묵었다. 절이 마음에 들지 않아 전주 송광사를 찾았으나 스님들은 "이곳에는 훌륭한 스님이 없으니 논산 쌍계사에 계신 진암 노스님을 찾아가라"고 일러 주었다. 진암은 이미 계룡산 동학사로 거처를 옮긴 뒤였다. 만공은 나이 열네 살 되던 1884년에 동학사로 가서 진암을 모시고 수행을 시작했다. 그해 10월 초순 충 청도 서산 천장암에서 경허가 동학사에 왔다. 훗날 사람들이 경허하 면 만공을, 만공하면 경허를 떠올릴 만큼 근대 불교의 거봉을 이룬

두 사람이 동학사에서 만나게 된 것이다.

진암은 경허에게 만공을 거두어 줄 것을 부탁하였다. 만공이 처음에는 경허에게 가기를 꺼려했으나 "삐뚤어진 나무는 삐뚤어진 나무대로 쓸모가 있고 찌그러진 그릇은 찌그러진 대로 쓸모가 있으니 이 세상 모든 만물이 다 귀하고 소중한 것, 부처님 아님이 없고 관세음보살 아님이 없는 것이오!" 하는 경허의 법문을 듣고 배우기를 요청하였다. 경허는 만공을 충남 천장암에 있는 태허 스님에게 보냈다. 태허는 경허의 친형이기도 했다. 1884년 12월 8일 만공은 태허 스님을 은사로, 경허 스님을 계사로 하여 사미계를 받았다.

그때 천장암에서는 서른 살 수월, 스물세 살 혜월, 열네 살 월면(뒤의 만공)이 경허에게 불법을 배웠다. 이들을 '3월'이라고 하며 훗날 경허의 3대 제자로 불리게 된다.

천장암에서 10년을 머물러 스물세 살이 되던 1893년 11월에 17, 18세 되는 소년이 만공에게 "만법귀일(萬法歸一)하니 일귀하처(一歸何處)오"가 무슨 뜻인지 물었다. 만공은 며칠 동안 밤을 새워가며 "만 가지 법이 다 하나로 돌아가니 한 가지 돌아가는 곳이 과연 어디인가"를 깨치려고 고민하다가 몰래 천장암을 떠났다. 아산 봉곡사로 가서 공부를 계속하던 1895년(25세) 7월 25일, 마주 보던 벽이 통째로 무너져 내리면서 찬란한 빛과 함께 큰 일원상 하나가 그의 눈앞에 나타나는 것을 보고 깨달음을 얻었다. 깨달은 기쁨을 나누려고 사람마다 붙잡고 함께 공부하자고 권했으나 밤새 미쳤냐고 비웃음만 당하자 지리산 청학동을 향해 떠났다. 전라도 장성 지방에서 의병 부대에 막혀 돌아오는 길에 공주 마곡사에 들렀다가 보경 스님의 배려로 토굴에서 공부를 하였다. 1896년 7월 경허가 찾아 왔다. 경허가 만공에게 '만법귀일 일귀하처' 화두는 진보가 없으니 조주 스님의 무자(無字) 화두를 드는 것이 옳겠다 하고 떠났다.

1898년 7월 만공은 경허가 있는 서산 도비산 부석사로 갔다. 그 무렵 경남 동래 범어사 계명암 선원에서 경허를 초청하였다. 경허를 모시고 갔던 만공은 계명 선원에서 하안거를 마치고 경허와 떨어져 통도사 백운암으로 갔다. 장마 때여서 보름 동안 갇혀 있다가 새벽 종소리를 듣고 다시 깨달았다. 두 번째 깨달음이었다.

무자 화두를 들고 자기와 싸움을 끝낸 만공은 구름처럼 물처럼 떠돌다가 서른한 살 때인 1901년 7월 천장암으로 돌아왔다. 스물세 살 때 '만법귀일 일귀하처'라는 화두에 막혀 천장암을 떠난 지 8년만이었다. 서른네 살 때인 1904년 7월, 경허가 함경도 갑산으로 가는 길에 천장사에 들려 전법게와 함께 가득할 만(滿)자 빌 공(空)자 만공이란 법호를 내려 주었다. 경허가 떠난 뒤 만공도 이곳저곳 산천을 떠돌다가 1905년 수덕사가 있는 덕숭산에 조그마한 띠집을 짓고 이름을 금선대라고 붙였다. 납자들의 청에 따라 설법을 열었다. 만공은 참선 공부의 3대 요건으로 도사(道師), 도량(道場), 도반(道伴)을 꼽았는데, 그 가운데서도 참 스승인 도사가 가장 중요하다고 보았다. 만공은 경허 같은 스승과 덕숭산 정혜사, 수덕사 같은 도량, 수월, 혜월, 한암, 용성, 만해 같은 도반을 두었으니 참선 공부의 3대 요건을 고루 갖추었던 것이다.

만공은 서산 간월도 간월암과 덕숭산 수덕사, 정혜사, 견성암을 중창하였다. 금강산 유점사 마하연에서도 3년을 보냈다. 만공은 정혜사에 머물면서 보월, 석영, 연등, 고봉, 금봉, 벽초, 초부, 용음, 혜암, 진성(원담)을 불교계의 거목으로 키웠다. 견성암에서는 뒤에 『내 청춘을 불사르고』를 쓴 '신여성' 김원주가 머리를 깎고 '일엽'으로 거듭났고, 법희, 선복 같은 뛰어난 비구니 스님들이 법그릇을 키워 나갔다.

만공의 법문 가운데 가장 재미있는 법문으로 치는 것이 딱따구리 법문이라고 한다. 1930년대 말경 어린 시봉이 부르는 '딱따구리 노래'를 만공을 찾아온 옛 조선 왕실의 상궁과 나인들 앞에서 부르도록 하였다. "저 산의 딱따구리는 생나무 구멍도 잘 뚫는데 우리 집 멍텅구리는 뚫린 구멍도 못 뚫는구나." 만공은, 범부 중생은 부처와 똑같은 불성을 갖춰서 이 땅에 태어난 원래 뚫린 부처 씨앗인데, 이 노래는 뚫린 이치도 제대로 못 찾는 딱따구리만도 못한 세상 사람들을 풍자한 훌륭한 법문이라고 하였다.

만공은 조선인이라는 민족적 자긍심이 대단했고 빼앗긴 나라를 찾아야 한다는 생각이 강했다. 그런데 독립의 방도는 자신으로부터 찾아야 한다고 생각했다. 덕산에 사는 노인에게 한 이야기 가운데 한 대목이다. "덕산 사람은 덕산을 찾아야 되고 조선 사람은 조선을 찾아야 하오, 덕산 사람이 덕산을 찾지 못하면 덕산 사람이 아니고, 조선 사람이 조선을 찾지 않으면 조선 사람이 아니오. 당신이 끝까지 당신을 찾아야만 진정코 옳은 사람이 될 것이오."

만공은 1935년부터 1938년 사이 공주 마곡사 주지를 지냈다. 이때는 우가키(宇垣一成) 총독의 '심전개발운동'과 미나미(南次郎) 총독의 '황민화 정책'이 본격화 되던 시기였으며, 조선 불교 31본산 주지들 거의가 일본 불교 정책에 동조하던 시기였다. 이 회의에서 만공이 일어서 소리를 쳤다. "청정이 본연커늘 어찌하여 산하대지가 나왔는 가! 전 총독 데라우치는 우리 조선 불교를 망친 사람이다. 그리하여 전 승려로 하여금 일본 불교를 본받게 하여 대처, 음주, 식육을 마음 대로 하게 하여 부처님의 계율을 파계한 불교에 큰 죄악을 입힌 사람 이다. 이 사람은 마땅히 무간아비지옥에 떨어져서 한량없이 고통을 받아야 함이 당연한데 어찌하여 공이 크다고 하는가. 우리 조선 불 교는 일천오백 년 역사를 가지고 그 수행 정법과 교화의 방편이 여법 하거늘 일본 불교와 합하여 잘 될 필요가 없으며, 정부에서 간섭을 하지 않는 것만이 유일한 진흥책이다. 정치와 종교는 분리하는 것이 옳다."

1941년 3월 10일 서울 선학원에서 열린 고승대회에 참석하여서는 일본의 식민지 불교 정책에 항거하여 조선 전통 불교를 굳게 지킬 것을 선언하였다. 미나미 총독이 만공을 회유하려고 충청도 도지사 를 앞세워 일본 유람을 권유할 때는 호통을 치면서 거절하였다. "나 라 잃은 백성은 이미 송장이거늘 송장을 데려다가 일본 천지를 돌아 다니면서 '저 자들이 바로 조선 송장들이다'하고 구경이나 시키자는 것인데, 내 어찌 그런 망신을 당하려고 일본엘 가겠는가."

만공은 일본의 식민지 지배와 만행을 인류라는 하나의 공동체에서 형제가 형제를 죽이는 것과 같고, 자기가 자신을 부정하는 모순으로 인식하였다. "지구라는 한 모태에서 같이 출생한 동포가 서로 총칼 을 겨누게 되니 어느 형을 찌르려고 칼을 갈며 어느 아우를 죽이려고 총을 만드는지 비참한 일이니라."

만공은 말년에 덕숭산 동편 위쪽에 띠집을 지어 전월사라 이름을 짓고 지냈다. 1946년 10월 20일 목욕하고 단정히 앉아 거울에 비친 자신의 모습을 보면서 "자네와 내가 이제 이별할 인연이 다 되었네, 그려" 하고 껄껄 웃고는 입적하였다.

수덕사 뒷산 덕숭산에 만공 스님의 사리 무덤인 '만공탑'이 있다. 만공 스님이 1946년 76세로 입적한 뒤 제자인 박중은 선사가 설계하여 1947년 세운 우리나라 처음의 현대식 부도이다. 불교의 팔정도를 상징하는 팔각 받침대 위에 불, 법, 승 삼보를 뜻하는 삼각기둥을 세우고 그 위에 법호인 만공(萬空)과 법명인 월면(月面)을 상징하는 둥근 공 모양의 몸돌을 올려놓았다. 전체로는 앉아서 참선하는 모습을 상징한다고 하는데 크기도 우람하지 않아 보기에 아담하다. 탑 이름도 한글로 '만공탑'이라고 써서 친근하게 느껴진다. 만공탑 뒤에는 가로로 '세계일화(世界一花)'와 세로로 '백초시불모(百草是佛母)', '천사불여일행(千思不如一行)'이 새겨져 있다.

참고문헌

「〈천경석의 향토문화기행〉송악 봉곡사를 찾아서」, 『온양신문』 107호, 1996년 9월 4일.

박준성, 「〈시대를 빛낸 문화 예술가〉 만공과 만해」, 『월간 작은책』 2007년 9월호.

에밀 피에르 드비즈

Emile Pierre Devise, 1871~1933

에밀 피에르 드비즈

   프랑스 남부 론알프주의 아르데슈현에서 태어났다. 세례명은 에밀리오(Emilio)이고 한국명은 성일론(成一論)이다. 1894년 사제서품을 받고 '파리외방전교회' 소속의 선교사로서 중국을 거쳐 그 해 10월 25일 한국에 입국했다. 1895년 1월, 서울 근교의 하우고개(현 하우현성당, 경기 의왕 청계동)에 부임하여 그곳의 교우들과 함께 생활하며 한국어와 풍속을 익혔다.

   충청도 아산지역을 맡게 되어, 1895년 6월 양촌성당(陽村聖堂, 당시 예산 고덕)에서 분리, 설립된 공세리성당(貢稅里聖堂)의 초대 주임신부로 부임하였다. 그러나 부임한 지 1년 만에 서울 주교관의 코스트(한국명 고의선) 신부가 사망하자, 서울 주교관의 경리를 담당하는 당가(當家) 신부라는 중책을 맡게 되어 공세리성당을 떠나게 되었다. 1897년 6월 공세리성당의 제2대 주임신부인 기낭(Guinand, 한국명 陳普安)의 뒤를 이어 다시 제3대 본당신부로 부임하였다. 이후 1930년까지

공세리성당

34년 동안 재임하면서 공세리성당의 발전을 위하여 많은 노력을 기울였다. 부임 즉시 그는 공주지역을 분리, 본당을 창설하여 기낭 신부에게 본당 사목을 맡겼다. 또한 1901년에는 안성 공소를 분리해서 독립시켰다.

에밀 드비즈 신부의 활동과 관련해서 가장 눈에 띄는 것은 성당 건축이다. 그는 공세곶창(貢稅串倉)을 성당 부지로 매입하여 성당·사제관·부속건물 등을 건립하였다. 본디 이곳의 명칭은 공진창(貢津倉)으로, 조선 세조 때 설치되어 성종 때인 1478년 충청도에서 세금으로 거둔 곡식을 모두 모았다가 한양의 창고로 운반하기 위해 보관하는 역할을 했다. 그러나 처음에는 창고가 없었고 중종대인 1523년 80칸짜리 창고를 건축했다. 세곡은 수로 500길을 따라 조운선(漕運船)으로 수도 한양으로 옮겼다. 성당 건축 이후 신자수가 지속적으로 증가하여 새 성당의 건립이 필요하게 되자 직접 성당을 설계하고, 중국인 기술자들을 지휘 감독하여 1921년 서양식 T자형의 성당을 완공하고 축성식을 가졌다. 현재의 사제관도 이때 함께 건립된 것이며, 장엄하고 화려한 외관을 갖춘 공세리성당은 지역의 명소가 되었다.

한편 에밀 드비즈 신부는 지역 교육사업과 의료사업 등에도 많은 노력을 기울인 것으로 알려져 있다. 당시 자신이 직접 조제한 한방 의술을 활용해 한국인들을 살폈는데, 유명한 '이명래 고약'은 에밀 드비즈 신부가 제조한 것이라 한다. 이 고약은 처음에는 신부의 한국 이름을 따서 '성일론 고약'이라 했고, 나중에 신부의 일을 도왔던 이명래(李明來)에게 전해지면서 '이명래 고약'이 되었다. 뿐만 아니라 그의 건축 문화 예술에 대한 해박한 지식은 당시 교인들에게 큰 영향을 주었다. 이명래의 막내 동생이자 공예가인 이순석(李順石)은 "그는 예술에 상당히 조예가 깊었으며 목공예, 석공예 등에 취미가 있어 나무나 돌로 가구나 조각품 등을 만들었다. 또 간이 대장간까지 차려 지금으로 치면 금속공예품에 속하는 장식품까지 만들었고 음악에도 상당한 취미를 가졌었다. 그래서 나는 학교에서 돌아오면 주로 성당에서 놀면서 성신부의 취미생활을 보게 되고 자연히 이러한 예술활동이나 작품 등에 동기심을 갖게 되고 많은 영향을 받았다"고 술회했다. 산업 방면에 있어서도 에밀 드비즈 신부와 공세리성당의 영향이 나타났는데, 성당의 미사 때 쓸 포도주를 만들기 위해 인근 지역에서 포도를 재배한 것이 안성까지를 포함해 이 일대를 포도의 주산지가 되게 했다는 것이다.

에밀 드비즈 신부는 60세 무렵에 이르러 심한 귓병으로 신자들에게 고해성사를 줄 수 없게 되자, 사목활동을 중단하고 35년 가까이 일해 온 공세리성당을 떠났다. 그 후 서울의 주교관에 거처하면서

교구의 부동산을 관리하고 건축 관련 일을 맡아보았다. 샬트르 성
바오로 수녀원 성당을 설계 감독하였으며, 수원성당과 고아원, 탁아
소 등의 건축, 백동성당(현 혜화동성당)의 종탑 건축, 용산 성직자묘지
개축 등 많은 건축 관련 일을 담당하였다. 생애의 대부분을 공세리
성당의 사목활동을 위해 헌신한 그는 1932년 성탄절 때 몸져눕게 되
어 치료차 본국 프랑스로 돌아갔다가 끝내 돌아오지 못하고 1933년
8월 31일, 그의 고향에서 세상을 떠났다.

참고문헌

한국민족문화대백과사전(http://encykorea.aks.ac.kr).
「노교수와 캠퍼스와 학생-이순석」(1), 『경향신문』 1974년 3월 9일.
「중세풍의 고즈넉한 聖所 종소리에 '마음의 평화' 얻고」, 『주간한국』 2007년 1월
  29일.
인터넷 두산백과(www.doopedia.co.kr).
『아산인물록』, 온양문화원, 2009.

정규하

鄭圭夏, 1863~1943

1863년 8월 18일 동래(東萊) 정씨 집성촌인 아산 신창면 남방제 마을에서 태어났다. 부친 정기화(마태오)와 모친 한마르타 슬하 3남매 중 장남이었다. 그러나 당시는 혹독한 병인박해가 한창이던 터라서 일가는 유랑의 길을 떠나야 했다. 청양군 정산면으로, 음성군 감곡면으로, 충주시 소태면으로 정처 없는 여정이었다.

정규하

그가 신학교 입학 허가를 받은 건 경기도 광주시로 이사하면서다. 1884년 리델 주교 선종으로 제7대 조선대목구장직에 오른 블랑 주교에게 입학허가서를 받은 그는 인천항에서 배를 타고 출발, 페낭 신학교로 유학을 떠난다. 페낭에서 신학을 공부하던 중 기후와 풍토가 맞지 않아 1891년 귀국, 서울 용산 예수성심신학교에서 학업을 계속한 뒤 1896년 4월 26일 한국교회사상 네 번째로 사제직에 올랐다. 그는 그해 6월 10일 풍수원본당에 보좌로 부임했다가 두 달 뒤인 8월 17일 르메르 신부에 이어 2대 주임에 임명됐다.

　당시 풍수원본당 관할구역은 화천과 인제, 양구, 홍천 등 강원도 전역과 경기도 일부를 포함해 12개 군에 걸쳐 29개 공소에 이르렀다. 신자 수는 2,000여 명이었다. 정기적 공소 방문에만 만 3개월이 걸릴 정도로 힘겨운 사목여정을 정규하 신부는 열심으로 이겨냈다.

　본당에 부임한 지 10년째이던 1905년 그는 성당 신축을 꿈꾼다. 초가 20여 칸 성당에 만족하지 못해서였다. 이에 푼푼이 모은 자신의 사재와 교우들의 헌금 8000원을 기반으로 2년 뒤인 1907년 11월 12일 공사에 들어간다. 중국인 기술자 진 베드로 등을 데려온 그는 강원도 산골짜기에 로마네스크 양식 397.69㎡(120평) 규모 성당을 신축한다. 강원도 최초의 서양식 성당이었고, 국내에선 일곱 번째로 지어진 양식 성당이었다. 공사는 우여곡절이 많았다. 진흙 벽돌이야 신자들이 옹기 가마를 만들어 구웠지만, 목재와 백회, 함석 등 자재 운반이 문제였다. 서울까지 250리 길은 풍수원에서 양평까지 사람이 겨우 다니는 작은 길이 있을 뿐이었고, 양평에서 서울까지는 소금배만이 유일한 교통수단이었기 때문이다. 그럼에도 농사와 생계일을 팽개치고 밤낮을 가리지 않은 채 성당 신축에 매달리는 신자들의 노역으로 기어코 자재를 운반해 성당을 완공하고, 1910년 뮈텔 주교 주례로 성당을 봉헌한다. 아울러 1912년에는 132㎡(40평) 크기 사제관을 지어 봉헌했다.

　그는 천주교 신부들 중 드물게 의병을 지원하고, 일제의 침략기에 민족의식을 고취한 사람으로 평가받고 있다. 그가 풍수원본당에 부임하였을 때는 전국에 의병운동이 활발히 전개되던 시기였다. 그리하여 오지인 풍수원에도 의병들이 피신해 오기도 하였다. 이 때 신자들과 함께 이들에게 침식을 제공하는 등 적극 후원하였다. 그 결과 풍수원본당의 신자들 상당수가 의병운동에 가담하게 되었다. 1910년 일제의 침략이 더욱 노골화되자 본당 사랑방에 삼위학교(三爲學校)를 개설하고 논산에서 교사를 초빙하여 학생들에게 신학문을 가르치게 하고 『월남망국사(越南亡國史)』를 보급하여 읽게 하는 등 민족의식의 고취에도 노력했다. 당시 뮈텔 주교가 일선 신부들에게 선교우선정책·정교분리원칙을 지침으로 내려 보내던 상황을 감안할 때 그의 노력은 더욱 돋보인다고 하겠다.

정규하는 1942년 6월 김학용 신부가 보좌로 부임하자 본당 운영을 위임한 뒤 노환으로 요양하던 중 이듬해 10월 23일 81살을 일기로 선종, 성당 뒷산 성직자 묘지에 안장됐다.

참고문헌

한국민족문화대백과사전(http://encykorea.aks.ac.kr).
「한국교회 사제 열전4. 정규하 신부」, 『평화신문』 제1032호, 2009년 8월 23일.

이기영

李箕永, 1895~1984

이기영

본관은 덕수(德水). 호는 민촌(民村)이다. 1895년 5월 29일 배방면 회룡리에서 태어났다. 그러나 그가 실제 유년시절을 보낸 곳은 천안 북일면 중암리라는 농촌마을이었다. 그곳은 천안읍에서 불과 10리 떨어진 곳으로 주민 대부분이 화전민과 소작농이었다.

나중에 그의 자서전적 소설 『봄』의 배경이 된 곳이기도 하다. 이기영은 11세 때 어머니 박씨(1869~1905)를 장티푸스로 여의었다. 아버지 이민창은 1892년 무과급제한 후 서울에서 출세하려던 뜻을 부인이 사망한 후 접고 말았다. 그는 충무공 이순신의 12대손으로 증조부 이좌희는 무과급제하여 선전관이 되었고 조부 이규완도 무인으로 지냈다.

어머니의 죽음은 그를 문학의 길로 이끌었다. 부친은 당시 외지로만 떠돌아 그는 늘 할머니에게 의지하고 살았다. 이때 신소설을 탐독하고 외국 번역서들을 접했다. 이기영은 "그중에는 「서서건국지」, 「갈소사전」, 「쟌다르크」 등이 기억에 남고, 신소설 중에는 이인직의 「치악산」을 처음으로 읽었다"고 회고했다. 주변에선 그를 '소설낭독 꾼'이라고 부르곤 했다.

어머니가 세상을 떠난 이듬해에 사립 영진학교(寧進學校)가 그의 부친과 군수 안기선(안막의 부친), 무관학교 출신 심상만 등에 의해 설치되고 서당에만 줄곧 다니던 그는 1907년 이 학교에 입학했다. 1910년 강점이 되던 해에 그는 잠업전습소(蠶業傳習所)에 입소해 6개월 과정을 졸업하기도 했지만 결국 답답한 시골을 벗어나고 싶어 출가를 시도한다. 그는 1908년 네 살 연상인 조병기(趙炳箕)와 이미 결혼한 상태였는데, 자신을 이끌어 줄 '진인(眞人)'을 만날 것을 기대하면서 삼남지방을 떠돌아 다녔다. 방랑생활을 마치고 고향으로 돌아온 이기영은 한동안 기독교에 경도되기도 했다. 이를 계기로 그는 논산 사립 영화여학교의 교원으로 취임했다. 교원생활을 그만 두고 집으로 돌아온 민촌은 제1차 세계대전이 끝난 직후인 1918년 유행성 감기로 할머니와 아버지를 2주일 간격으로 잃게 된다. 그는 이 시기 군청 고원(雇員)으로 지내다가 호서은행(湖西銀行)에 3년간 재직했다.

3·1운동이 조선을 휩쓴 뒤인 1922년 이기영은 일본 유학을 떠났다. 그의 나이 벌써 28세였다. 그는 도쿄의 세이소쿠(正則) 영어학교를 고학(苦學)을 하며 다녔다. 그러나 1923년 일어난 관동대지진은 유학생활을 더 이상 지속할 수 없게 했다. 그는 동아일보사에서 마련한 구조선을 타고 일주일 만에 부산에 상륙했다. 일본 유학 시절 그는 러시아 문학에 심취했다. "나는 뿌쉬낀, 고골리, 톨스토이, 뚜르게네

브, 체호브, 고리끼의 작품들을 읽었는데 특히 고리끼의 작품을 애독하였다. 고리끼의 작품들에는 낡은 사회를 때려 부수기 위한 노동계급의 영웅적 투쟁의 위대성과 인민들의 아름다운 품성이 반영되고 압박과 모욕을 반대하는 반항자들의 항거정신이 울려나왔다."

이듬해인 1924년 그는 『개벽』 잡지의 현상공모를 통해 문단에 입문했다. 그리고 유학생 시절 만난 조명희(趙明熙)의 소개로 이후 사회주의 계열 잡지로서의 성격을 강화해 간 『조선지광』의 편집기자직을 얻어 본격적으로 서울 생활을 시작했다. 그리고 이즈음 신여성인 홍을순(洪乙順)을 만나 재혼했다. 그는 조선프롤레타리아예술가동맹(카프, KAPF)에 참가해 활동을 시작했다. 카프와 관련해 그는 두 차례 옥고를 치렀다.

그는 자신의 가난 체험과 당대 식민지 농촌 현실의 총체성을 연계하여 당대의 전형성을 창조하고자 했다. 그의 문학은 당대 프로문학의 수준을 가늠케 한다. 그는 중편 『서화』(1933)와 장편 『고향』 등 기념비적인 작품으로 평가되는 소설들을 발표했다. 일제강점기에 그는 이미 90여 편의 단편소설과 희곡 3편, 평론 40여 편에 14권의 단행본을 내는 등 열정적인 창작활동을 전개했다. 그러나 일제의 감시와 억압 때문에 1944년에는 강원도 철원으로 숨어 들어가서 농사를 지으며 지내다가 1945년 해방을 맞이했다.

해방 후 조선프롤레타리아예술연맹의 창립을 주도했고 그 해 말 월북(또는 북에 계속 잔류)해서 활발한 문학 활동을 했으며 조·쏘문화협회 중앙위원장, 조선문학예술동맹 중앙위원장, 최고인민위원회 부의장을 역임했다. 노력훈장과 인민예술가 칭호 및 국기훈장 1급을

수훈했고 그의 대표작이라 할 수 있는 장편소설『두만강』으로 인민
작가상을 받으면서 노벨문학상감에 오르기도 하였다. 1984년 90세
의 일기로 세상을 떠나 신미리 애국열사릉에 묻혔으며 직계 혈육은
3남 1녀라고 한다. 그 중 2남인 이종혁은 아태평화위원회 부위원장
을 역임하는 등 남측에도 잘 알려진 인물이다.

참고문헌

김성동, 「이기영, 고향 떠나 두만강으로 간 볼셰비키 인민작가」, 『현대사아리랑』,
    녹색평론, 2010.
김홍균, 「민촌 이기영의 자전적 수기 "태양을 따라"」, 『월간 중앙』 2000년 10월호.
우찬제, 「이기영〈고향〉질곡에 빠진 궁핍한 농민의 해방 가능성 모색한 경향소설
    의 기념비적인 장편」(인터넷 네이버캐스트).
조남현, 『이기영』, 건국대 출판부, 2002.
『아산인물록』, 온양문화원, 2009.

조명암

趙鳴岩, 1913~1993

조명암

1913년 1월 10일 태어났다. 본관은 양주(楊洲)이며 아버지는 조경희, 어머니는 조희정이다. 본적은 양주 조씨 세거지인 아산군 탕정면 매곡리이며 영인면 아산리에서 태어났다는 설도 있다. 본명은 조영출(趙靈出)로 영인산(靈仁山) 밑에서 태어났다는 뜻을 갖고 있다 한다. 필명은 조명암 외에 김다인(金茶人), 김운탄(金雲灘), 김호(金湖), 남녀성(南麗星), 부평초(浮萍草), 산호암(珊瑚岩), 양훈(楊薰), 이가실(李嘉實), 함경진(咸璟進) 등을 썼다.

아버지가 일찍 사망하고 집안 형편이 어려워서 어머니와 고향을 떠나 서울에 잠시 머물다 건봉사(乾鳳寺)에 들어갔다. 15세 무렵의 일로 중련(重連)이라는 법명을 얻었고 건봉사 부설 봉명학교(鳳鳴學校)에서 수학했다. 1930년에 한용운(韓龍雲)의 추천으로 서울 보성고등보통학교로 전학했고, 1935년 3월에 졸업했다. 곧바로 일본 와세다대(早稻田大) 제이고등학원에 입학해 1937년 졸업했다. 이어 1938년 와

세다대 불문과에 입학해 1941년 졸업했다.

봉명학교에 다니던 1929년부터 다양한 지면을 통해 시문(詩文)을 발표했고 1934년『동아일보』신춘문예에 시「동방의 태양을 쏘라」가 당선되어 정식으로 등단했다. 이때 시와 함께 유행가 부문에서도 〈서울노래〉가 가작으로 뽑혔고 이 작품이 조명암이 쓴 가사로는 처음으로 1934년 5월 콜럼비아레코드사에서 음반으로 발매되었다. 이후 1945년까지 시를 약 70여 편 정도 발표했으나 시보다는 대중가요 가사로 더 많은 주목을 받았다. 그가 해방 전까지 쓴 대중가요 가사는 약 600여 편 정도로 알려지며 〈바다의 교향시〉, 〈꿈꾸는 백마강〉, 〈선창〉, 〈신라의 달밤〉, 〈알뜰한 당신〉, 〈목포는 항구다〉, 〈화류춘몽〉, 〈고향초〉, 〈낙화유수〉 등이 대표적이다.

한편 그는 일제 말기 〈지원병(志願兵)의 어머니〉, 〈아들의 혈서(血書)〉, 〈아세아(亞細亞)의 합창〉, 〈총후(銃後)의 자장가〉, 〈그대와 나〉, 〈혈서지원(血書志願)〉 등 40여 편의 군국가요를 작사했다. 〈혈서지원〉의 후렴구에서는 "나라님의 병정 되기 소원입니다"라는 가사를 넣었다. 또한 친일연극 〈노예선(奴隷船)〉, 〈아편의 항구〉, 〈성난 아세아〉, 〈현해탄〉 등의 대본과 연출도 담당했다. 〈현해탄〉은 한센병을 앓으면서도 세균 병기를 개발하기 위해 헌신 노력하는 주인공을 중심으로 지원병에 나서는 대학생들, 그런 대학생들에게 "훌륭한 폭탄이 되어" 달라고 부탁하는 여인들, 주인공을 위해 헌신하는 사람들의 모습을 그리고 있다.

1945년 해방 이후에는 좌익 성향의 활동을 전개했다. 8월 조선문화건설중앙협의회 산하 조선연극건설본부 극작부 집행위원으로 참여했고, 이어 12월에 결성된 조선문학가동맹 시부(詩部) 위원으로 활동했다. 거의 같은 시기에 결성된 조선연극동맹에서는 부위원장으로 선출됐다. 1948년 8월 대한민국 정부가 수립되자 다른 좌익 계열 문인들과 함께 월북했다. 월북한 이후 문화선전성 창작위원회 소속으로 계속 작품활동을 했고 6·25전쟁 중에는 인민군 종군작가로서 활동했다. 1956년 10월 북한 작가동맹 중앙상무위원으로 선출되었고 1957년 11월 국립민족예술극장 총장, 1958년 북한 교육문화성 부상(副相)에 취임하였다. 1957년에 그때까지 지은 시를 모은 『조영출 시전집』을 출간하고 1961년에는 『조영출 희곡집』을 간행했다. 1962년 12월 문학예술동맹 중앙위원회 부위원장을 맡는 등 북한에서는 계속 영향력 있는 문인으로 활동했으나 남한에서는 1965년에 조명암이 작사한 대중가요를 공식 금지곡으로 지정했다. 환갑을 맞은 1973년에는 국기훈장 제1급과 '김일성상 계관인' 칭호가 수여됨으로써 북한 문인으로서 최고의 대우를 받았다. 이후 만년에도 계속 활발하게 작품활동을 했고, 1988년에는 피바다식 가극대본 〈춘향전〉을 창작했다. 같은 해 일본 조총련계 언론을 통해 자신의 작품이 남한에서 금지·개사(改詞)된 것에 대해 항의하는 입장을 밝혔다. 조명암의 대중가요 작품은 1992년에 해금되어 음반 발매가 다시 가능해졌고, 1994년에는 모든 제한이 풀려 방송도 가능하게 되었다. 1993년 5월 8일 평양에서 지병으로 사망했다. 그 후 서귀포에 노래비 (1997), 건봉사에 시비(2001), 예산 덕산에 노래비가 세워졌고 2003년에는 딸이 주도해서 『조명암 시전집』이 발간되었다.

참고문헌

「향토지 발간, 잊혀진 역사 되살려」, 『대전일보』 2006년 10월 27일.
친일인명사전 편찬위원회, 『친일인명사전』, 민족문제연구소, 2009.
『아산인물록』, 온양문화원, 2009.

박치갑

朴致甲, 1919~1945

1945년 8·15해방 당시 함남 영흥군 인흥면 동천리 51번지에 본적을 둔 27살의 청년으로 신창면 오목국민학교 6학년 담임을 맡고 있었다. 함경도 사람이 멀리 아산까지 오게 된 이유를 자세히 알 수 없지만, 공립학교이니 당국의 배정을 받았기 때문이라고 봐야 하겠다. 해방정국의 한 신문자료에 따르면, 박치갑은 광복이 되자 읍내 유지들과 함께 치안유지를 목적으로 관내 각 기관을 일본인의 손으로부터 지키기 위해 일본인 세력을 배격하기에 힘썼다고 한다. 그러나 이러한 태도는 불과 얼마 전까지 통치자였던 일본인들에게 불손하게 보였을 것이다. 결국 불만을 품은 당시 학교장 오오이시(大石)와 주재소 주석 다까다(高田) 두 일본인은 아산 주둔 일본군 제223부대와 밀통을 해 헌병 여섯 명을 불러 8월 20일 그를 살해했다. 자료의 부족으로 자세한 내막은 더 이상 알기 어렵다. 그러나 이 사건은 일제가 우리 땅을 떠나는 그날까지 기득권을 잃지 않기 위해 기존의 관·군의 힘을 동원해 벌인 수많은 사건들 중 하나였으리라는 점은 쉽게 짐작할 수 있다. 당시 신창면민들은 박치갑 교사의 장례를 9월

30일 신창면민장으로 치렀다.

참고문헌

「충남 아산에서 일본 헌병 조선인 교사 학살」, 『매일신보』 1945년 10월 11일.
조형열, 「8·15광복 직후 신창면 오목국민학교 박치갑 교사의 죽음」, 『온양신문』
　　2012년 8월 7일.

임경재

任璟宰, 1876~1955

본관은 풍천(豊川), 호는 원인(圓人)이다. 경기도 포천에서 출생했다. 아산과의 인연은 1920년대 중반 이후 온양에 살면서 시작됐다. 1893년 상경하여 1895년 관립 외국어학교가 설립되자 일본어부(日本語部)에 입학하여 졸업하였다. 일본어부의 교과목에 '관청 및 상업용 부기(官廳及商用簿記)'가 있었으므로 그 때 부기를 습득하였다. 1906년 광성의숙(廣成義塾)이 설립되자 1907년 그 학교의 강사가 돼 교육자 생활을 시작했다. 1908년 전임강사가 되고, 1909년 학교명이 휘문의숙(徽文義塾)으로 개칭되면서 학감(學監)이 되었다. 1916년 제2대 휘문의숙장에 취임하였고, 1918년 휘문고등보통학교로 교명이 변경되어 교장이 되었다. 1922년 재단이사를 겸임하다 1924년에 사임하였다.

그는 『간이상업부기』(1908)와 『신편은행부기학』(1908) 등 두 권의 부기 교과서를 쓴 저자답게 보성전문학교에서 부기학 강사를 역임하는 등 부기학의 발전에 큰 공헌을 했다. 또한 조선교육회의 창립 발기인이었고, 고학생구제회, 조선체육회, 민립대학기성회 등의 단체에서 활동했다. 한편 1921년 휘문고등보통학교의 교장으로 재직하면서 직·간접으로 주시경(周時經)의 영향을 받은 최두선(崔斗善)·장지영(張志暎)·이병기(李秉岐)·김윤경(金允經) 등 15, 16명의 동지와 함께 조선어학회의 전신인 조선어연구회(朝鮮語研究會)를 민간학회로 창립하여 초창기 우리나라의 국어운동에 이바지하였다.

정확히 언제 온양으로 내려왔는지 알 수 없지만 1927년 한 일간지에 이미 그가 온양에 내려와 생활하고 있었음을 보여주는 기사가 수록돼 있다. "충남 온양 온천리는 일거일래로 지방이 발전하여 가나 하등의 교육기관이 없어서 수년 전부터 동리 유지 제씨와 고심강구한 결과 작년 추기(秋期)에서야 온양 제2보교의 창립회 발기가 있어서 기성회를 조직한 후 수천원의 기부 신립(申立)이 유(有)하였으나 아직까지 그 실현을 볼 수 없음으로 일반은 조감(造憾)을 마지 않는 바 1개월 전에 동리 진흥회장 본사 아산지국 총무 조병하(趙炳夏)씨의 알선으로 온천리야학회를 창립하고 남자부 교수로는 전(前) 모고(謀高) 교장이던 임경재(任璟宰) 선생과 조병하씨가 담당 교수하고 여자부는 조만형(趙萬衡)군이 담당 교수한다는 바 전기 삼씨는 무보수로 교수한다 하며 더욱이 조병하씨와 조만형군은 부자관계면서 헌신적으로 교수한다는데 남녀 생도 합하여 백여 명에 달한다더라." 1928년에는 『동아일보』 아산지국장으로 취임했다가 얼마 후 곧 사직했다. 이후 고문직을 수행했다.

온양에 있을 때인 1931년 이순신(李舜臣)의 묘소와 위토가 경매될 지경에 이르자 각계각층의 성금으로 부채를 청산하여 남의 손에 넘어가는 것을 막고, 현충사를 중건할 때 적극적으로 참여하여 활약했으며, 일제강점기에는 시종 일본에 대한 협력을 거부하였다.

1945년 해방이 되자 주변의 권유로 또 다시 교육재건에 앞장섰다. 1946년부터 1947년까지 사립 온양중학원의 원장으로 취임해 1947년 6월 1일 온양중학원과 신창여자실습학교를 합병하여 남녀 공학인 온양초급중학교가 정식 인가되어 발족되었다. 오늘의 온양중학교, 온양고등학교, 온양여자중학교, 온양여자고등학교의 전신이 되는 것이다. 1955년에 사망했다.

참고문헌

한국민족문화대백과사전(http://encykorea.aks.ac.kr).
「社告」, 『동아일보』 1928년 6월 13일.
「社告」, 『동아일보』 1928년 7월 20일.
온양시지 편찬위원회, 『온양시지』, 1989.
『중외일보』 1927년 3월 17일.

한창우

韓昌愚, 1910~1978

한창우(분도 : 세례명)는 아산군 인주면 공세리 64번지에서 우리나라가 일본에 강점되던 해인 1910년, 아버지 한규동(韓奎東 : 요한)과 어머니 김창옥(金昌玉 : 발바라)의 장남으로 출생했다. 본관은 청주이고 옥천공파(玉川公派) 30세손이다. 그의 조부는 한덕회(韓德會 : 베드로)이고 그는 장녀 계동(桂東), 장남 규동, 차남 태동(台東) 등 삼

한창우

남매를 두었다. 어머니 김창옥은 당진 출신으로 김철규(金哲珪) 신부의 고모이다. 김철규 신부는 제2공화국 장면 정부에서 막강한 영향력을 행사한, 한국 야당 정치권에 있어서 영향력 있는 인물이었다. 조부 한덕회는 소출 2000석의 지주였고, 부유한 집안 환경은 그의 자손들에게까지 이어졌다. 한씨 가문은 공세리성당에 출석하고 세례를 받은 독실한 천주교 집안이었다. 1923년 『동아일보』에는 민립대학기성회 아산지방부 발기인 명단이 있는데, 아버지 한규동의 이름이 실려 있다. 이를 통해 아산군 내 제법 이름 있는 유력자였음을 짐작할 수

있다.

한창우는 1921년 4월, 영인면 아산리의 아산공립보통학교에 입학해, 1925년 5년 만에 졸업하고 같은 해 휘문고보에 입학했다. 1930년 3월 휘문고보를 졸업하고 이듬해 수원고등농림학교에 입학했다. 이 해 봄에 그의 집안이 아산에서 서울로 이사를 했다. 그는 천주교계통 학교였던 동성상업학교의 박준호 교장의 스카우트 제의를 받고 수원고농을 졸업하자마자 1934년, 교사로 부임했다. 그리고 휘문고보 선배이자 당시 교사였던 정지용의 중매로 김유경(金裕卿)과 결혼했다. 김유경은 전남 강진의 만석군 김영수(金榮洙)의 딸이다. 1935년 한창우는 장녀 광희(光姬)를 낳았는데, 그녀가 이후 장면 총리의 차남인 장건(張建)과 1960년 혼인해 두 집안은 사돈을 맺게 되었다.

1947년 4월, 한창우는 천주교가 주관하던 경향신문사 비서장 겸 경리부장으로 취임했고 그 해 영업국장, 부사장 등으로 연달아 자리를 옮겼다. 그리고 1949년에는 사장에 취임했다. 그는 경영난에 빠져있던 경향신문사를 정상화 하는 데 최선을 다 했고, 혼란이 가중된 해방정국에서 장면 박사, 노기남 주교와 함께 천주교계를 이끌면서 적극적으로 활동했다.

6·25전쟁 중에는 한국 신문사에 있어서 획기적인 사건을 기획하기도 했다. 9·28 서울 수복 이후 국군과 함께 평양에 입성한 종군기자로 하여금 『경향신문』 전선판(前線版)을 발행토록 한 것이다. 첫 신문은 1950년 10월 29일 발행되었고, 전세의 변화로 그 후로 약 30일간 더 발행되었다. 한창우는 피란지인 부산에서도 신문 발행을 진두지휘했다. 그는 이후로도 축쇄판 발행, 연재만화「두꺼비」게재, 견

습기자 모집, 신문사 사옥 불하와 윤전기 도입 등으로 사세 확장에 큰 공적을 쌓았다.

한편 그는 1955년 민주당 창당과 57년 장면이 부통령으로 선출되는 데도 정치적 역할을 했다. 그와 함께『경향신문』의 이승만 정부에 대한 비판의 논조도 더욱 강해졌다. 이에 따라 정부와 관공서의『경향신문』구독 방해도 잇따랐다. 그리고 결정타는 1959년 4월 30일, 이승만 정부에 의해 이루어진『경향신문』의 폐간 조처였다. 한창우는 서울고법에 폐간 처분 집행정지를 구하는 행정소송을 제기하고 법원이 이를 받아들이며 재발간할 수 있게 되었으나, 정부는 그날로 무기정간 처분을 내렸다.

한창우가 이끌던『경향신문』은 4·19의거로 다시 살아나게 되었다. 4월 26일 대법원은 '정간 처분 집행정지 결정'을 내렸다. 그는 4·19 이후 민주당 정부가 수립되었지만, 정치에 나아가지 않고 신문사를 지켰다. 그러나 이듬해 5·16군사쿠데타가 일어나면서, 6월 4일 그는 신문사 사장직을 잃게 되었다. 그리고 9월 11일에는 반혁명행위 혐의로 혁명검찰부에 구속되었다가 공소취하로 출감했고 12월 2일 경향신문사를 완전히 떠나게 되었다.

1963년 그는 유원흥업(裕原興業) 회장으로 취임, 사회활동을 이어갔으나 이전과 같은 뚜렷한 족적을 남기진 못한 채 1978년 12월 9일 세상을 떠났다. 그의 영결식은 명동성당에서 김수환 추기경의 집전으로 엄수되었고, 경기도 평택군 도곡면 선영에 안장되었다.

참고문헌

「民大 기성실행」, 『동아일보』 1923년 4월 29일.

경향신문사 한창우 사장 약전 및 추모문집 간행위원회, 『小愚』, 1991.

성인기

成仁基, 1907~1966

1907년 11월 7일 충남 아산에서 태어났다. 본관은 창녕(昌寧). 아버지 성환중(成煥中)과 어머니 최치만(崔治萬)사이의 5남매 중 맏아들로 300섬지기 농가에서 출생하였다. 16세에 서울로 중학시험을 보러 떠나기 20일 전에 이기순(李奇順)과 결혼하였다. 서울의 중앙고등보통학교(中央高等普通學校) 입학시험

성인기

에 낙방하고, 중동학교(中東學校)에 입학하였으나, "서울 공부의 학비는 대주지 못한다"는 아버지의 고집 때문에 일본인 회사에서 학비를 벌며, 한때 선린상업학교(善隣商業學校)의 야간부에서 학업을 보충하면서, 중학학업을 마쳤다. 중동학교에서 교장이던 최규동(崔奎東)의 도움으로 일본유학 교비생으로 뽑혀, 1933년 일본 와세다대학(早稻田大學) 정경학부 정치학과를 졸업하였다.

귀국하여 최규동으로부터 언론계 진출을 권유받아 『조선일보』 기자로 들어가 그해 12월부터 언론계 생활이 시작되었다. 입사하여 4

년 동안 사회부 기자로 활동하였으며, 1938년 8월에 편집부 기자, 같은 해 12월에는 논설위원으로 사설을 집필하기도 하였으며, 1940년 8월에는 편집부 차석이 되었다. 이때 『조선일보』가 폐간을 당하여 약 3개월 휴면하였다가, 1940년 11월 『매일신보』에 입사, 지방부장을 거치며 광복을 맞았다. 1940년 본부인과는 사별하고, 1941년 김수한(金壽漢)과 재혼하였다.

해방 직후 『조선일보』 복간사업에 참여하여 1945년 9월 재입사, 편집책임을 맡았으나 3개월 만인 1946년 2월 사상 관계의 모함을 받아 주저함 없이 회사를 떠났다. 같은 해 3월 성재경(成在慶)이 운영하던 대성출판사(大成出版社)의 고문으로 들어가 밀(Mill, J. S.)의 『자유론』, 손문(孫文)의 『삼민주의』, 아리스토텔레스의 『정치철학』 등 정치사상 서적 5권을 번역, 간행하였다. 1950년 2월 조선일보사 사장 방응모(方應謨)로부터 세 번 째 부름을 받아 편집국장으로 취임하였다. 같은 해 6·25전쟁이 발발, 인민군의 조선일보사 검색으로 직원 80여명이 북한 정치보위부에 끌려가 곤욕을 치르고 풀려난 일이 있으며, 8월 5일 서울을 탈출하여 향리인 아산에 피신하였다. 1951년 1월 조병옥(趙炳玉)의 연락을 받고 부산으로 내려가 피난지에서 『조선일보』를 발간하였다. 4월에는 수원에서 전시판(戰時版)을 발간하였으며, 1958년 11월 천관우(千寬宇)에게 편집국장을 물려주기까지 10년 가까이 『조선일보』로서는 최장수 편집국장을 지냈다. 그 뒤 부사장으로 만 2년 동안 재임하였다.

4·19가 나던 1960년 7월, 5대 총선에 향리인 아산 지역구에서 출마했다가 낙선하였다. 당선자는 민주당 후보 성기선(成耆善)이었다.

이듬해인 1961년 한국일보사 부사장으로 취임, 주필을 겸임하였고, 1963년 민주공화당의 창당발기인이 되었다. 그해 11월 서울 영등포에서 공화당 공천을 받고 출마했다가 낙선하였다. 같은 해 5월 당무위원, 12월 정책위원을 거쳐 1964년 12월 홍보분과위원장을 역임하기도 하였다. 1966년 7월 9일 사망했다. 장례는 서울 조계사에서 거행되었으며 장지는 시흥 신동면이었다.

참고문헌

한국역대인물종합정보시스템(http://people.aks.ac.kr/index.aks).
「대한민국건국십년지」(인터넷 한국역사정보통합시스템).
「성인기씨 별세」, 『경향신문』 1966년 7월 11일.

이항녕

李恒寧, 1915~2004

이항녕

　　법학자이자 문학가. 소고(小皐) 이항녕은 둔포면 둔포리에서 아버지 이병민, 어머니 정병진의 사이에서 장남으로 태어났다. 그가 남긴 회고에 따르면 할아버지는 한학에 조예가 있는 분으로 손자를 신식학교에 보내는 걸 반대하셨는데, 부친이 둔포공립보통학교의 훈도로 있으면서 그를 이 학교에서 공부시켰다고 한다. 교육열이 강한 부친 때문에 6학년 때 온 집안이 경성으로 이주했고, 그는 경성 창신보통학교를 거쳐 제이고등보통학교, 경성제대 법문학부 법학과를 졸업했다.

　　이항녕은 많은 동창생들이 그러했던 것처럼 고등문관시험을 준비했다. 물론 당시에도 민족의식이 투철한 저항적 학생들이 있었지만, 집안 형편이 넉넉지 못한 그는 체제 순응형이었다. 그는 졸업을 앞둔 1939년 시험에 합격했고, 해방 전까지 하동군수, 창녕군수를 지냈다.

1945년 8·15해방. 이항녕은 일제 말 강제공출, 징용, 징병에 앞장 선 친일 전력을 부끄러워했고 민족 앞에 속죄하길 원했다. 미군정 하의 미군 도지사는 그가 계속해서 행정사무를 맡아주길 원했다. 그러나 그는 국민학교에서 학생을 가르치며, 자신도 새로 태어나고자 했다. 이후 그는 중학교, 농업고등학교 교장을 맡으며 교육에 힘썼다. 그를 아는 사람들이 '이항녕은 중등학교에만 있기 아까운 사람'이라면서 대학으로 끌었고, 동아대, 부산대, 성균관대를 거쳐 1954년 고려대 교수로 부임했다.

1960년 4·19혁명이 요원의 불길처럼 번지던 때, 이항녕은 '학생들의 피에 보답하라'는 교수단 시위에 참여했다. 그것은 군경의 총탄에 목숨을 잃은 학생과 시민에 대한 염치, 그리고 민주주의에 대한 신념 때문이었다. 그는 같은 해 5월부터 8월까지 문교부 차관으로 활동하기도 했다. 또한 이 시기 〈청산곡〉이라는 자전적 소설을 써 친일을 공개적으로 참회했다.

다음 해 5·16군사쿠데타가 발발하고 박정희정부가 수립되었다. 군사정부는 체제 안정과 경제발전을 위해 일본과의 국교정상화를 추진했고 이는 대규모 학생시위를 유발했다. 1964년 6·3운동이 그것이다. 이항녕은 이 무렵 '5·16은 4·19에 대한 반역이고 한일협정은 일본에 나라를 팔아먹는 것'이라고 강력하게 비판했다. 이로 인해 그는 1965년 9월부터 1년 6개월간 교수직에서 쫓겨나기도 했다.

이후 그는 1972년 홍익대 총장으로 취임해 1980년 퇴임했다. 이 시기에도 그는 수많은 일화를 남겼다. 이 중 신문에 기고한 다음 글은 시사하는 바가 크다. "나는 한 끼의 점심값으로 수천원을 쓰고도 하루 종일 뼈아프도록 일하고 겨우 천원도 못 되는 삯을 받는 청소부 아주머니를 동정해 본 일이 없습니다. 이런 내가 무슨 지도층에 속한단 말입니까?"

민족사회 앞에 과거 자신의 친일을 시인·반성한 것, 민주주의와 민족주체성 확립을 내건 4·19혁명과 6·3운동을 지지한 것, 그리고 사회지도층으로서 힘들게 하루하루를 사는 이들에게 따스한 시선을 보낸 것 등은 그가 자신의 사회적 책무, 도덕적 책임을 깊이 깨닫고 있었음을 보여준다.

이항녕은 공직에서 물러난 후에도 우리 사회의 도덕적 가치를 바로 세우기 위한 각종 단체에 참여하는 한편 문필 활동도 계속했다. 만년에는 나고 자란 고향땅에 대한 그리움으로 아산의 산천에 대한 애정이 담뿍 담긴 시조 몇 수를 남기기도 했다. 아산에서 태어나 아산을 마음에 품고 세상을 떴으니, 그의 한 평생은 아산을 떠나서 결코 설명할 수 없을 것이다.

　　둔포에서

　　높은 산도 있지 않고 넓은 강도 아니지만
　　언덕은 아름답고 맑은 물은 시원하다
　　옛날은 이곳까지 배가 드나들었다

　　철도부설 둘러싸고 평택에 뒤졌지만
　　교육열 대단해서 일찍이 학교섰다
　　어려서 배우던 집은 고목들이 무성타

여기서 내가 나고 여기서 내가 컸다
살던 집은 허물어져 자취도 희미한데
탐스런 무궁화꽃은 온 둔포에 피었네

참고문헌

이항녕, 『작은 언덕 큰 바람: 소고 이항녕 선생 유고집』, 나남, 2011.
조형열, 「아산의 현대 인물을 찾아서, 소고 이항녕 선생」, 『행복한 아산 만들기』,
　순천향대학교 아산학연구소, 2013.

이남덕

李南德, 1920~2012

이남덕의 가족. 남편은 국사학자 김성칠이다.

본관은 연안(延安). 부친의 고향은 아산 신창면이고 조부는 이남덕이 태어날 때 면장이었다고 한다. 신창면 서기를 역임했고 1921~22년 사이 신창면장이었던 이기경(李起鏡)으로 추정된다. 차남이었던 부친은 어려서부터 활동적인 성격으로 보통학교를 마치고 무작정 상경, 공업학교에 다니는가 하면 전차 차장으로 일하기도 했다. 어떤 이유에서인지 다시 고향으로 내려가 농촌개량사업에 몰두했다 한다. 그런데 3·1운동이 일어나고 여기에 연루돼 유구 마곡사에 1년 정도 피신해 지냈다고 한다. 이남덕은 피신을 마치고 내려온 뒤인 1920년 음력 9월에 태어났다. 부친은 또 다시 함경도 지방으로 피신해 그곳 금광(金鑛)에서 일했다. 십장에서 출발해 산판 주인의 눈에 띄어 공동 소유자로까지 출세했고 1931년 만보산사건 이후 일본의 대륙침략이 본격화되면서, 화교(華僑) 재산을 대거 인수하게 돼 함흥 부근 천내리 최대의 거상이 되었다. 어머니는 이남덕이 10살 무렵에 딸을 데리고 부친을 찾아 그곳으로 찾아왔고, 이남덕의 함경도 생활이 시작됐다.

그는 군청 소재지에 있는 보통학교까지 6년 동안을 기차 통학을 했다. 그리고 부모는 이웃마을에 일본인 소학교 고등과(2년제)가 생기자 진학시키기 위해 이사를 했다. 1936년 3월 학교를 졸업하고 그는 독학을 하면서 와세다대(早稻田大) 강의록의 중등과정과 전문과정(國漢文 전공)을 읽었는데 전문학교 입학자검정시험에 합격해 이화전문(梨花專門)에 입학할 수 있었다. 이후 당시 조선 내 최고학부인 경성제대(京城帝大) 선과(選科) 조선어문학 전공으로 입학했다. 그는 상급생도 동급생도 없는 단 한 사람의 학생이었고 입학한 지 얼마 안 돼서 경찰의 가택수색을 받고 각종 책을 압수당하고 서대문경찰서에 호출을 받아 심문을 받기도 했다. 이 시기 그는 그의 생애에서 중요한 두 가지 계기를 맞이하는데 첫째는 민족의 역사, 민족의 근원을 알고 싶다는 순수한 염원으로부터 민족어의 기원을 캐는 작업으로 나아갈 것을 결심한 것이고 둘째는 1944년 김성칠(金聖七)과 결혼을 한 것이다. 그들이 처음 만난 것은 1942년 한문 강의시간이었다. 김성칠은 1913년에 경북 영천(永川)에서 태어났다. 그는 대구고보 재학 중 독서회 사건으로 검거되었고 이후 경성법전(京城法專)을 졸업하고 5년간 금융조합의 이사로 재직했다. 그는 이 시기 『열하열기(熱河日記)』 등을 통해 국학 연구에 몰두했다. 그리고 1941년에 경성제대 법문학부 사학 전공으로 입학했다. 1943년 학병 동원으로 위기에 처했을 때 다행히 건강상의 이유로 빠져나오고, 1944년부터 다시 충북 봉양(鳳陽)의 금융조합 이사로 복귀했다. 부부는 8·15해방을 봉양에서 맞이했다.

김성칠이 1945년 12월에 금융조합연합회 지도과장으로 발령이 나면서 그들은 서울로 이사했다. 김성칠은 연합회를 그만두고 역사 연구의 길로 나아갔다. 1946년 경성대학 사학과 조수로 시작해 1947년 서울대 사학과 조교수로 취임했다. 그는 철저히 좌우익을 배격하고 중도(中道)의 길을 걸었고 민족문화에 대한 깊은 애착을 갖고 있었다. 김성칠은 6·25전쟁이 발발한 이듬해인 1951년 10월 8일 밤 고향 영천에 다니러 갔다가 자던 중 괴한의 저격으로 작고했다.

이남덕은 9년을 알고 지냈고 7년 반을 함께 한 남편을 떠나보내고, 유복자를 포함해 4명의 자식을 책임져야 하는 운명이 되었다. 이남덕은 1952년부터 교육계에 투신해 부산여고, 무학여고, 동아대, 숙명여대 등을 거쳐 1958년부터 이화여대 국문과에 재직했다. 그는 우리말 뿌리 찾기에 평생을 바쳐 국어의 어원을 계통적으로 정리하고, 국어와 일본어의 연관성을 밝혔다. 그 결과물이 『한국어 어원 연구』(1)~(4)이다. 또한 단군 연구에도 노력을 다해 '단군신화'에 대한 주목할 만한 성과를 냈다. 한편 그는 1970년대 이후 불교에 귀의했다. 불교잡지 『불광(佛光)』에 1987년부터 달마다 수필을 연재해 『두메산골 앉은뱅이의 기원』, 『여든 살의 연꽃 한 송이』 등의 수상집을 펴내기도 했다. 이러한 그의 삶을 고은 시인은 『만인보』에서 다음과 같이 읊은 바 있다.

일찍이 의연한 국사학자를 여의고
홀로되어
아이를 키우며
국어학을 하염없이 탐구하였다

조선이 모성의 땅이라
오랫동안 지력(地力)이 견디어주어
모심고
콩 심으면 콩이 났다

그래야겠지
사람이나 짐승이나
죽는 일도 땅으로 돌아가는 일
그런 땅의 말을 섬기기에
그 땅의 심신으로
한 숙연한 아낙이 살아 있다

어떤 일에도 사소사소한 일에도
간절하였다
단군을 잘라낸 시절에도 단군을 꽃구름인 양 노래하였다

장차 이 절 저 절 다니는 구름일진저 물일진저

이남덕은 2012년 9월 6일 별세했다. 그의 아들 김기협은 아버지를 이어 역사학자로 성장했고, 치매와 노인성 질환으로 병상에 누워있는 어머니의 시병일기 『아흔 개의 봄』을 쓰기도 했다.

참고문헌

김기협의 페리스코프(http://orunkim.tistory.com).

「원로 국문학자 이남덕 전 이화여대 교수 별세」, 『프레시안』 2012년 9월 7일.

고은, 「이남덕」, 『만인보』11, 창작과비평사, 1996.

김성칠, 『역사 앞에서-한 사학자의 6·25일기』, 창작과비평사, 1993.

이남덕, 「나의 책, 나의 학문」, 『새국어생활』 제11권 제2호, 2001년 여름호.

이남덕, 『여든 살의 연꽃 한 송이』, 불광출판사, 1999.

고봉주

高鳳柱, 1906~1993

1906년 3월 23일 태어났다. 본관은 청주
(淸州). 호는 석봉(石蜂). 출생지는 충남 예산
이다. 그러나 1960년대 이후 아산에 정착
해 생활하면서 한 일간지에 아산의 자랑할
만한 인물로 소개되기도 했다.

고봉주

7세부터 서당에 입학해 10세에는 한시를
짓는 등 신동으로 불리며 한학을 공부해왔
다. 그가 16세 되던 1921년에 예산공립보통학교를 졸업했다. 19세 되
던 1924년에 일본인 교장 추방운동의 주동자로 국내에서 진학의 길
이 막히자 일본으로 건너가 니혼대학(日本大學) 사회학부 전문반에 입
학했으나 그 해에 조선인노동동맹회(朝鮮人勞動同盟會)에 가입했다가 1
년간 복역하기도 하고 독립선언문 사건으로 요시찰 인물이 됐다.

27세 되던 1932년에 일본인 서예가 히다이 텐라이(比田井天來, 1872~
1939)를 소개받고 3년간 기숙하면서 서예와 전각(篆刻)을 배우기 시작했
다. 그는 일본인 스승은 물론 서예·전각계에서 인정을 받았다. 일제강

점기 일(日)·만(滿)·화(華) 친선 서도(書道) 전람회에서 척무대신상(拓務大臣賞)을 받기도 하였다. 스승인 히다이는 자신의 인주를 폐기하고 석봉의 각으로 전체를 대신하겠다고 선언할 만큼 석봉의 재능을 인정했으며, 그의 기념관에는 많은 일본인 제자들이 있음에도 석봉의 작품이 함께 전시돼 있다.

39세가 되던 1944년에 일본에서의 모든 공직을 사임하고 귀국해, 1950년까지 예산여자중고등학교 교사를 역임했고, 이후 1952년에는 증산교에 들어가 전북 김제 금산사(金山寺)에서 수도 생활을 하기도 했다. 그러다가 1961년 56세 되던 해에 온양에 정착하고 이후 한국과 일본에서 서예와 전각 활동을 활발하게 전개했다.

일본에서의 명성에 대한 일화가 하나 남아 있다. 1965년 한일국교회담이 있었던 해 당시 중앙정보부장인 김종필은 회담에 참석한 일본인 관료로부터 석봉 고봉주라는 이름을 처음 들었다. 일본인 관료들은 석봉의 예술세계를 극찬하며 그의 안부를 물었지만 당시 한국 대표단 가운데 그의 존재를 아는 사람이 없었다. 회담이 끝난 뒤 김종필은 석봉이 누구인지 긴급히 알아보라는 지시를 한 일이 있었다. 그만큼 석봉은 당시 일본에서 전각예술로 극찬을 받는 존재였다.

이후 석봉은 제1회 고석봉 전각서예전을 개최했으며 1974년에는 한국전각협회의 창립회원으로 회원전에 참여했다. 이밖에도 문화공보부 심사위원, 대한민국서예대전 심사위원 등을 역임했다. 1993년 9월 25일 온양시 온천동 130의 6 자택에서 별세했다. 다수의 유작이 있으며, 『고석봉 작품집』 1·2가 출간됐다. 지난 2006년 12월에는 한국(예산군 문예회관)과 일본에서 100주년 기념 유작전이 개최되기도 했다.

참고문헌

「(안내) 석봉선생 유작 전시회」, 대전지방보훈청, 2006년 12월 8일.
「전각가 고봉주옹 별세」, 『경향신문』 1993년 9월 27일.
『경향신문』 1985년 4월 27일.
『아산인물록』, 온양문화원, 2009.

이마동

李馬銅, 1906~1981

이마동

　청구(靑驢) 이마동은 1906년 5월 1일 충남 아산군 영인면 아산리에서 이석민(李錫民)의 외손으로 태어났다. 본관은 연안이다. 그는 보통학교를 마치고 상업학교에 입학했다가 1915년 휘문고보에 편입했다. 어린 시절 그림에 대한 관심은 그가 남긴 「나는 왜 화가가 되었나」라는 글에 간단하게나마 남아 있다. "내가 어려서 그림을 보고 흐믓하게 느껴본 것은 우리집에 유일한 병풍그림이었다. 아마도 무명화가의 작품이었을 것이고 중국풍의 산수화(山水畵)인데 어찌나 그것이 좋았는지 늘 골방에 들어가서는 그것을 써보곤 하였다. 그리고 나도 그려보았으면 하는 마음이 간절하였다. 그러나 누구하나 나의 주위에는 그림에 대한 이야기나 어떻게 그리는 방법에 대해 알려주는 사람은 없었다. …… 우리 동리에 조그마한 아름다운 동산이 있었는데 소나무가 울창하여 언제나 우리들의 놀이터였었다. 그곳에서 내려다보는 우리 동리 우리 집들이 언제 보아도 평화스러웠고 아름다워 꼭 한 번 이것을 그려보려고 하루는 대단한 결심을 하였다. …… 석유상자(궤짝)를 들고 가서 그것을 책상처럼 차려놓고 사생을 하였으니 생각하면 우습고 창피한 일이 아니겠는가. …… 그리하여 그려온 그림을 의기양양하게 안방 벽에 붙여놓고 어른들의 칭찬을 받던 기억이 어제 일 같건만 ……. 나는 소학교를 졸업하자 상업학교에 진학을 하였다. 은행가나 실업가로 키웠으면 하는 것이 부모님들의 뜻이었을 것이다. 그러나 입학을 하고 보니 모든 학과목이 나에게는 흥미가 없었다. 이곳에서도 성적 중 제일 점수가 좋았던 것은 역시 도화(미술)과목이었다. 그 다음해 휘문고 2년에 편입 시험을 치러 합격이 되면서부터 나의 일생의 운명이 결정된 것이 아닌가 생각된다."

청구는 휘문고보 시절부터 그림에 두각을 나타냈다. 휘문고보에서는 고희동(高羲東)과 이한복(李漢福)의 지도를 받아 그림의 기초를 닦았다. 1923년, 서울에 고려미술원이 생기자 동경미술학교를 막 졸업하고 돌아온 이종우(李鍾禹)가 지도를 맡게 된 서양화반에도 나가면서 데생과 유화기법의 기초를 열심히 쌓았다. 당시 경신고보에 다녔던 구본웅(具本雄) 등과 친교를 쌓아 나갔다. 청구는 1926년 스무살의 나이에 일본 도쿄로 건너가 미술학교 입학을 목표로 미술연구소에서 데생 연마에 돌입했다. 그리고 이듬해인 1927년, 그는 동경미술학교 서양화과에 입학했다. 이 미술학교에서는 중후한 사실주의 화가였던 후지시마(藤島武二) 선생으로부터 많은 영향을 받았다.

이 같은 노력과 정진으로 그는 미술학교 재학시 조선미술전람회 7회(1928), 8회(1929)에 특선하였고, 이후 제13회(1934)에도 입선하였다. 미술평론가 이경성은 이때의 작품들에 대해, '대부분 시점을 크게 잡아 형체를 다이내믹하게 다루고 터치도 힘차게 움직여 화면에 큰 움직임을 주고 있다. 그것은 청구의 시각의 탓도 있지만 그가 지도받은 교수의 영향도 있었다. 당시 동경미술학교 교수진은 프랑스에서 인상파와 그 아류에 영향 받은 미술가들로 구성되었고 그 중에는 일본적 풍토성으로 자기의 작품을 순화시킨 이도 있었다. 제13회 조선미술전람회 입선작 〈꽃이 있는 정물〉은 대각선으로 물체를 배치하여 우선 화면에 운동감을 만들고, 거기에다 원경의 석고상과 중경의 탁자 위의 흰 테이블 크로스와 화분 그리고 전경의 꽃분을 명색(明色)으로 처리함으로써 색의 유기적인 관계를 설정하고 있다. 명확한 데생 위에 날카롭게 움직이는 붓의 움직임은 지적이고 명쾌한 분위기를 자아냈다. 이 무렵이 청구로서는 가장 왕성하게 창작에 임한 시절이다'라고 평가했다.

청구는 1932년 동경미술학교를 졸업하고 일본 문부성의 사범학교, 중·고교 도화과(圖畵科) 교원 면허증을 받았다. 한국에 돌아와 이듬해 동아일보사에 입사해 미술기자가 되었다. 그는 연재소설의 삽화를 그리는가 하면 미술관계 기사를 쓰기도 했다. 1934년 5월에는 서울에서 조직된 한국인 서양화가들의 단체인 목일회(牧日會)에 참가하였고, 이듬해부터는 이들과 함께 일본인이 주관하는 조선미술전람회 출품을 외면하고 독자적인 작품 활동을 모색했다. 그러나 이들의 활동은 화신백화점 화랑에서 연 첫 회 창립동인전에 그치고 말았다.

1936년 청구는 동아일보사를 사직하고, 신의주공립상업학교와 신의주여고보 미술교사로 부임했다. 1938년에는 학교를 사직하고 서울로 올라와, 틈틈이 그린 그림을 모아서 1938년 화신백화점 화랑에서 제1회 개인전을 개최하였다. 그 후 1939년부터 1961년까지 오랫동안 보성중고교에서 미술교사로, 교감으로 재직했다.

1945년 해방을 맞이하고 그는 조선미술건설본부(중앙위원장 고희동) 회원으로 참여했고, 1949년 조국의 첫 국전(대한민국미술전람회)에 추천작가로 작품을 출품했다. 1950년 6·25전쟁 때에는 9월 국방부 종군화가단 단장으로 전열에 끼어 적극 참여했고, 12월 가족과 고향 아산으로 일단 피난을 떠났다가 가족은 그곳에 남겨 두고 다시 부산으로 내려갔다. 청구는 1951년 부산 시절에 대한미술협회 부회장으로 화단(畵壇) 행정에 참가했다. 1953년 부산 국제구락부 화랑에서 제2회 개인전을 개최하고 1953년 환도 직후에는 제2회 국전 심사위원으로 피임되어 그 후 역대 국전 심사위원을 역임했다. 그리고 1957년에 대한미술협회 위원장이 되고 같은 해 중앙공보관에서 제3회 개인전을 개최했다. 그 후 1962년에 제4회 개인전을 국립도서관 화랑에서 개최하여 작가로서의 끊임없는 정진을 보여주었다.

1962년에는 서울시 문화위원이 되고 1963년에는 홍익대 교수로 재직하였고 서울시 문화상을 수상했다. 1968년에 홍익대 학장이 되어 미술교육의 최고봉에서 그의 인간적인 역량을 기울였다. 1971년 7월 홍익대학교를 정년퇴직한 후 몇 년 동안 작가생활을 지속하다가 자제들이 이민 간 미국으로 건너갔고, 1981년 75세를 일기로 시카고에서 생을 마감했다.

참고문헌

한국근대미술연구소, 「연보」

이마동, 「나는 왜 화가가 되었나」

이경성, 「이마동의 인간과 작품세계」

『李馬銅 畵集』, 동아일보사, 1986

이종무

李種武; 1916~2003

1916년 9월 10일 온양에서 태어났다. 본
관은 덕수(德水). 호는 당림(棠林). 1935년부
터 춘곡(春谷) 고희동(高羲東)에게 사사했고
1936년 도쿄로 건너가 이듬해부터 가와바
다미술학교(川端畵學校)에서 수학했다. 이때
후지시마 다케지(藤島武二) 등에게 가르침을
받았다. 1941년에는 도쿄의 동방미술학원

이종무

(東邦美術學院)을 졸업하고 도쿄미술전 및 동광회전(東光會展) 등에 출품
하며 활동을 시작했다. 해방 후 귀국해 1946년 동아백화점에서 개최
한 〈양화6인전〉에 출품을 하면서 화단에 자리를 잡기 시작했다. 1947
년에는 대한미술협회 상임위원, 1949년에는 미술문화협회 회원이 되
었고 1952년에는 대한미술협회전에 출품, 제임스. A. 미치너상(賞)을
수상했다. 1955년부터 1958년까지 대한민국미술전람회에 연 4회 출
품하여 계속해서 특선을 받았다. 1952년부터 3년간 숙명여고 미술교
사로, 1955년부터 홍익대학교 미술학부 교수로 취임해 1966년까지

재직했다. 1958년에는 마닐라 한국현대작가전에 참여했다. 1968년 신인예술상 심사위원을 역임했고, 1970년에는 신미술회 회원으로 활동하였다. 1976년 상형전회(象形展會)를 창립하고, 창립회장을 역임하였다. 1979년 아시아현대미술전에 출품하였으며, 1980년 대한민국미술대전 운영위원 부위원장을 역임하였다. 1981년 대한민국미술대전 초대작가로 선정되었으며, 동시에 문화예술상 서울시문화상 심사위원장과 예술문화단체총연합회 부회장을 역임하고, 현대미술관건립기금조성전을 여는 등 활발한 활동을 하였다. 1982년에는 국회의사당 미화자문위원으로 선정되었으며, 현대미술초대전에 초대작가 선정위원으로 활동하였다. 또한 이태리 밀라노시의 초청으로 한국현대미술전에 참여하였다. 1983년에는 수채화작가회장 및 고문을 역임하였으며, 1985년 한국미술대전 심사위원장을 역임하였다. 1994년 예맥화랑에서 신작전을 개최하였고, 1995년에는 상형전을 개최하였다. 1996년 '코리안평화미술전 96'을 도쿄에서 개최하였다. 1997년 자신의 호를 딴 당림미술관을 창립하고, 상형전 명예회장에 올랐다.

대표작은 〈전쟁이 지나간 자리〉·〈향원정〉·〈자화상〉 등이다. 미술평론가 이경성은 그의 작품세계를 다음과 같이 평했다. "화가 이종무의 작품세계를 구조적으로 뒷받침하고 있는 형태 감각은 수평구도이다. 사람의 시선은 좌우로 운동하기 쉽기 때문에 수평감각은 편안하고 안정되어 있다. 화가 이종무가 수평구도를 즐겨서 쓴다는 사실은 조형작업이라는 인공을 떠나서 그의 선천적인 인간형까지도 따지고 들어가야 한다. 즉 거만하지 않고 가장 평민적인 마음씨를 지니고 있는지라 웅대한 것과 장엄한 기상보다는 조촐한 것과 소박한 것을 즐기는 마음의 취향이 긴장을 고조하고 화면의 격만을 따지는 수직구도를 싫어하는 것이다. …… 그는 황갈색의 색채를 좋아한다. 황갈색이란 말할 것도 없이 난색(暖色)계통으로서 그것은 인간성의 부드러움이나 감정을 표시하는 데 적합하다고 본다. 이와 같은 개인적인 취향에서 오는 황갈색의 취향은 곧 한국민족이 갖고 있는 황토의식(黃土意識)에 집결된다. 따라서 화가 이종무가 황갈색을 좋아한다는 것은 그가 곧 선천적으로 한국민족이라는 것을 의미하기도 한다."

그는 국내외에서 약 20회의 개인전을 열만큼 작품 활동에 열정적이었다. 1984년에는 대한민국예술원상을 받았고, 1992년 대한민국문화훈장과 1997년 대한민국문화예술상을 받았다. 2003년 5월 26일에 미수전(米壽展)을 준비하던 중 세상을 떠났다. 그의 묘는 천안공원묘원에 자리 잡았고 아산 송악면 외암2리에 있는 당림미술관에는 현재 동양화·서양화·판화·조각 등 1천여 점의 작품이 있다. 야외 조각공원과 갤러리도 있으며 현재는 차남인 이경렬 관장이 운영하고 있다.

참고문헌

이경성, 「황토의식에 집약된 미의 순례」, 『한국현대미술대표작가 100인 선집』55, 금성출판사, 1977.
『아산인물록』, 온양문화원, 2009.
한국역대인물종합정보시스템(http://people.aks.ac.kr/index.aks).

이순석

李順石, 1905~1986

이순석

호는 하라(賀羅). 본관은 광주(廣州). 아산 인주면 공세리에서 태어났다. 순석은 아명이고, 본명은 이평래(李平來)이다. 다른 형제들과 다르게 그만 아명이 호적상 이름이 됐다. 태어난 지 4일만에 받은 세례명은 바오로이다.

이순석의 집안은 본래 서울 남산에 살았는데 이순석이 태어나기 전 해에 부친 이병무(李秉武)가 가족을 이끌고 낙향했다. 당시 서울에는 일본인들이 진고개(현 충무로)를 중심으로 정착하기 시작했고 그 과정에서 자연히 일본인 아이들과 조선 아이들 사이에 싸움이 잦았다. 그 가운데 한 번은 아이 싸움이 어른 싸움이 되어 일본인이 총으로 조선 아이의 아버지를 쏘아 죽인 일이 있었다. 이병무는 서울이 아이를 기르고 교육시킬 곳이 못 된다고 생각하게 되었다. 1904년에 신부 피정(避靜)으로 전국 신부들이 서울 명동 주교좌에 모였는데 이 때 참석한 프랑스외방선교회 소속 에밀 드비즈(한국명 成一論) 신부의 소개로 가을 무렵 아산으로 이주할 약속을 한다. 대대로 살던 집을 팔고 세간을 정리해 배를 사서 출항했으나 그 찰나 사고로 배가 파손돼 인천에 한 달간 머무르다 동짓달에 아산에 정착했다. 그리고 이듬해인 1905년 1월 태어났다.

어려서 공세리에서 보통학교를 다니며, 문화예술 특히 공예 방면에 많은 지식을 갖고 있던 에밀 드비즈 신부에게 영향을 받았다. 1918년 13세 되던 해 서울에 올라와 용산성심신학교 초등과를 3년 다녔고 동대문상업학교(현 동성고교의 전신)를 졸업했다. 학교를 다니며 고희동(高羲東)의 서화협회에서 양화(洋畵)를 배웠다. 서울에서 다니던 중림동성당에는 프랑스인 빌모어(한국명 禹一模) 신부가 있었는데 그 역시 문화예술에 조예가 깊었고 이순석에게 성당 내 성화(聖畵) 제작을 의뢰해 두 점의 유화를 그리기도 했다. 이는 6·25전쟁 때 망실됐다.

학업을 마친 이순석은 독일인 안드레아 에카르트 신부의 도움으로 독일 베네딕토회에서 경영하던 원산의 해성보통학교 일자리를 얻어 학생들을 가르치면서 독일 유학을 준비했다. 이 때 오(吳)수선아와 결혼을 했고 2남 1녀를 두었다. 그러나 사정이 여의치 않아 유학지는 일본으로 바뀌었다. 그는 1925년 4월 일본으로 떠났고 가와바다미술학교(川端畵學校)에 들어가 도쿄미술학교 입시를 준비했다. 이 시기 교류하던 일본인 화가 니와(丹羽)로부터 "한국은 옛날부터 공예가 발달한 나라인데 양화보다는 도안과에 들어가서 공예미술이나 상업미술 등을 배우는 것이 한국을 발전시키는 데 더 좋겠다"는 말을 듣고, 또한 야나기 무네요시(柳宗悅)의 영향을 받아 방향을 바꿔 도쿄미

공예가 이순석의 작품들

술학교 도안과(圖案科)에 입학했다.

이순석은 1931년 졸업하고 귀국해 도안 개인전을 가졌는데 이는 한국 최초의 디자인전으로 전해진다. 그는 애초에 남만주철도주식회사(滿鐵)에 취직할 예정이었으나 화신백화점(花信百貨店) 사장 박흥식(朴興植)의 요청으로, 또한 다시 집을 떠나기보다는 국내에 있는 게 좋겠다는 가족들의 의견을 받아들여 화신백화점에 취직해 광고와 선전미술 담당으로 활동했다. 그는 2층 한옥이었던 화신을 3층 가건물로 개조해 분위기를 바꾸고 유리진열장과 출입구를 새로 배치했다고 한다.

화신백화점 재직 기간은 그리 길지 못했다. 그는 1930년대 지식인의 집합소였던 찻집 낙랑파라(樂浪Parlour)를 1932년 개업했고 약 3년 동안 경영했다. 낙랑파라는 덕수궁 길 건너 소공동 골목에 위치했는데 덕수궁 미술관을 수시로 다니며 전통공예를 공부할 수 있게 이 자리를 골랐다고 한다. 한편 이 시기는 골동품 수집열이 뜨겁던 시기였는데 낙랑파라 뒤에 화가 구본웅(具本雄)이 운영하는 골동품점이 있어서 두 사람은 친교를 맺었고 이때부터 이순석도 본격적으로 수집에 나섰다고 한다. 이후 일제 말기에는 호구지책 차원에서 털을 팔 목적으로 여우농장을 경영하기도 했으나 그리 오래 가지 못했다.

해방 후 이순석은 서울대 예술대학 미술부 도안과의 지도를 맡았다. 제1회 개인전 이후 작품 활동이 정체돼 있던 그에게 교육자로서의 출발은 새로운 전기를 마련해주었다. 그는 1949년에 2회 개인전인 〈이순석(장식)도안전〉을 개최했다. 그리고 이 무렵 도안과는 명칭을 응용미술과로 바꾸게 된다. 6·25전쟁이 터지기 직전 그는 미국 여행을 계획하고 이미 짐을 부친 상태였다. 그러나 여행은 무산되고 그는 전쟁기간 동안 대구에서 국방부 정훈국 기획전문위원으로 일했고 종군화가단장으로 전쟁에도 참여했다. 1952년부터 전시 수도 부산에서 학교가 문을 열자 다시 교단으로 돌아왔다. 1960년대 이후에는 해외 연수를 통해 우리의 전통공예를 세계로 알리고 외국의 공예미술과 이론을 수용하는 데 노력했다. 또한 1965년에는 회갑 기념으로 제3회 개인전을 열었다. 1966년에는 한국산업디자인진흥원과 대한민국상공미술전람회를 탄생시켜 디자인센터의 소장·이사장·상임고문과 상공미전 심사위원(9차례)을 역임하면서 현 한국디자인 포장센터와 대한민국산업디자인전의 기틀을 다져놓았다. 그리고 1970년에 서울대를 정년퇴직했다.

그는 전 생애에 걸쳐 7차례 개인전을 가졌고 국전·상공미전·가톨릭미술협회전을 통해 활발한 작품 활동을 했다. 중요 초대전(전국공예가초대전, 한국현대공예대전, 1982~1985 현대미술초대전, 1986 현대한국미술상황전 등)에도 빠짐없이 출품하였고, 1984년부터 한국공예가회(현 사단법인 한국공예가협회 전신)전에 고문으로 출품하였다. 그의 초창기 작품은 1920년대 후반 일본 공예계에 유행했던 다양한 양식, 즉 아르누보, 세세션, 바우하우스 등의 양식이 혼합되어 있었다. 귀국한 이후에 그의 작품은 양식이나 형식면에서는 단순화 하거나 양식화 하는 장식적인 일본적인 도안 요소와 서양의 반추상적인 느낌을 주고 있으나, 주제나 모티브는 전통적인 것을 주로 사용하였다. 교육에 있어서도 전통 공예품의 우수성을 역설하고 전통미를 살리는 데 역점을 두었다. 그의 석공예작품은 민화의 모티브나 전통적인 공예품에 나타난 자연물의 형상을 주로 다뤘다. 수석 등의 취미활동에 영향을 받아 돌이 가지고 있는 자연적인 형상과 재질을 충분히 살려 작업하고자 했으며 이러한 가운데 우러나오는 소박하고 무작위의 자연스러운 민예의 미를 살리고자 노력하였다. 그는 기념비적 석조작품(유관순·화랑·해태상 등)과 또 독실한 가톨릭 신자로서 많은 종교 미술품을 남겼는데, 〈명상의 길〉·〈십자가의 길〉 등의 부조작품은 대표적인 것이다. 만년에는 근 10년 동안 병고에 시달리면서도 하라석공예연구원을 운영하였다. 1986년, 82세의 일기로 세상을 떠났다.

참고문헌

한국민족문화대백과사전(http://encykorea.aks.ac.kr).

「노교수와 캠퍼스와 학생-이순석」(1)~(完), 『경향신문』 1974년 3월 9일~23일.

구경화, 「이순석의 생애와 작품연구」, 서울대학교 석사학위논문, 1999.

김화경

金華慶, 1922~1979

충남 온양에서 상업을 하던 집에서 태어났다. 본관은 경주(慶州). 호는 유천(柳泉). 15세에 서울의 조선미술원 연구생이 되어 이당(以堂) 김은호(金殷鎬)에게 배웠다. 스승의 근대적인 채색화 기법을 따른 인물화로써 1940년부터 1943년까지 조선미술전람회(朝鮮美術展覽會, 鮮展)에 거듭 입선하여 화단에 진출했다. 1939년 10월 후소회(後素會)에 가입하였다. 1942년 일본에 가서 동경의 제국미술학교 사범과를 1944년에 졸업했다. 1943년 제6회 재동경미협전(在東京美協展)과 동경 제국미술학교 동창들이 연 백우회전(白牛會展)에 참여하기도 하였다.

김화경은 해방 이후부터 1960년까지 천안 등지에서 중·고등학교 미술교사로 재직하면서 대한민국미술전람회에 참가했다. 미술 창작과는 별개로 6·25전쟁 중인 1950년 9월 향리인 고향에서 인민군으로부터 온양을 수복하는 과정에서 특공대에 참여해 활동했다는 기록도 남아 있다. 1960년대 서울로 올라가 수도여자사범대학 교수로 재직하면서 백양회(白陽會)의 주요 멤버로 활동했고 칸회화제, 말레이시아전 등의 국제 초대전과 국전에 추천작가, 초대작가로 참가했고 개인전 등을 통해 작품 활동을 이어갔다. 또한 미술협회의 이사 및 동양화분과위원장, 국전 심사위원 등을 역임했다.

초기에는 일본화의 영향이 짙은 채색인물화를 그렸으나, 1960년 무렵부터 한촌(寒村)의 초라한 초가집 풍정과 시골의 가난한 생활분위기만을 일관하여 독특한 수묵필치와 채색기법으로 향토적인 정감을 짙게 표출하였다. 속도감 있는 필력으로 초가지붕의 과장된 모습을 그리고, 남편을 기다리는 아낙네와 뛰노는 삽살개가 함박눈이 퍼붓는 분위기에서 우러나는 다분히 구도적이나 서민적인 훈훈한 정감을 나타내는 작품들이 많다.

그는 생전에 비경제적 비위생적이라는 초가가 없어지는 것은 어쩔 수 없지만 뒷동산의 능선과 그렇게 잘 어울리는 초가의 선이 전원에서 사라져 가는 것이 못내 아쉽다면서 "초가집이 아주 사라지기 전에 전통문화재로서 인식을 새로이 해야겠습니다. 남들이 흉내낼 수 없는 조상의 지혜가 담긴 문화재로서 훌륭한 초가가 얼마든지 있습니다"라고 말했다. 이러한 생각을 뒷받침하듯 그는 '초가집 화가'라고 불리며 초가집의 종류가 160종 이상으로 굴뚝만도 26종, 창문은 50여 종이라는 분석을 했고, 호롱·맷돌·키·떡살·절구 등 생활도구 수집에도 나섰다. 1970년대 산업화 과정에서 "초가에서 태어난 사람들이 이제 초가를 없애고 있습니다. 그러나 선조 대대의 손길이 스민 초가집에 애정을 가져야 됩니다"라고 말한 김화경은 대표작으로 〈해와 초가〉 등을 남기고, 1979년 5월 27일 57세의 나이로 사망했다. 장지는 경기도 여주 가남면(加南面) 금당리(金塘里) 남한강공원묘지이다.

참고문헌

한국민족문화대백과사전(http://encykorea.aks.ac.kr).

「농촌화가 김화경씨의 예찬 "초가집은 훌륭한 공예품"」, 『경향신문』1973년 2월 17일.

「동양화가 김화경씨 별세」, 『동아일보』1979년 5월 28일.

온양시지 편찬위원회, 『온양시지』, 1989.

인터넷 두산백과(www.doopedia.co.kr).

순천향대학교 아산학연구소

2010년 1월 창립된 이래 매년 학술회의 개최 및 연구 프로젝트 수행, 관내 3개 대학의 아산학 강좌 운영, 시민과 학생 대상 교육 등 아산지역에 대한 학술적 연구와 교육을 활발하게 진행하고 있다. 간행 도서로는 『아산시대』(정기간행물), 『행복한 아산 만들기』, 『아산의 독립운동사』 등이 있다.

조형열

고려대 역사교육과를 졸업하고, 같은 학교 대학원 한국사학과 박사과정(근현대사 전공)을 수료했다. 2007년부터 순천향대에 출강했다. 그동안 쓴 논문으로 「설태희의 협동조합주의와 '문화운동론'」, 「협동조합운동사의 조직과정과 주도층의 현실인식(1926~1928)」, 「서춘, 일제와 운명을 같이한 경제평론가」, 아산지역사와 관련해 「근현대 온양온천 개발과정과 그 역사적 성격」, 「근대 이후 지역 상황을 통해 보는 아산의 3·1운동」 등이 있다.

한국 근현대 아산 사람들

2014년 12월 31일 초판 1쇄 펴냄

기 획 순천향대학교 아산학연구소
편저자 조형열
펴낸이 김흥국
펴낸곳 도서출판 보고사

책임편집 이경민
표지디자인 윤인희

등록 1990년 12월 13일 제6-0429호
주소 서울특별시 성북구 보문동7가 11번지 2층
전화 922-5120~1(편집), 922-2246(영업)
팩스 922-6990
메일 kanapub3@naver.com
http://www.bogosabooks.co.kr

ISBN 979-11-5516-202-6 03900

ⓒ 조형열, 2014

정가 21,000원